택시

승객과 함께한 도로 위의 10여 년

택시

초판 1쇄 인쇄일 2017년 6월 22일
초판 1쇄 발행일 2017년 6월 29일

지은이 백남영
펴낸이 양옥매
디자인 남다희
교 정 조준경

펴낸곳 도서출판 책과나무
출판등록 제2012-000376
주소 서울특별시 마포구 방울내로 79 이노빌딩 302호
대표전화 02.372.1537 **팩스** 02.372.1538
이메일 booknamu2007@naver.com
홈페이지 www.booknamu.com
ISBN 979-11-5776-442-6(03810)

이 도서의 국립중앙도서관 출판시도서목록(CIP)은 서지정보유통지원 시스템
홈페이지(http://seoji.nl.go.kr)와 국가자료공동목록시스템
(http://www.nl.go.kr/kolisnet)에서 이용하실 수 있습니다.
(CIP제어번호 : CIP2017014568)

택시

승객과 함께한 도로 위의 10여 년

승객이 웃으면 맞장구치며 따라 웃어 보기도 했고
승객이 억지를 부릴 때는 달래보고, 같이 화를 내기도 했으며
사고현장을 보면 안타까워하면서 사고의 원인과 예방을 생각하고
승객이 고마워할 때면 사람 사는 냄새를 느껴보기도 했다

책과나무

택시와 함께 '덤의 인생'을 시작한지도 벌써 10년이 훌쩍 넘었다. 당분간만 하려했던 이것도 직업이라고 바꾸기가 쉽지 않았나 보다. 순간마다 희비가 엇갈리는 다양한 일을 겪으면서 미약한 힘이나마 밝은 사회건설에 보탬이 되어 보고자 책을 내기로 결심하게 되었다.

승객이 웃으면 맞장구치며 따라 웃어 보기도 했고, 승객이 억지를 부릴 때는 달래보고, 같이 화를 내기도 했으며, 사고현장을 보면 안타까워하면서 사고의 원인과 예방을 생각하고, 승객이 고마워할 때면 사람 사는 냄새를 느껴보기도 했다. 도로 위에서 위험한 일을 보면 주저하지 않고 신고도 하고 예방을 하면서 길거리를 누비고 달렸다.

신입사원 면접에서 승패여부는 3초 이내라는데 외국인이 맨 처음 대하는 택시가 다시 찾고 싶지 않은 두 번째 이유라니… 이 일을 하는 자신이 부끄러워 더욱 친절해 보고자 애를 써 본다.
그러나 초기에는 승객들로부터 편안하다는 말을 자주 들었는데 지금은 드물게 들어 초심을 잃어버린 것 같아 부끄럽게도 생각한다.

승객과 자신의 생명을 싣고 달리는 택시기사에게 안전운행을 독려하며, 승객은 기사에게 불필요한 시비 등을 삼가자.

오늘도 무사고를 빌며 희망찬 미래를 그려본다.

2017년 6월

저자 백 남 영

택시운전을 하다보면 생각지도 못한 일들을 수없이 겪게 된다. 사회의 체감경기를 가장 빨리 안다는 사람도 있고, 여러 계층의 승객들과 대화를 많이 하다 보니 박식하다는 말도 하고, 또는 사회에서 맨 마지막에 택하는 인생막장이 라는 말도 많이 들었다. 심지어 택시미터기를 수리하여 먹 고사는 업자까지 택시기사가 불쌍하다고 한다.

'쌔끼! 불상을 찾으려면 절에서 찾지, 왜 택시 안에서 찾나.' 그러나 다양한 승객들과의 대화를 통하여 인생을 공부하기 에는 이것처럼 좋은 직업이 없다고도 자신을 위로해 본다. 따라서 수입도 적고 피곤한 직업이라고 불평하는 기사들 에게, '자식한테 손 벌리지 않고 손자한테 과자 값이라도 주면 된다.' '우리처럼 가기 싫으면 거절하는 직업이 얼마 나 되느냐. 아마 음식점에서 우리와 같이 한 달만 지속하 면 그 집은 문을 닫는다.' '회사와 약정한 시간만 일을 하 면 되는 직업도 흔치 않다.' '힘들지 않고 수입이 좋으면 늙은 우리에게까지 일자리가 오겠느냐.'고 위로할 때도 많 았다. 돈을 받으면서 고맙다고 치하를 받는 직업이 얼마나 되랴마는 그 중의 하나가 택시기사라고 생각해 본다.

짧은 거리를, 골목까지, 짐을 실어주어, 불편한 몸을 부축 하여 등의 고맙다는 수식어가 붙는 말을 수없이 들었다. 따라서 서울역 앞에 있는 삼화고속 정류장에 가자고 했다 가 인천까지 가자든가, 한 시간이상이나 기다려서라도 꼭 내 택시를 타겠다는 승객 분들에게 다시 한 번 감사드린다.

1.
도로 위에서

주유소와
화장실

　나에게 가장 고마운 것이 무엇이냐고 묻는다면, 주저 없이 '주유소'라고 대답하겠다. 만약 승객이 아니냐고 다시 묻더라도 다시 '주유소'라고 같은 대답할 것이다. 승객은 자신들의 편의를 위하여 택시를 타고, 택시기사는 부수적으로 요금을 받는데, 주유소는 택시기사들에게 봉사만 했지 도움 받을 일은 별로 없을 테니까.

　일을 하다가 생리현상 때문에 고마운 그곳을 찾곤 하는데, 야간이면 문을 잠가 놓거나, 몇 년 동안 공사 중인 곳, 문을 열지 못하도록 가려 놓은 곳, 또는 화장실 사용은 권유 사항이지 의무 사항이 아니라며 사용을 거절하는 주유소도 있다. 이럴 때면 야속함이 느껴진다.

　물론 주유소 입장에서 이렇게 하는 이유도 충분히 있을 것이다.

　나도 보았지만, 택시기사들이 순서를 기다려 소변기에 일을 처리하는 경우보다 그냥 대변기에 소방 훈련을 하는 경우가 훨씬 많기 때문…

　또 비치한 물건의 분실, 변기에 이물질 넣기, 변기 밖에 침을 뱉거나 흘리는 것 등을 자제해 달라는 호소문을 어렵지 않게 볼 수 있다.

　오늘 밤에도 미아리에서 돈암동으로 미아리고개를 올라가는 지점의 '믿어 주이소'에 들렀다. 영업시간이 아닌 야간에 택시기사들을 위하여 화장실만을 개방해 놓은 유일한 주유소다. 이름처럼 '믿어도 좋은 정품만을 취급하고, 믿어도 좋은 정량이라 믿어 의심치 않는다.

언제부터인가 커피자판기를 비치해 놓고 화장실도 주유소 뒤에서 앞으로 깨끗하게 수리하여 옮겨 놓아 여기를 지날 때면 꼭 들른다. 오늘 밤도 주유소 앞에는 여러 대의 택시들이 즐비하게 서 있다.

'자판기 수입이 있어서'라고 반문하는 택시기사도 있었지만 커피 자판기가 없던 몇 년 전부터 계속해 오던 고마운 주유소다. 오히려 타인의 배려에 고마워할 줄 모르는 우리들의 행동을 반성해 보며 깨 끗하게 사용하자.

비슷한 지명과
같은 이름의 촌극

택시운전자라면 누구나 승객에 대한 예절에서 승객에게 행선지를 묻고 불명확하면 자신이 복창하여 확실하게 목적지를 알려고 할 것이다. 그러나 이것이 옳은 것인지 다시 생각해야 할 필요가 있다. 왜냐하면 우리말의 지명은 외국과 달라 대부분 두 음절이나 세 음절로 되어 있어 같은 이름, 비슷한 이름이 너무 많기 때문이다. 삼성동, 신사동, 논현역, 모래내시장, 등촌동과 둔촌동, 목동과 묵동, 신촌과 신천, 부천의 상삼동과 삼산동 등에 대한 일들을 몇 가지 소개한다.

*

부천 북부 역 술촌에서의 이야기이다. 서울로 들어오는 방향으로 서행하는데 반대편에서,

"서울택시요! 서울택시요! 여기 논현역에 가는 손님이 있어요!"

반대편을 바라보니 고맙게도 법인택시 기사가 손을 흔들고 옆에는 승객이 서 있다. 아마 그 택시는 교대시간이 임박하여 논현역까지 다녀올 시간이 못 되었나 보다. 승객이 차에 오르고 반대편 택시에게 고맙다고 손을 흔들었다.

"논현역에 가십니까?"

"예."

"고속도로로 하여 올림픽대로로 모시겠습니다."

"…."

경인고속도로로 들어가려고 좌회전을 하는데 승객이 묻는다.

"아저씨, 어디로 가시려고요?"

"고속도로로 하여 올림픽대로로 가야 되잖아요?"

"이렇게 안 가는 것 같은데….."

"서울 논현역은 이 길이 외길인데요."

"인천 논현역이예요. 큰일 날 뻔했네!"

"예? 인천에도 논현역이 있습니까?"

"남동구에 있어요."

"손님, 큰일 날 뻔했습니다. 다행입니다."

앞에서 차를 돌려 남동구에 있는 논현역을 찾아 목적지에 무사히 도착 할 수 있었다.

"아저씨, 그래도 불평을 않네요. 이래서 서울 차를 타야 된다니까!"

늦었다고 짜증을 부리지 않은 승객이 너무 고마웠다.

＊＊

일산에서 승객이 차에 오른다. 시외에 오면 대부분 빈 차로 서울에 오는데, 운수 좋은 날이다.

"이 차는 서울 차입니다. 손님 어디로 모실까요?"

주변에 다른 차도 많은데 내 차를 탄 것이 고마워 상냥하게 물었다.

"성내역(지금은 잠실 새내역)으로 갑시다."

"성내역으로 가면 되겠습니까?"

"예."

"올림픽도로로 가다가 목적지에 도착하면 말씀드리겠습니다."

야간 승객들 중에는 술을 마신 친구들이 많다. 이 승객도 차에 올라 얼마 지나지 않아 곧 꿈나라로 여행을 떠났다.

일산 IC를 빠져나와 쾌재를 부르면서 자유로를 질주했다. 이 사람이 아니었다면 빈 차로 도로 옆을 기웃거리면서 서울까지 들어와야 될 텐데 얼마나 다행인지 모른다. 한강다리를 건너 올림픽도로를 달려 성내역 부근에 도착했다.

"손님, 목적지 다 왔습니다. 어디에 내릴까요?"

"… ."

"손님 목적지 다 왔습니다. 어디에 내릴까요?"

"… ."

같은 말을 되풀이하는 동안 택시가 성내역 밑에까지 내려왔다. 문을 열고 내려가 곤히 잠자는 승객을 흔들어 깨운다. 얼마나 지났을까! 승객이 눈을 뜬다.

"성내역에 다 왔습니다. 어디쯤 됩니까?"

눈을 비비고 주위를 둘러본 승객.

"여기가 어디예요?"

"성내역입니다."

"여기는 우리 동네가 아닌 데요!"

"성내역에 가신다고 했잖습니까?"

"내가요?"

"예."

"누가 성내역에 간다고 했어요! 송내역에 간다고 했지."

"뭐라고요!"

"나는 성내역이 어디에 있는지도 몰라요."

'아차, 실수했구나. 서울에 있는 성내역인가를 물었어야 했는데….'

후회해도 이미 때는 늦었다. 당시에 나는 송내역이 어디로 가는지도 모를 때였다. 그것은 내 사정이고 성내역이냐고 물었을 때, 승객은 대수롭지 않게 받아들였을 것이다.

"송내역은 어디에 있습니까?"

"부천 송내역도 몰라요?"

당황한 나는 속으로 중얼거렸다.

'일산에서 성내역, 성내역에서 송내역, 이거 생병(生病)날 노릇이네.'

"어떻게 가는 것이 제일 빠르겠습니까?"

기분 상하지 않게 내 잘못을 시인할 수밖에 없었다.

"여기가 어디쯤 되죠?"

"잠실역 근처에 있는 성내역입니다."

"아저씨, 죄송합니다. 사실 나도 성내역이 있는 것도 모르고 성의 없이 대답해서 미안합니다. 거리는 영등포역에서 경인로로 가는 것이 제일 가깝고, 시간상으로는 경인고속도로에서 외곽순환도로로 가는 것이 제일 빠를 거예요."

"별수 있습니까? 목적지까지는 가야지요."

속은 쓰렸지만 다시 돌아갈 수밖에…. 올림픽도로를 경유해 외곽순환도로로 질주하여 목적지에 도착했다.

"아저씨, 미안합니다. 내가 부천이란 말을 하지 않아서…."

"아닙니다. 확실하게 물어보지 않은 내 불찰이지요."

"여기 오만 원인데 부족하지만 이거라도 받으시지요. 죄송합니다."

"내 잘못인데 보상을 해 주신다고요! 다니시던 요금만 주시지요."

"받으세요. 미안하게 하지 말고요."

미안했지만 반이라도 보상을 받았으니 다행이라고 생각했다. 그리고 다음부터는 확실하게 목적지를 알아야 되겠다고 다짐했다.

* * *

잠실역 부근에서 승객이 오른다.

"어디로 모실까요?"

"신촌역이요!"

"신촌역입니까, 신천역입니까?"

"아저씨는 연세대 있는 신촌역도 몰라요!"

퉁명스럽게 쏘아붙인다.

"예, 알겠습니다."

잠실에서 종합운동장 옆의 올림픽대로로 진입하려고 출발했다. 승객이 전화를 한다.

"@$%^&*$@*(#"

"@$%^&*$@*(#"

한참 동안 통화를 하다가 전화를 끊으면서,

"아저씨, 신촌역과 비슷한 이름이 또 있습니까?"

"신촌역하고 신천역이 비슷합니다."

"@$%^&*$@*(#"

"@$%^&*$@*(#"

그는 또 통화를 하다가 마치더니,

"신천역이라는데요."

"신천역이면 저 앞인데요."

"죄송합니다. 그것도 모르고….”

"신천역이라고 합니까?"

"예, 맥도날드 앞에서 내려 주십시오."

신천 횡단보도 앞에서 정차했다.

"올림픽도로에 들어가지 않아 다행입니다. 맞은편에 맥도날드가 보이지요?"

"아저씨, 미안합니다."

나는 웃으면서 그들을 보냈다.

* * * *

명동에서 중년 남자와 여자가 택시에 오른다. 시간 약속이 있는지 허둥대면서,

"아저씨, 홍제역 기업은행 아시죠? 빨리 갑시다."

"기업은행 위치는 모르겠고 전철역과 많이 떨어져 있습니까?"

"바로 전철역 옆에 있다고 합니다."

"예, 알겠습니다. 출발하겠습니다."

명동입구에서 광화문을 지나 홍제역으로 질주했다. 무악재를 넘어 홍제역이 보인다.

"손님, 반대편에 기업은행이 있네요."

"여기가 아닌데! 어디지?"

주변을 살피더니 홍제역이 아니라 홍대역인데 잠이 들어 안내를 못해서 미안하다고 사과한다.

"선생님, 미안한 것은 저인데요. 확실하게 알아듣지도 못하고."

다시 홍대입구역으로 향했는데 그곳에도 전철역 옆에 기업은행이 있지 않은가! 일을 그르쳤던 기억이 있어 조심을 한다고 해도 이런 일이 가끔 발생하곤 한다.

오토바이와의
사고

우리는 오토바이와 자전거가 차도를 달리는 것을 쉽게 볼 수 있다. 또 에너지 절약과 건강을 위하여 자전거 타기를 권장하면서 자전거 전용도로도 만들어놓았다. 자동차는 안전막이 있고 이륜차는 안전막이 없기 때문에 교통법규를 차등 적용해야 한다고 주장하는 사람이었으나, 위험의 도를 넘는 이륜차들을 보면서 생각이 달라졌다.

*

동교로의 중앙차선이 없을 때, 종로에서 승객이 택시에 올랐다.

"아저씨, 홍익대 앞으로 부탁해요."

"알았습니다. 신촌으로 가면 되겠습니까?"

"예."

"홍대정문 앞입니까, 전철역입니까?"

"홍대 전철역 9번 출구 앞에 내려 주세요."

"9번이면 반대편일 텐데 길을 건널까요? 아니면 반대편에서 길을 건너실래요?"

"유턴하여 내려 주세요."

"알겠습니다."

동교동삼거리를 거쳐 유턴을 하려고 1차선으로 차선을 변경하였다. 대기 차량들이 많아 세 번째 신호등이 바뀔 때 겨우 돌려는 찰라, 오토바이 한 대가 운전석 문짝에 부딪쳐 차량추돌사고가 발생했다. 겨우 문을 열고 내려가,

"다친 곳은 없습니까? 조심해야지요!"

"…. 아이쿠!"

오토바이 운전자는 아픈 표정을 하고 나는 카메라로 여러 각도에서 사진을 찍었다. 그리고 오토바이 운전자에게 다가가,

"병원으로 갑시다. 일단 치료는 하고 경찰에 신고합시다."

"…. "

자동차와 오토바이는 길가에 대고,

"어느 병원으로 갈까요. 오토바이는 다음에 치우고 택시로 갑시다."

택시 안에서 전화를 하는데 현수막을 제작하는 회사인가 보다.

"상무님! 택시한테 받혔어요."

"지금 병원으로 가고 있어요."

신촌 연세병원에서 X-ray 등의 진료를 받으려고 기다리는 동안 마포경찰서와 회사에 전화하여 사실을 알렸다. 경찰서에서는 피해자(?)와 같이 오라하고, 회사에서는 나의 진술이 사실이냐고 강조하기에 촬영을 했다고 대답했다. 병원에서 X-ray 투시를 하는데 광고회사 상무라는 사람이 나왔다. 응급치료 및 경찰서 신고 등을 묻고, 보험회사 접수 여부를 묻는다.

영업을 시작한 지 얼마 되지 않아 돈도 없었고 회사의 사고담당자와 연락이 되지 않아 우선변제를 부탁하고 피해자(?)를 퇴원시켰다. 병원을 나와 경찰서에 찾아가 당시의 상황을 설명하고 처리에 대하

여 물었다. 경찰관은 교통사고조서는 상대와 같이 와야 된다면서 상대에게 전화를 한다. 내가 말한 내용을 그에게 설명하고 사실이냐고 추궁하고 시인하는 소리가 들린다.

'택시기사에게 영업비를 물어 줄 수도 있으니 지금 나와야 한다.'는 등의 대화내용으로 짐작하건데 오토바이가 잘못한 모양이다. 운전자 '몸이 좋지 않아 지금은 나갈 수 없다.'는 모양이다. 경찰관은, 다음에 다시 와서 조서를 꾸미고 집으로 돌아가란다.

다음 날. 평소보다 일찍 출근하여 택시회사의 사고담당자에게 사진을 보이면서 상황을 설명했다.

"오토바이가 역주행하여 택시를 받았는데 무슨 걱정을 하십니까?"

중앙선을 넘어 달려온 오토바이의 과실로 우리가 보상을 받아야 한다는 말에 보험처리는 말도 꺼내지도 못했다. 아무튼 상대측은 빨리 사고 처리를 하라고 독촉했지만, 회사는 보험처리 불가로 결론을 내려 할 수 없이 상대방에 통보했다.

"다쳤다는 사람에게 시시비비를 가리기 싫어 아무 말도 안 했는데 중앙선을 넘어 택시와 추돌한 오토바이에게 보험 처리가 불가하답니다. 물론 사고 당시의 사진을 보였고요."

광고회사 상무는 의도적으로 병원치료비를 거절한 것으로 단정하고, "다른 사람들에게 물어보니 치료비 결제를 하지 말았어야 했는데 괜히 했다."면서 치료비 사전 결제를 후회했고 당사자는 "택시가 없었으면 아무 일도 없었는데 택시가 있어 사고가 발생했지 않았느냐."며 자신의 과실보다 나의 책임을 강조했다. 나도 오토바이로 인해 그날 저녁 일을 못해 피해자다.

"나도 댁의 불법 행동으로 피해를 봤어요. 경찰관의 말대로 드러 눕지 않은 것을 다행으로 생각하시오. 그러나 도의적으로 10만 원을 계좌로 이체할 테니 불만이 있으면 얘기하시오."

택시운전사들이 악랄하다는 말을 듣지 않으려고 상대방에게 바로 입금해 주었다. 아무리 적은 교통사고라도 모두가 피해자다. 피해 자도 피해를 입고 가해자도 피해를 보기 때문이다.

도로에서 오토바이와 차량의 접촉사고를 심심찮게 목격한다. 특 히 오토바이나 자전거 등 보호막이 없는 교통기관은 사고 예방을 위 하여 방향을 전환하거나 주행할 때 정해진 차선의 중앙으로 운행할 것을 권장한다. 주행차선이 아닌 차 사이로 막 가거나 꼬리치다가 다친 경우, 보상을 해 줄 수 없는 이륜교통기관의 열악한 환경이 안 타깝기 때문에 조언하는 말이다.

* *

택시회사에서는 일반 교통사고보다 이륜차와의 교통사고 처리비 용을 훨씬 많이 배상한다. 택시기사에게 이륜차를 더욱 조심하라는 뜻으로 서초구청 앞에서의 일을 소개해 본다.

버스에서 잘못 내려 늦었다고 탈 때부터 안절부절못하던 여성 승 객. 나는 차량을 정차할 때면 항상 방향지시등을 켜고 바짝 길가에 붙 인다. 이날도 마찬가지로 승객과 요금을 계산하고 내리는 사이, 오토 바이가 뒤에서 달려와 문을 열고 내리는 승객의 문짝을 들이받았다.

승객은 미안하다고 연신 고개를 숙이면서 사과했다. 바쁘다는 승 객에게 혹시나 하는 마음에서 전화번호를 받아 적고 가시라고 했다.

내려가 피해 상황을 살펴보니, 택시의 뒷문이 약간 찌그러졌고 오토바이도 별 이상이 없다. 오토바이 운전자는 택시를 도로가에서 멀리 세워 사고가 났다고 주장하고, 나는 길가에 그어진 노란 선 위에 바퀴가 얹혀 있어 오토바이가 들어갈 수 없는 곳으로 주행하여 추돌했다고 주장했다. 서로의 주장은 어떻게 받아들여질까?

우선 당시의 상황을 면밀하게 카메라에 담아두고, 자신의 피해는 각자가 처리하기로 합의하고 회사에서 사고보고서를 쓰면서 사고담당자에게 물으니 이해되지 않는 답변이 돌아온다. '무조건 택시가 잘못했으니 운이 좋은 줄 알라.'고 한다.

택시회사는 기사에게 사고비용을 변제하는 방법으로 마무리하여 나에게도 십만 원의 배상이 부과되었다. 택시 수리를 하지 않았는데 무슨 일이냐고 따져 물으니, 수리하고 관계없다는 회사의 답변이다.

회사와 기사의 관계가 상생의 관계가 아니라 적대의 관계인가!

택시가 승객을 길 가운데에서 승하차하는 모습을 자주 보는데, 조심해야 됨을 강조한다. 승객이 승하차할 때는 도로의 가장자리에 붙여야 하고, 문제가 생기면 노란선이 나오도록 꼭 화면에 담아두자.

도로에는 양 옆에 그은 노란 선을 볼 수 있는데, 실선은 넘지 말라는 강제성을 띠고, 점선은 사정에 따라 넘을 수 있는 권고 사항으로, 노란선 밖은 하수도시설이 있다. 차량출입이 불가피한 부분을 제외하고 모두 실선으로 바꿔 추돌사고의 판정 기준으로 삼는 것이 좋을 것 같다. 현재의 상태라면 목소리 큰 사람이 이긴다는 애매한 판정이 끊이지 않을 것이다.

소설책 같은
사실

대방역에서 안양방면으로 승객을 태운 택시가 달리고 있다. 자정이 가까운 이 시간은 모든 차량들이 땅에 붙어 날아다닌다. 남부순환도로와 교차하는 지점쯤에서 갑자기 차량들이 서행한다. 나도 비상등을 켜고 앞차와의 간격을 유지하며 천천히 전진했다. 갑자기 차량의 흐름이 바뀐 것은 공사 중이거나 교통사고일 텐데….

교차로의 지점에서 예상한 교통사고가 발생했는데 인사사고다. 피해자와의 거리는 채 20m도 되지 않는데, 얼굴에는 피가 낭자하고 고개를 끄덕이는 것으로 보아, 숨이 멈추기 직전의 경련이 아닌가? 그 옆에 젊은 사람이 혼자 서 있는데 자동차가 뺑소니를 쳤나 보다. 휴대전화기를 꺼내들고 112에 사고신고를 했다.

"여보세요. 경찰입니다."

"교통사고가 발생하여 전화합니다. 지금 아주 다급합니다."

"위치가 어떻게 됩니까?"

"위치는 대방역에서 안양 방향으로 위에는 남부순환도로가 지나가는 교차점입니다."

"신고하시는 분은 누구시죠?"

"택시기사입니다. 아주 급한 상황이니 빨리 조치해야 되겠습니다."

"알았습니다. 빨리 조치하겠습니다."

당시의 모습이 운전 중에도 계속 떠올라 기분이 좋지 않았다.

그 후 아마 3, 4일은 흘렀을 게다. 대림역 근처의 명지성모병원인가, 서울복지병원인가에서 검정 넥타이를 한 젊은이가 내 차를 멈춰 세운다.

"기사님, 이분을 수서역 근처에 있는 댁까지 잘 모셔다 주십시오."

"예, 알겠습니다."

택시는 수서역을 향해 달려 나간다. 내 옆에는 나이 드신 분, 뒷좌석에는 젊은 새댁과 어린 소녀가 아무 말 없이 앉아 있다. 얼마를 달렸을까, 옆에 앉으신 분이 말을 걸었다.

"기사님, 국과수에서 조사하면 어떻게 죽었는지 알 수 있지요?"

"국과수란 그런 일을 하는 곳인데 당연하지 않을까요?"

"차에 치어 죽었는지 떨어져 죽었는지도 알아낼 수 있겠지요?"

"교통사고로 사망했다면 경찰에서도 쉽게 알 수 있을 텐데요."

"분명히 차에 치었는데 떨어져 죽었다니 죽을 노릇이네요."

노인은 깊은 한숨과 함께 눈물을 훔친다.

"…."

"…."

한동안 침묵 속에서 택시는 달려간다.

"이놈들이 분명히 차에 치었는데 떨어져서 죽었다니…."

택시가 운행하는 중에 계속해서 긴 한숨을 쉬면서 눈물을 훔친다.

"며칠 전 저도 교통사고 현장을 보았습니다. 야간에 무단횡단을 하면 큰일 나는데, 정말 안타까웠습니다. 그런 사고를 보면 사람이 죽고 산다는 것이 눈꺼풀 하나 차이인 것 같아요."

"기사님은 운전을 하면서 돌아다니다가 그런 일을 자주 보지요?"

"자주는 아니지만 며칠 전에도 시흥대로에서 교통사고로 누워 있는 것을 보았어요. 젊은 사람 같은데 얼굴은 피범벅이 되었고 그 옆에 사람이 서 있는데 자동차는 없더라고요. 아마 뺑소니사고 같습니다. 그 사람도 몇 초 전에는 웃었을 텐데 너무 허망하죠?"

"기사님, 그 자리가 어디인데요?"

"대방역에서 안양 가는 방향인데요. 위에는 남부순환도로가 지나가는 곳이에요. 시간은 자정 가까이 되었고요. 왜 그러시는데요?"

"야야. 이럴 수가 있냐! 그 사람이 바로 내 아들이요!"

뒤를 보다가 갑자기 내 무릎을 탁 친다. 노인네의 놀라는 말에 머리끝이 쫑긋 서는 것 같았다. 이런 일이 있을 수가 있을까! 그야말로 우연치고는 영화나 소설의 한 대목 같은 일이었다.

"아저씨, 그런데 경찰은 그 애가 위에서 떨어져 죽었다는 거예요. 글쎄 이런 소리를 우리한테 믿으라니. 이런 죽일 놈들이 어디 있어요!"

자식의 주검을 앞에 둔 부모의 푸념이라 가슴을 더욱 아리게 한다. 뭐라고 위로의 말을 해야 될지? 괜한 말을 했다가 행여나 오해의 소지에 말려들지는 않을지 염려가 되기도 했고 거짓말을 하는 내 성격도 아니어서 후회도 되었다.

경찰의 사고조서에 분노한 유족은 경찰에 항의하여 국립과학수사연구소에 부검을 의뢰한 모양이다. 그리고 나의 신고에 감사하다는 말을 빼놓지 않았다. 한동안 이런저런 푸념을 하다가 마음이 어느 정도 진정되기를 기다렸다.

"손님, 저에게 고마워할 필요 없습니다. 저의 신고로 사망자가 생명을 구했으면 감사의 뜻을 받아도 되겠지만 그렇지 못했는데요. 그리고 사망자가 무단횡단으로 사고를 당했든 낙상으로 사고를 당했든 사망이라는 결과는 같지 않습니까? 택시운전을 하는 저도 고양이 한 마리만 치어도 그날은 재수 없다고 영업을 포기하는데, 더구나 사람을 일부러 치려는 사람이 어디 있겠습니까? 이것이 사망자의 운명이고 하늘의 뜻이겠지요."

"…."

곁눈으로 옆을 보니 어머니는 눈을 감고 무슨 생각에 잠겨 있다.

그리고 얼마나 지났을까!

검정 보따리에서 무엇인가를 꺼내는데 그것은 찬송가였다.

"기사님, 말씀을 듣고 보니 그 말씀이 옳아요. 이것이 그놈의 운명이고 하나님이 잘 보살펴 주실 거예요."

늦었지만 마음을 정리하는 것 같아 천만다행이었다.

"기사님, 경찰이 사고에 대한 진술을 해 달라면 해 주실 수 있겠어요?"

"그런 생각 없이 신고를 하겠습니까? 걱정 마십시오."

이야기를 하다 보니 어느덧 수서역 근처 아파트 단지에 도착했다.

"아저씨, 택시비 여기 있습니다. 잔돈은 됐고요. 정말 고맙습니다."

"감사합니다. 빨리 진정하시고 건강하십시오."

그들의 뒷모습을 안타까운 마음으로 쳐다보다가 단지를 빠져나왔다. 그 후 얼마나 지났을까! 사망자의 동생이라는 사람한테서 전화가 왔는데 당시의 진술을 부탁한다는 말이 있었고, 뒤에는 연락이 없다.

도로를 안방으로
착각한 사람

사당역 근처의 남현동 술촌. 시내에서 시외버스를 타려는 승객을 내려 주고 출발하려는데 택시를 잡지 못한 젊은이,

"아저씨, 과천시청 방면으로 가실 수 있어요?"

"네, 타십시오."

여름밤. 문을 열어 놓고 남태령을 넘어가는데 바람이 아주 상쾌했다. 조수석에 앉아 있는 승객과 잡담을 하면서 문원동을 지나는데, 앞에 까만 물체가 보인다.

서행하면서 가까이 다가가 보니 사람이다. 그것도 길 가운데…. 지난번 목격한 교통사고에서 경련을 일으킨 사람을 생각하니 등골이 오싹해진다. 내려가 보니 핏자국은 없다. 다행이다 싶어 자세히 살펴보니 양말을 구두 속에 끼워 놓고, 구두를 나란히 벗어 놓은 채 반듯하게 누워 잠을 자고 있었다. 일단 승객에게 도움을 청했다.

"손님, 취객인가 본데 길옆으로 같이 옮깁시다. 혼자서는 도저히 안 될 것 같아요."

아무 말 없이 승객은 순순히 택시에서 걸어 나온다.

"여보세요! 일어나세요. 여기가 어디라고!"

"… ."

"일어나! 큰일 나려고! 빨리 일어나시라고!"

큰소리를 치면서 흔들었더니 일어나 두리번거리며 주변을 살펴보다가 구두를 신으면서 아무렇지도 않은 듯 하는 말.

"길 건너가 우리 집이요. 건너가면 되잖아!"

소리를 지르면서 길을 건너고 있는 이 사람은 좁은 도로여서 천만다행이었다. 밤길을 질주하는 고속차도였다면 위험천만한 일이었다. 자신은 물론이고 남의 인생까지 말아먹는 행동이 아닐까?

드문 일이기는 하지만 위험한 행동을 하는 취객들을 볼 때가 있다. 보도에서 도로에 걸쳐 잠을 자는 사람, 신호대기를 하다가 운전석에서 잠이 든 사람, 도로를 비틀비틀 달리는 사람 등. 모두가 나 자신은 물론 타인의 인생까지 위협하는 사람들이다. 절대로 이러한 행동은 다 같이 삼가도록 해야겠다.

또 야간에는 밝은 옷을 입는 것이 좋고 안전지대인 횡단보도도 신호가 바뀌기를 기다려 뛰지 말고 천천히 건너자. 더 이상의 끔찍한 일은 서로가 상상하지 말도록 하자.

사람 살아가는
냄새

*

12월 23일 오전 10시 반경. 영등포역 근처에서 앞에 가는 택시 두 대가 승객과 무슨 말을 나누더니 그냥 지나간다. 택시기사가 승객을 거절하는 경우는 대부분 취객, 단거리 승객, 골목길 승객, 노약자, 병약자, 짐이 많은 사람, 어린아이를 데리고 있는 사람 등 승객에게 불리한 조건의 경우다.

"손님! 어디 가십니까?"

"경주까지 얼마나 줘야 돼요?"

의외의 물음에 정말 경주까지 정말 가겠느냐 싶어,

"30만 원은 줘야 됩니다. 톨비는 별도이고요."

말이 떨어지기가 무섭게 차에 오르더니,

"빨리 갑시다."

농담이라 생각하여 거절하려고 대충 대답했는데 정말로 가겠다니! 첫째는 교대시간 내에 돌아 올 자신이 없다. 둘째는 멀리 가려면 선금(先金)을 받아야 된다는데…. 그런데 이 사람은 택시에 앉자마자 계속해서 통화를 하는데 내리랄 수도 없고 선뜻 간다고 할 수 없는 아주 난처한 처지가 되었다. 이거 어떻게 해야 되나!

'적당한 구실로 거절해야 되겠는데, 빨리 전화나 끊어라.'

말을 붙여 보려고 눈치를 살피는데 쉴 사이 없이 계속해서 휴대전화를 한다. 자동차는 점점 미끄러지고 현충원 근처에서 전화가 끝났다.

"손님 KTX로 가면 시간도 빠르고 돈도 훨씬 적은데 급한 일이 있는 모양이죠?"

"크리스마스도 되고 해서 고향이나 한번 다녀오려고요."

거침없이 시원스럽게 대답한다. 아주 드물게 장거리승객이 있는데, 내가 만난 경우는 가정에 우환(憂患)이 있는 특별한 경우였다. 즉 어머님이 위독하다든지 아버지가 돌아가셨다는 등이다. 태연하게 답하는 승객의 겉모습은 경제적으로 그렇게 여유롭게 보이지도 않는다. 수차에 걸쳐 무슨 말을 했는지 기억은 없으나, 결론은 정신이상자로 나름대로 결론지었다. 가까운 곳이면 당연히 보호자를 찾아주겠는데 너무 멀어 망설여진다.

'이걸 어떻게 해야 되나? 너무 멀어서 집에 데려다주기도 그렇고. 경찰에 데려다 줄까, 이걸 그 자리에 데려다 줄까, 아니면 여기에 내려 놓을까! 경주에 간다 해도 그곳이 거주지가 아니거나 집단거주시설이라 이곳에서 택시비를 거절한다면!'

누구한테 물어볼 수도 없고 정말 난처했다.

'선금을 많이 달라고 해서 구실을 만들어 볼까? 정신이상자를 경찰에 인계하면 잃어버린다는 말은 익히 들었던 터라 인계할 수도 없고, 그렇다고 여기에 내려놓을 수도 없고 어떻게 하지?'

올림픽도로를 달리면서 주머니를 확인해 보니 현금 10만 원이 조금 넘는다. 이 돈이라면 도로비와 연료비를 충당할 수 있을 것 같다.

'만약 택시요금을 받지 못해도 이 돈이면 다시 서울로 돌아올 수

있을 거야. 나도 자식이 있는데 데려다주자. 부모님을 생각해서….'

"이봐요, 손님. 경주까지는 표지판을 보고 가지만 경주시내에서는 길을 모르니까 가르쳐 줘야 돼요!"

당시에는 내비게이션이 없을 때라 승객에게 먼저 다짐을 했다.

"경주는 내가 사는 곳인데. 걱정 말아요."

무슨 말을 묻든지 대답은 아주 명쾌하고 시원했다.

"주소는 어떻게 되죠?"

"우리 집이요? 경주시 외동 석계리인데요."

정신이 있을 때 주소를 알아 놓고 몇 시간을 달려 경주에 도착했다. 고속도로를 빠져나와 첫 교차로가 나온다.

"손님! 여기에서 어느 쪽으로 가야 됩니까?"

한참 동안 뚫어지게 좌우를 살피면서 두리번거리더니,

"글쎄, 나도 잘 모르겠는데요."

'이거 머리 아프겠는걸! 바로 찾아야 겨우 교대 시간을 맞출 텐데.'

결론은 물어물어 찾아갈 수밖에 없었다. 부동산중개사무실에서 위치를 물어보니, 불국사 방향으로 가다가 다시 물어보란다. 누구에게 물어볼까 서행을 하면서 불국사를 지나가는데 사람이 보이지 않는다. 두리번거리면서 무작정 얼마나 달려왔을까! 누구나 초행길은 더욱 멀리 느껴지는 것이다.

"야! 이제는 알겠다!"

조심스럽게 서행하는데 갑자기 뒤에서 탄성이 울린다. 앞으로 조금 진행하니까 석계리로 들어가는 표지판이 나왔다. 안내하는 대로 농로를 따라 꾸불꾸불 들어가 동네 어귀에 들어선다.

"여기가 우리 집이요!"

택시가 완전히 멈추지도 않았는데 문을 열고 집으로 들어간다. 교대시간 때문에 마음은 급해 죽겠는데 소식이 없다.

"여보세요! 여보세요!"

할머니 한 분이 방문을 열고 나와 대문으로 걸어 나오고, 뒤에는 할아버지가 따라 나온다. 내가 말을 꺼내기도 전에,

"기사님이 무슨 죄가 있을 꼬만 저 사람이 이상한 걸 몰랐어요?"

"서울에서부터 정상인이 아니라는 걸 알았어요."

"그런데 택시를 태워 줬어요?"

나를 원망하듯 한 할머니의 표정과 말이 지금도 마음에 걸린다.

'정신이상자에게 덤터기 씌우는 사람으로밖에 보이지 않았을까.' 그렇다고 화를 낼 수도 없었다. '얼마나 속을 썩였으면 낳아 준 어머니마저 저럴까!'

"어머님 마음은 이해합니다만 잃어버릴 아들을 찾아 다행이라고 생각하시면 안 되겠습니까?"

그래도 너무 섭섭한 마음에 한마디 했다.

"맞아요. 맞아요. 얼마나 답답해야 그런 소리를 하겠어요?"

노모의 눈엔 이슬이 맺힌다.

"야, 이놈아! 이렇게 너그러운 분이 아니었으면 누가 너를 여기까지 데려다주겠냐?"

"…."

아들은 대답이 없고 어머니가 나를 향해서,

"기사님! 이런 깡 촌에 무슨 돈이 있겠어요. 우리가 먹으려는 쌀이 있는데 가져가시고, 통장번호를 적어 주시면 모자라는 돈은 다음에 보내 드릴게요! 다음 달 20일이면 됩니다."

젊은이가 쌀을 한 자루를 가져와 차에 싣는다. 문제는 서울에 올라갈 현금이 넉넉하지 않아서였다. 올라가다가 행여 가스가 떨어지거나 도로비가 부족하면 낭패이기 때문이다.

"어머님, 혹시 현금은 하나도 없습니까?"

"이런 깡 촌에 무슨 돈이 있겠어요."

"그러시다면 별수 없죠. 알겠습니다."

좁은 골목에서 택시를 힘겹게 돌리고 있는데 할아버지가 나왔다.

"야! 저기 두 자루도 실어라!"

"알았어요. 아버지."

차를 돌리고 보니 옆에는 쌀 두 자루가 길가에 있다.

"야 이놈아! 어진 분이니까 너를 여기까지 데리고 오셨지, 누가 데려와! 다시는 집을 나가지 말거라. 알아들어?"

"알았어요. 아버지!"

"기사 양반, 우리는 울산에서 살다가 자식 놈이 자꾸 집을 나가 이곳까지 이사를 왔는데 지금도 이렇게 속을 썩이네요. 정말 감사합니다. 안에 들어가서 식사하고 가시지요."

노모는 한숨과 함께 다시 눈물을 글썽인다.

"20일쯤이면 모자란 돈은 보내 드릴 겁니다. 안에서 식사라도⋯."

두 분의 호의는 고마웠지만,

"아닙니다. 빨리 올라가야 다음 교대하는 사람에게 차를 주지요."

쌀자루를 실으니 자동차가 묵직하다. 이미 교대 근무자에게 택시를 인계하기는 틀렸다. 이럴 경우 일반적으로 해결할 방법은 세 가지다. 첫째는 회사에서 기사를 배려하여 그날 입금액을 포기하는 방법, 둘째는 교대자의 입금액을 내가 대납(代納)하는 방법, 셋째는 내가 24시간 일하고 교대자에게 다른 차를 배정하는 것이다.

회사에서 입금액을 포기할 리는 없을 것이고 상대의 입금액을 변상해 주기는 싫었다. 쌀을 싣고 농로를 달리면서 회사에 전화를 했다. 사정 이야기를 하고 계속해서 24시간 일을 할 테니까 교대자에게 다른 차를 배정해 달라 부탁하고 서울을 향해서 총알같이 달렸다. 양재교차로 근처에 오니까 가스가 없다고 불이 들어온다. 고속도로에서 연료부족 신호가 없던 것이 천만 다행이었다.

'이거 큰일 났네. 돈은 없는데….'

시간은 밤 11시가 넘었다. 양재분기점에서 빠져나와 KOTRA 옆에 차를 세워 놓고 담배를 피워 물었다.

'왜 이렇게 무모한 일을 했을까! 경찰에 인계했으면 간단한 일이었는데….' 후회가 되기도 했고, '아니야, 잘했어. 이것이 사람 사는 세상이야.' 하는 두 가지 생각으로 교차하고 있을 때였다.

"아저씨, 이 차 가는 거요?"

"예, 가는 겁니다. 타시지요. 어디로 모실까요?"

"고양시 행신동에도 가죠?"

"물론이지요."

승객이 주저하지 않고 차에 올랐다.

'야! 하늘이 도왔다. 가까운 곳이라면 난처했을 텐데 멀리 간다고 하니 정말 다행이고 고마웠다.'

망설이면서 조금 달리다가,

"행신동까지 택시요금은 얼마나 나옵니까?"

"삼만 원 정도 나옵니다."

"택시요금을 선불로 주실 수 없겠습니까?"

택시비 선불을 달라니 승객은 굉장히 불쾌했을 것이다.

"… 아니, 왜요?"

지금까지의 사실 이야기를 들려주고 가스가 없다는 말을 했다.

"아, 그래요! 백 번이라도 드려야지요."

흔쾌히 승낙하며 삼만 원을 건넨다. 뱅뱅사거리에 있는 가스충전소에서 가스를 넣고 고양시로 향했다. 목적지 근처에 도착하자 승객은 주머니를 뒤적이더니.

"아저씨! 오늘 굶었죠? 적지만 이것으로 식사라도 하시지요."

지갑에서 만 원짜리 한 장을 꺼내 준다.

"택시비를 선불로 받고 왔는데 무슨 말씀이십니까? 거두십시오."

거절과 배려가 몇 번인가 반복된다.

"돈이 적어서 그러는 거요?"

승객의 한마디에 깜짝 놀랐다. 배려를 거절하는 나의 행동에 야속하다는 표현이었으리라!

"고맙습니다."

돈을 받자 그는 택시에서 내려 어둠 속으로 사라졌다. 사라져 가는 승객의 뒷모습을 보면서, '이것이 사람 사는 냄새인가 보다.'고 생각하니 오늘의 피곤함이 싹 가시는 것 같았다. 피곤한 몸을 이끌고 집에 돌아와 쌀을 내려놓고 일을 나갔다. 이 일은 까맣게 잊고 있었는데 아내가 이야기한다. 1월 6일에 경주에서 10만 원이 들어 왔는데 무슨 돈이냐고 묻는다. 받으면 다행이고 못 받으면 어쩔 수 없었는데….

그로부터 얼마나 지났을까. 속도위반 딱지 한 장이 나를 반긴다. 내용을 보니, 경주에서 서울로 올라올 때 무리하게 달린 50,000원

범칙금이다! 그래도 기분은 별로 나쁘지 않았다.

석계리 노인들의 무병장수와 아들의 쾌유를, 그리고 고마운 행신동 승객에게도 행운이 함께하기를 다시 한 번 기원한다. 이 외에도 논현역 근처, 대학로, 홍익대 근처 등 정신이상자들을 겪으면서 예방할 수 있는 방법은 없는지 나을 수는 없는지…

**

정신박약자 이야기를 하나 더 덧붙여 볼까! 화곡동 술촌에서 중년의 여자승객은 아침부터 취해 있다. 이대 앞으로 간다고 하여 도착하니 이제는 신촌으로 가자고 한다. 신촌 로터리에 도착을 하니까 공덕동 로타리가 맞는 것 같단다.

"이봐요, 손님! 댁이 어디예요?"

"옆에 하나은행도 있는데….."

"이렇게는 길을 못 찾아요. 어떻게 하실 건가요?"

"우리 집에 가야 돼요! 데려다주세요."

애걸을 한다. 처음에는 불쾌했는데 자세히 보니 정신이상자 같았다.

"안심하세요. 모셔다드릴 테니까!"

할 수 없이 공덕로터리에 있는 용강지구대로 향했다.

"수고하십니다. 도움을 받으러 찾아왔습니다."

경찰관은 밖에 세워둔 택시를 힐끔 쳐다보더니.

"택시요금을 못 받았습니까?"

"택시요금이 문제가 아니고, 취객이 집을 못 찾는데 보호자를 찾아 주시면 고맙겠습니다."

"요금은요?"

"괜찮아요. 보호자나 찾아 주세요."

경찰관이 고맙다는 표시인지 고개를 끄덕인다. 말을 마치고 돌아서려는데,

"오빠! 나 데려가!"

앉아 있던 승객이 따라오려고 뛰어나온다. 옆에 서 있던 경찰관들이 달려들어 이를 제지하자,

"나, 오빠 따라가야 돼!"

비명을 지르는 승객을 놔두고 손을 흔들면서 지구대와 멀어졌다.

* * *

새벽 3시경. 회기동 경희대 앞에서 택시들이 흰옷을 입은 사람과 무슨 말을 하더니 그냥 지나친다. 내가 목격한 것만 세 대가 지나갔다. 승객과 협상이 잘 되지 않은 모양이다. 여느 때처럼 승객을 거절하는 택시를 보면 그 사람은 내가 태웠다. 가까이 다가가 살펴보니 을지병원 환자복을 입고 있다.

"어디를 가시렵니까?"

"기사 양반! 용인에 가서 줄 테니 택시 좀 태워 줘요."

"어서 타시지요."

'도착해서 택시비를 받으면 될 텐데, 나쁜 놈들이구먼.' 환자복을 입고 있어 이상했다. 그렇다고 직설적으로 물어볼 수 없어 이런저런 말을 걸어 본다.

"어떻게 용인에서 여기까지 오셨습니까?"

"걸어서 왔지, 뭐."

"예! 용인에서 여기까지 걸어오셨단 말씀입니까?"

"예. 걷다가 길을 잃어 여기까지 걸어왔어."

"용인이 어디인데, 여기까지 걸어오셨다는 말입니까?"

"별로 멀지 않은데! 두세 시간 걸으면 돼요."

"용인에서 서울까지 하루도 더 걸리는데 무슨 말씀을 하시는지…."

축지법(縮地法)을 익힌 도인도 아닌 것 같아 이상한 생각이 든다. 하도 험한 세상이라 불길한 생각도 든다.

"용인 어디로 모실까요?"

"을지병원이에요. 검사한다고 피를 뽑았는데, 이제 다 끝나서 집으로 가려고 해요."

용인에서 서울까지 걸어서 왔다는 말. 걸어서 두세 시간 걸린다는 말. 병원에서 피를 뽑고 집으로 돌아간다는 말. 사리에 맞지 않은 말들을 하니, 계속하여 이상하다는 생각이 들었다.

'치매가 아닐까? 아니면 정신이상이 아닐까? 환자복을 입은 걸 보니 보호자가 버리지는 않은 것 같은데…. 어떻게 하는 것이 좋을까?' 이런저런 생각을 하면서 운전을 하고 있었다.

경찰에 넘겨줄지, 아니면 보호자를 찾아 줄지 망설여진다. 경찰에 넘겨주면 행려병자로 수용시설에 이송하고 시설은 정부보조금을 받아 내려고 행려병자의 집을 알면서도 알려 주지 않는다는 것을 익히 들어 알고 있던 터라, 직접 나서서 보호자를 찾아 주기로 결심했다. 만약 보호자를 찾지 못하면 꽝이다. 그래도 해 보자. 우선 환자를 안심시키고 필요한 정보를 알아내는 것이 급선무다.

정신이상이나 치매환자에게는 정신이 나가있는 상태가 많으면 중증, 들어와 있는 시간이 많으면 경증이라 하지 않는가! 환자가 당황하면 모든 게 수포로 돌아갈 수도 있다는 생각으로 천천히 말을 걸었다.

"사시는 곳이 용인인가요?"

"맞아. 용인에 가면 택시비를 가지고 나오라고 할께!"

"병원에 가시지 않아도 되는 모양이죠? 댁에 전화를 해 보시지요."

"집에다 핸드폰도 놓고 나와 연락도 할 수 없으니 데려다만 주면 택시비를 줄 테니 걱정 말고 갑시다."

"핸드폰은 제게도 있으니 이걸로 해 보시지요."

내 휴대전화를 한참 쳐다보더니,

"집에 전화하면 야단맞을 테니까 하지 않을래."

"댁에는 누가 있지요?"

"아들들도 있고 마누라도 있는데 모두들 야단칠 거야!"

"아들이 하나가 아닌 모양이네요?"

"하나는 장가를 갔고 하나는 아직 안 갔어."

"무슨 말씀. 아니 장가보낸 분이 아버지인데, 대체 어떤 놈이 아버지한테 야단을 쳐. 같이 혼내 줄까요?"

처음에는 조용히 앉아 있다가 자신감이 생겼는지,

"맞아! 전화기를 한번 줘 봐요."

올림픽대로 갓길에 차를 세우고 전화기를 건네주면서 불을 밝혔다. 정신이 있을 때 일을 마쳐야 한다는 마음으로….

"불이 어두워 잘 보이지 않지요? 제가 걸어 볼까요?"

전화기를 받아 불러 주는 대로 '031-335-XXXX'을 누르고 전화기를 건네주었다. 신호는 가는데 전화를 받지 않는다.

"어! 전화를 받지 않네. 이것들이 다 어디 갔지."

"어르신! 가장이 안 계시니까 모두 찾으러 나갔나 봐요. 휴대폰으로 다시 해 봅시다. 전화기 이리 주세요. 어디 불러 보세요."

휴대전화번호를 다시 부른다. '010-5665-XXXX'로 전화한 다음 다시 건네주었다.

"@#$%*&^"

"여보 나야. 나 지금 가고 있는데 택시비 50,000원만 가지고 농협 앞으로 나와!"

그러더니 응답할 기회도 주지 않고 전화를 끊어 버렸다. 전화번호를 알았으니 보호자에게 돌려보내는 것은 식은 죽 먹기다.

"깜깜한 곳에서 뭐하는 거요, 빨리 농협으로 갑시다. 농협이 어디 있는지는 알죠?"

"내비게이션이 없으니까 용인에서 길을 가르쳐 주셔야 되겠는데요."

"빨리 갑시다. 내가 길을 아니까."

통화 내용은 들었지만 중부고속도로에 진입하려고 미사리 근처에서 생각하니 아무래도 확인해야 될 것 같아 고속도로 진입 전에 택시를 세우고 전화를 걸었다.

"여보세요. 택시기사입니다."

"아버지는 참! 조금만 기다리세요."

젊은 여자의 목소리다. 이분은 전에도 이런 일이 있었음을 목소리를 듣고 짐작할 수 있었다. 택시를 세우고 전화하기를 잘했다는 생각이 든다.

"여보세요!"

"저는 택시기사입니다. 안심하세요. 어르신을 안전하게 모실게요."

"아이고 고마워라. 잠깐만 기다리세요."

어른 목소리는 할머니인 듯하다.

"여보세요!"

"저는 택시기사입니다. 어르신을 제가 모시고 용인으로 가려고 하는데 맞습니까?"

"용인이요?"

"용인으로 가려고 고속도로 입구에 있는데, 아닌가요?"

"여기는 용인이 아니어요. 하계역에 있는 을지병원이요."

"용인이 아니라고요?"

"예, 하계역 옆입니다."

"알았습니다. 조금만 늦었으면 고속도로로 들어갈 뻔했네."

전화를 끊고 차를 돌려 동부간선도로로 향한다.

"어르신. 용인으로 갔으면 다시 돌아와야 될 뻔했습니다."

"… ."

"이제 안심하세요. 아들이 착하구먼. 며느리도 기다린다잖아요."

하계역 근처에 있는 을지병원에 도착하니, 네 사람이 기다리고 있었다. 아마 할머니, 큰아들내외, 작은 아들일 것이다. 노인이 내리자 젊은 새댁이 택시 옆으로 걸어온다.

"택시비가 얼마나 되요?"

"48,000원 나왔습니다."

"여기 있어요. 잔돈은 됐고요."

돈을 건네면서 퉁명스럽게 말했다.

"고맙습니다."

병원에서 나오려고 차를 돌리고 있는데 큰아들이 택시를 향하여 뛰어온다. 창문을 열고 밖을 내다본다.

"아저씨 어떻게 보답을 해야 되지요?"

뒷주머니에서 지갑을 꺼내고 있다.

"예! 보답이요?"

"얼마나 더 드릴까요?"

"나한테 보답한다고요? 해야지요. 보답은 아버님께서 돌아가실 때까지 잘 모시는 일입니다. 저 병은 잘못했다고 야단치면 자꾸 더 하는 병입니다. 싫어도 잘했다고 칭찬하면 덜하지요. 나도 아버님과 같은 병을 앓은 어머님을 모시고 살았기 때문에 조금은 알아요. 그리고 우리의 미래가 되지 않는다고 누가 장담할 수 있겠어요?"

큰아들은 아무 말 없이 쳐다보고 서 있다.

"고맙습니다. 잘 알았습니다."

"나한테 보답하는 일은 돌아가실 때까지 잘 보살펴 드리는 일입니다. 하실 수 있겠어요?"

"예, 꼭 하겠습니다."

잘못한 것도 없는데 죄지은 사람처럼 연신 머리를 조아린다.

나도 뇌졸중으로 돌아가신 어머님을 모시고 살았었다. 집안에서 환자를 뒷바라지하는 가정주부의 고통은 이루 말로는 다할 수 없을 정도다. 남에게 말할 수도 없고 불평한다고 해결되지도 않는 어려움들을…. 어머님의 생각들이 주마등처럼 스쳐 지나간다. 그분의 병이 호전되기를, 그리고 그분들의 가정에 행운이 함께하기를 진심으로 기원한다.

신세대와
쉰세대

자정이 지나 성수동에서 젊은 승객이 택시에 오른다.

"아저씨, 잘하면 잡을 수 있는데 최대한 빨리 잠실역으로 가시죠."

"나도 빨리 승객을 모셔야 한 푼이라도 더 벌죠. 천천히 가라고 해도 빨리 갈 겁니다."

무엇을 잡으려는지 몰라도 통상적인 대답을 하고 달렸다. 슬쩍 뒤를 돌아보니 승객은 휴대전화를 열심히 쳐다보면서 혼자서 중얼거린다.

"잠실에 거의 도착하는데 큰일 났어."

"오늘따라 왜 이렇게 빨리 달리지!"

"저걸 못 타면 큰일인데!"

"저 차가 막차인데…."

귀에 이어폰을 끼고 무슨 말을 하는지 이해되지 않는다.

"손님, 지금 누구하고 얘기하는 거요?"

"…."

더 큰소리로 물어보니 고개를 들고 이어폰을 빼면서 대답을 한다.

"버스를 보고 있어요. 막차를 놓치면 경기도 광주까지 가야 하는데 택시비가 없어요."

"막차라니, 무슨 막차요?"

"광주에 가는 막차를 잡으려고 택시를 탔어요."

이상한 대답에 황당했지만 일단 잠실역으로 달려갔다. 세상에 이런 일이 있을까! 젊었을 때 보던 007 영화와 같은 광경이 눈앞에서 펼쳐지고 있다. 잠실역과 석촌역 사이에 말하는 광역버스가 달리고 있지 않는가! 하지만 심야버스는 전용차선으로 대충 신호위반을 하면서 달리고, 택시는 일반 차량과 함께 달리니까 따라잡기가 불가능할 것 같았다.

"손님, 택시비에 ○○○원을 올려서 먼저 결제하세요. 저기 달리는 버스를 잡을 때까지."

승객이 먼저 결제하고 가까스로 횡단보도에서 버스를 따라잡았다. 버스기사에게 손짓하여 신호 대기 중에 승객이 버스에 올랐다. 쉰세대인 우리의 상식으로는 이해 가지 않는 일이었다. 드문 일이기는 하지만, 요즈음 젊은이들 사이에서는 승차를 할 때 목적지를 얘기하고 내비대로 가자는 사람들이 있어 격세지감(隔世之感)을 느끼게 한다.

도로 위의 무법자와 경음기

*

택시 운전 초기의 일이다. 을지로 2가에서 길을 건너려는 승객이 횡단보도 앞에서 길을 건너려고 급히 내렸고, 길을 건너는 사람들이 분주하게 건너고 있다. 나는 맨 앞에서 대기 중인데, 뒤에서 우회전을 하려는 사람이 방향지시등을 깜박거린다. 이어서 경음기가 울린다. 앞에는 아직도 길을 건너는 사람들이 교차하고 있다. 횡단보도 신호가 끊어지면 차선을 비켜 주려고 그대로 기다리고 있었다. 뒤에 있는 운전자가 내려와 내 차 옆으로 다가오더니 소리를 지른다.

"C8! 택시 운전을 하려면 똑바로 해 먹을 일이지 길을 막고 그래!"

창문으로 열고 옆을 보니 젊은 녀석이다.

"뭐라고!"

"길을 비켜야 갈 것 아냐. C8!"

"뭐, 인마!"

옆에 서 있는 개인택시 운전자가 창문을 열고 나를 바라보면서,

"차례대로 가면 되지, 자기가 허가 낸 길인가?"

그러자 젊은 녀석은 뒤로 돌아서려고 한다. 내려서 혼내 줄 생각으로 불러 세웠다.

"야 인마. 오른쪽으로 차 세워!"

"… ."

운전석 옆에는 아내인 듯 젊은 여인이 어린 아기를 안고 있다. 내가 하는 말을 들은 척도 하지 않고 자기 차로 올라간다. 끌어내어 당장이라도 갈겨 주고 싶었지만 앞을 보니 경찰관이 교통단속을 하고 있어 '문제가 있으면 시시비비는 가려 주겠지.'라고 생각하여 택시에서 내리지 않았다.

길을 비키면 도망갈까 봐 비켜 주지 않고 그대로 서 있었다. 뒤에 있는 차가 옆으로 비켜 앞으로 나가려고 한다. 그 차를 잡는 것이 내 목적이라 승용차를 가로막으면서 움직였다. 내 뜻을 알았는지 승용차가 가속하여 내 앞으로 나가려고 한다. 뒤에 있는 차들은 옆으로 비켜 우회전을 한다. 나도 차를 움직여 버스전용차선 쪽으로 승용차를 밀어붙였다. 승용차가 부딪치지 않으려고 밀리다 보니 경찰관 앞에서 승용차가 멈췄다. 나는 차에서 내려 경찰관에게 다가갔다.

"이봐요, 경찰관! 저 사람 경음기를 울리면서 욕지거리를 하는데 이래도 되는 겁니까?"

경찰관은 먼 산을 쳐다보고 있고 자가용 운전자는,

"아저씨, 제가 잘못했어요. 빨리 가요."

"이봐, 경찰관! 빵빵거리고 괜스레 욕을 해도 괜찮은가 묻지 않아!"

화가 나 큰소리로 다시 말했다.

"담당경찰을 불러야 하는데요."

이 사람은 다른 나라 경찰관인지, 아니면 로봇에 경찰복을 걸쳐 놓았는지 이해되지 않는다.

'이럴 줄 알았으면 차라리 정지했었을 때 저 녀석을 끌어내렸어야

되는 것이었는데….'

"야 인마. 저쪽으로 차 세워!"

경찰관의 대답에 풀이 죽어 차를 빼자, 그 녀석은 가속페달을 밟으면서 달아나 버렸다.

그 후 얼마가 지났을까! 어느 날 뒤에서 빵빵거리는 차량이 있어 전에 있었던 일을 이야기하는데 승객은 일본에서 오래 살았다면서,

"일본에서는 뒤에서 빵빵거리는 일이 없는데 한국에 오니까 너무 심합니다. 어느 야쿠자가 뒤에서 경음기를 울린다고 뒤차 운전자를 총으로 살해한 다음부터 경적을 울리는 일이 없어졌다고 합니다."

이 말이 사실인지 아닌지는 모르지만, 우리나라라고 일어나지 말라는 법은 없다. 아주 기분 나쁜 상태에서 오늘 같은 일이 생겼다면? 우리나라에서도 경음기를 울리면 범칙금을 부과하게 되어 있다. 그러나 빵빵거리는 경음기의 소리는 점점 늘어나고 있다. 왜 그럴까? 법조문이 우리나라처럼 많은 나라가 없다고 하지 않는가!

즉, 유명무실(有名無實)한 규칙이나 법률이 너무 많아 이현령비현령(耳懸鈴鼻懸鈴)이 상용화되어 있는 것이 현실이기 때문이리라!

경적 소리를 들으면 깜짝 놀라기도 하고 신경질이 나는 것은 엄연한 사실이다. 뒤에서 경적을 심하게 울려 서로 입씨름하는 일을 가끔 목격한다. 앞으로 경적으로 인한 사회적 갈등이 어떻게 표출되는지 두고 볼 일이지만, 언젠가는 이 일이 범죄로 이어지는 경우가 발생할 수 있으리라 생각도 해 본다. 또 운전자가 뒤차에게 양보하려고 무리하게 비키다가 사고가 발생하면 보행자안전의무 불이행으로 가중처벌을 받으며, 사고가 아니어도 60,000원짜리 스티커가 발부됨을 알아두기 바란다.

**

영등포역을 지나 모텔골목 앞에서 젊은 사람이 차를 세운다. 그 사람이 차에 타려 하자, 뒤에서 따라오던 차가 경음기를 울린다. 길게 울리는 경음기는 누구에게나 무척 귀에 거슬리는 소리다.

"저, ○새끼가!"

"손님! 빨리 타요. 뒤에 차들이 많이 오잖아요."

뒤를 돌아보던 승객이 입맛을 다시면서 뒤를 흘끗 바라보다가 택시에 오른다. 술은 어느 정도 되었어도 많은 양을 마시지는 않은 것 같다. 눈치를 살피면서 먼저 말을 걸었다.

"빵빵대는 소리에 기분이 많이 상했나 봅니다."

"에이! C8새끼가 사람이 타는데 시끄럽게 지랄을 해서 ○새끼!"

"그런 걸 가지고 화를 내면 스트레스 때문에 택시운전을 못합니다."

"지가 빵빵댄다고 해서 다른 방법이 없잖아요?"

"우리나라 사람들이 외국에 다녀오면 그 나라의 교통문화를 비웃듯이 일본 사람이 이 차에 타서 우리를 비웃는 소리를 실제로 들었어요. '코리아 카 크락숑 마니마니!' 하던데!"

또 내 옆에서 경음기를 울려대는 차를 본 캐나다 관광객이 "크래쉬, 크래쉬!"라면서 쓴 웃음을 지었던 이야기도 들려주었다. 나와 몇 마디를 나누던 승객은 어느새 순한 양으로 변해 있었다.

"저도 외국에 다녀 보지만 선진국은 우리같이 경적을 울리지 않아요. 더구나 일본 사람이라면 그런 말을 하고도 남지요."

"승객이 승차나 하차할 때 경음기를 울려도 사정이 달라지지 않는데 왜 그런지 몰라요."

보편적으로 우리나라 사람들은 일본 사람을 칭찬하면 별로 좋아하지 않는다. 아마 이 승객도 민족감정이 가미된 한국 사람인 모양이다. 내려가 한 대 갈겨 주고 싶을 때가 많다. 언제일지 모르지만 사건이 터지기 전에 이에 대한 대책이 마련되어야 할 것이다.

***

10여 년이 지난 지금 어떻게 변해 갈까! 송파구 마천동에 갔다가 나오는 길인데, 아마 방이동에서 일어난 일이다. 편도 2차선에서 여자 승객이 택시를 잡는다. 승객을 태우고 앞으로 나오는데 1차선에는 차량이 늘어서 있고 횡단보도 앞에 승용차 한 대가 횡단보도를 지나 1차선에 서 있다. 나는 2차선 횡단보도 정지선에 서 있었다.

횡단보도에 사람들이 건너고 있는데 뒤에서 빈 택시 한 대가 빵빵거렸다. 여유만 있다면 앞으로 비켜 줄 텐데 비킬 수도 없는 처지. 문제는 뒤에 있는 택시는 방향지시등도 켜지 않은 상태! 하기야 방향지시등 상식도 없으니까 횡단보도에 사람이 지나는데 빵빵거리겠지만 말이다.

직진 신호로 바뀌어 교차로를 지나 앞으로 진행하는데, 뒤에 있던 택시가 내 앞으로 갑자기 끼어 들어오려다 달려 나간다.

"앗, 아저씨!"

택시에 탔던 여자 승객이 소리를 지른다. 나도 깜짝 놀랐다. 그리고 곧 마음을 진정시켜,

"손님, 저런 놈은 그냥 놔둬서는 안 되겠죠?"

"너무 놀랐어요. 미쳤나 봐. 일부러 그런 거죠?"

"예, 일부러 그럽니다. 저 앞에 가고 있는데 잡아서 혼내 줄까요?"

승객이 허락하여 속력을 높여 그 택시를 잡으러 달려 나갔다. 그 녀석도 이를 알고 줄행랑을 친다. 잡으면 폐차를 시켜 사회문제로 삼을 것이라 생각하며 내달렸다. 왼쪽, 오른쪽, 돌아서 2~3분 정도를 추격했는데, 내 차의 성능이 좋지 않아 놓치고 말았다. 승객에게 미안하다고 사과를 하고 그냥 내리시라고 했더니 오히려 요금을 더 준다. 화가 나 그 녀석을 잡으려고 회사에 들어와 블랙박스부터 확인했다. 블랙박스를 판독하던 임원이 하는 말,

"일부러 진로방해를 했네. 일부러! 그런데 번호는 식별하지 못하겠네요. 젊은 상무가 나오면 다시 확인을 해 보도록 하지요."

판독하는 상무가 출근했다. 블랙박스의 화질이 좋지 않아 식별이 불가능하다면서 화질이 좋은 것으로 교체해야겠다고 한다. 방송을 들으면, 경음기로 인한 폭력 사태가 이미 발생하기 시작했다. 그러나 경찰에서는 어떻게 처리하는지 모르겠다.

우리나라는 후진국법이라 원인은 무시하고 결과만 처벌하는 것은 아닌지! 문을 열어 놓고 가는데 귓가에 대고 빵빵대는 버스, 방향지시등을 켜고 승객이 승하차하는데 따라와서 빵빵대는 운전자 등 남녀노소를 가리지 않고 아우성치는 이 소리를 없앨 방법은 없을까? 지금보다 더 끔찍한 사건이 발생하기 전에….

이 일이 발생한 뒤에 택시회사의 사정을 조사하는 중에 블랙박스에 택시 앞의 상황과 내부에 음성녹음이 되는 회사가 있음을 알았다. 따라서 이러한 경우, 블랙박스자료를 증거자료로 제출하면 법적 증거로 채택되어 보복 운전 등의 처벌받는다는 사실을 꼭 알아두자.

운수
좋은 날

*

택시 기본요금이 1,900원일 때의 이야기다. 신림동에서 여성 승객이 마포에 있는 가든호텔을 가자고 택시에 올랐다. 여의도를 넘어갈 무렵.

"아저씨, 인천공항에도 가실 수 있어요?"

"가든호텔에 가지 않고 인천공항으로 가시려고요?"

목적지를 공항으로 바꾸려나 보다고 생각하고 다시 물었다.

"아니요. 외국 친구가 호텔에 있는데 공항에서 배웅을 하려고요."

"그렇게 하시지요. 저로서는 더없이 고맙죠."

"그럼 호텔에서 2~3분만 기다려 주세요."

"알았습니다."

인천공항까지 가기로 하고 아마 외국 친구하고 통화하는 모양이다. 호텔에 도착하니, 외국 젊은이가 승객을 반가이 맞는다. 내려서 승객의 짐을 트렁크에 실어 주고 운전석에 앉으니 바로 출발하잔다.

"굿모닝 서. 이츠 어 화인 데이!(안녕하세요. 날씨가 좋군요.)"

"땡큐. 소 마취(고맙습니다)."

택시는 공항으로 신나게 달리고 두 사람은 뒤에서 다정하게 담소를 나누었다. 택시 운전을 하는 사람이라면 대부분 공항에 가고 싶을 것이다. 우선 신나게 달릴 수 있고 또 수입도 짭짤하기 때문. 두 사람의 대화가 끝나기를 기다려,

"웨어 아 유 프럼?(어느 나라에서 오셨습니까?)"

"아임 프럼 아메리카(미국에서 왔습니다)."

기본적인 이야기를 몇 마디하고 달리다 보니 인천공항이 보인다.

"아저씨, 이 친구를 배웅하려면 30분 정도 걸리는데 내린 곳에 다시 오실 수 있겠어요?"

"그렇게 해 주시면 저로서는 너무 고맙죠."

"그럼 30분 정도만 기다리면 되니까 전화번호를 가르쳐 주실래요?"

전화번호를 가르쳐 주니 확인해 본다. 정차한 후, 트렁크에서 친구의 짐을 카트에 싣고 대합실 안으로 사라진다. 대합실 밖에서 택시를 정차하고 있으려니 차를 빼라고 하여 공항을 두어 바퀴 돌았다.

그렇게 30분이 지나도 아무런 연락이 없다. 아직까지 예약한 약속을 지킨 경우가 없어 마찬가지가 아닐까 싶어 전화를 했다.

"택시 기사인데요. 어떻게 하면 되겠습니까?"

"아차! 제가 전화를 드리지 못해 죄송합니다. 지금 나가고 있어요."

"그래요! 주차를 못하게 하여 공항을 돌고 있으니 없으면 잠시만 기다려 주십시오. 내리셨던 자리에 금방 도착할 테니까요."

"예."

잠시 후, 승객이 택시에 올라 서울로 향했다.

"아저씨 처음 탔던 곳으로 데려다주세요."

"신림동입니까? 알았습니다."

아무리 생각해도 오늘은 운수 좋은 날이라 생각된다.

인천공항에 들어와 승객을 태우고 나가는 경우가 처음이기 때문이다. 택시를 탔던 신림동에 도착하니 요금이 36,000원 정도 된다.

"아저씨 너무 기다리게 해서 미안합니다."

"별 말씀을 다하십니다. 너무 고맙습니다."

**

그로부터 며칠이 지난 어느 날, 어떤 남자 승객이 묻는다.

"아저씨, 인천공항에서 신림동까지 오면 택시비가 얼마나 돼요?"

"아마 40,000원 정도 될 겁니다."

"얼마 전 개인택시를 탔는데 72,000원이 나오던데요!"

"톨게이트비까지 포함해서 그렇게 달라고 하던가요?"

"아니요. 톨게이트비는 제가 줬는데요."

"며칠 전 내가 공항에서 신림동까지 다녀왔는데 톨비는 별도로 36,000원이 나오던데요."

"화가 나 40,000원을 주고 더 받으려면 경찰서에 가자고 했더니 그냥 가던데요."

"택시요금 30,000원이면 서울 반대쪽을 운행하는 돈인데 그렇게 많이 나올 수 없습니다. 모범택시라면 혹시 모르지만⋯."

"아니요. 일반 개인택시입니다."

"나로서는 이해되지 않는 이야기입니다."

"내가 잘못했어요. 바로 경찰서로 갔어야 됐는데⋯."

며칠 뒤, 공항에서 운행하는 택시미터기 조작이라는 고발 방송이 나와 남자 승객이 이런 택시를 타지 않았나 하는 생각을 해 본다.

인천공항 고속도로 톨게이트 이야기를 하나 더하자.

캐나다 승객이 공항에 가는데 자기 카드로 통행료를 결제해 달라고 하여 결제 의뢰를 했었는데, 결제가 되지 않았다. 당시 이 외국인에게 '당신 카드는 사용할 수 없다.' 하고 택시요금에 톨비를 합산하여 받았지만 시정해 줬으면 한다. 또 일반 고속도로도 마찬가지이고!

***

얼마나 지났을까. 신이문역 근처에 간다는 야간 승객이 탔는데 사진표찰과 미터기를 유심히 살피고 있다. 처음에는 대수롭지 않게 생각했지만, 장시간 계속하니 기분이 상했다.

"손님, 무얼 그리 유심히 살피시나요?"

깜짝 놀라 대답을 한다.

"요즈음 미터기를 조작한다는 말이 있어서….'

"승객이십니까, 아니면 조사를 하는 겁니까?"

"집에 가는 중인데 습관이 되어 죄송합니다."

"죄송할 것은 없고 괜찮아요. 그런데 조사하려면 제대로 하십시오."

"무슨 말씀이신지…?"

괘씸한 생각이 들었다.

"그래서 적발된 차량이 한 대라도 있습니까?"

"아직….'

"생각해 보쇼. 한 대로 두 사람이 교대하는 법인택시가 무슨 조작을 할 수가 있겠습니까?"

"그래서 우리들도 법인택시는 하지 말자고 했는데….'

내 말이 거칠었는지 자꾸 말을 더듬으면서 대답했다.

"그래서 국민들이 공무원들의 꼬락서니를 보고 비웃는 거요. 내 말이 틀렸습니까?"

"…."

그리고 또 얼마가 흘렀다. 우연히 방송을 듣고 있는데,

"법인택시들의 미터기 조작이 있다는 말이 있어…."

'참 한심한 사람들이 떼로 몰려 사는 나라인가?'라는 생각이 든다.

이후 장안동에서 일한다는 사람이 택시에 탑승하여 말을 들었는데, 자동차 바퀴의 바람을 적게 넣거나 작은 바퀴로 바꾸어 많이 굴러 요금이 많이 나오게 한다는 말을 들었다.

글쎄, 이거 참! 기는 놈 위에 뛰는 놈 있고, 뛰는 놈 위에 나는 놈 있다더니 시대가 변함에 따라 나는 놈 위에 붙어 가는 놈 있고, 붙어 가는 놈 위에 얹혀 가는 놈이 생겼나 보다.

교통 법규 위반을
권하는 사회

　택시운전자가 교통위반스티커를 받으면 그날의 헛고생을 의미한
다. 나의 하루 수입은 30,000원에서 100,000원 미만인데 스티커를
받으면 그날은 꽝이다. 그러나 이를 부당하다고 생각하지 않고, 오
히려 범칙금이 교통문화 선진에 도움이 된다고 생각한다.

　그간 택시운전을 하면서 '내가 이곳은 꽉 잡고 있으니까 과속이
나 신호위반은 걱정하지 마라.', '지킬 것 다 지키려면 누가 택시를
타겠느냐?', '신호를 한번 어길 때마다 요금을 만 원씩 더 줄게.' 등
의 말을 스스럼없이 하던 승객들이 생각난다. 그동안 운전하는 내게
'안전하게 운행한다.'는 말은 한국인보다 외국인이 더 많더라. 내가
의식적으로 교통위반을 하여 적발되는 경우보다 승객이 탑승했을
때인데, 이유는 사주경계를 소홀히 했기 때문이리라!

*

　내비게이션이 없던 시절, 마포에서의 일이다.
　"아저씨, 광화문에 있는 경희궁의 아침으로 빨리 가 주세요. 시간
내에 갈 수 있을지 모르겠네요?"
　승객이 급하면 같이 급한 것을 인지상정(人之常情)이라고 하나 보다.

"경희궁의 아침이 어디에 있지요?"

"세종로 사거리 근처에 있다고 하던데요."

"정확한 위치는 모릅니까?"

"예, 오늘 면접을 하러 처음 가는 길이라서⋯."

서대문고가(지금은 철거)를 넘어 세종로 방향으로 택시는 달린다. 카페나 음식점을 연상하고 고가도로를 내려오면서 도로가를 살핀다.

"여기부터 잘 보세요. 나는 오른쪽을, 손님은 왼쪽을 잘 보세요."

차선 변경에 용이하도록 2차선으로 슬금슬금 움직인다.

"아저씨! 왼쪽 골목으로 들어가면 돼요!"

승객의 비명 소리에 앞을 보니 유턴이 허락되고 1차선은 너무 길게 줄이 늘어서 있다. 바쁘다는 생각만 하고 무의식적으로 안전을 확인하며 1차선으로 들어섰다. 좌회전 신호에 자동차들이 움직이는데, 내 차례가 되려면 세 번 이상 기다릴 것 같다.

'에라 모르겠다.'

유턴하여 진행하려는데 반대편에서 오토바이 한 대가 달려 나온다. 길가에 차를 대라며 손짓하기에 창문을 열고 쳐다보고 있자니,

"면허증 주시죠. 유턴하는 자리가 아니잖아요!"

중앙선이 실선이라 면허증을 꺼내려고 뒷주머니에 손을 넣으면서,

"뒤에 앉아 있는 승객도 예쁜데 한번 눈감아 주시면 안돼요?"

"승객하고 나하고 무슨 관계가 있습니까? 빨리 면허증이나 줘요."

퉁명스런 말투에 면허증을 건네는데,

"아저씨, 저 때문에 그랬어요. 면접시간에 늦어서⋯. 좀 봐주세요."

승객이 애틋하게 여러 차례 사정을 하자,

"앞으로는 위반하지 마세요."

면허증을 돌려주지 않는가! 면허증을 돌려받고 어리둥절하면서 골목으로 들어선다.

"손님, 오늘 미인계가 통했네요. 헛고생만 할 뻔했는데!"

우스갯소리를 하면서 앞을 보니 왼편에 '경희궁의 아침'이라는 간판이 눈에 들어온다. 경희궁의 아침이라는 곳이 카페나 상점의 이름이 아니고 아파트 단지의 이름이다. 예쁘장한 여성 승객의 도움으로 면책은 되었지만 왠지 씁쓰레한 마음을 지울 수는 없었다.

**

보라매 병원에 승객이 내리고 , 공원 후문에서 승객이 탄다.

"어디로 모실까요?"

"신대방역으로 가 주세요."

"예. 알겠습니다."

"아니! 우회전이 안 되는 곳이잖아요. 유턴을 하여 백화점 골목으로 돌아서 모실까요?"

"다들 그냥 가는데….."

"예?"

"다들 다니더라고요."

정석대로 우회전하면 대림역 방향이고 좌회전을 하면 당곡사거리 방면이다. 주위를 둘러보니 거시기들이 없다. 좌회전 신호를 받고 슬쩍 한 시 방향으로 직진을 하다가 우회전을 했다.

그런데 '물에 빠져죽을 팔자는 접시 물에 코를 박고라도 죽는다.' 더니, 하필이면 이때 신대방역 방향에서 경찰차가 오다가 차를 돌려

나를 세운다. 신호위반스티커를 한 장 떼고 나니 기분이 상했다. 목적지에 도착하니 요금은 2,400원으로 기본요금이었다.

"아저씨, 돈이 이것밖에 없어서 미안해요."

지폐 10,000원짜리를 건넨다.

"위반은 제가 했는데요. 앞으로 다른 기사한테는 위반을 강요하지 마십시오."

"…."

돈을 받아 넣으면서도 마음은 개운하지 않았다. 지금은 그 자리가 우회전을 할 수 있도록 시정되어 있어 다행이다.

＊＊＊

영동시장에서 강남고속터미널로 향하는 길의 주유소 앞에서 중년 부인이 차에 오른다. 승객이 차에 오르자 출발하면서,

"안녕하십니까? 어디로 모실까요?"

"학동역사거리요."

"학동역은 반대로 가야 되는데…. 길을 건너서 타셔야 되는데요."

차를 정지시키려고 미터기를 정지시켰다.

"알아요. 유턴하면 되잖아요. 그렇게 하면 안 돼요?"

"아시면서 택시비를 더 낼 필요까지 없지 않습니까?"

"횡단보도가 너무 멀어서 그래요."

말을 듣고 보니 횡단보도가 상당히 멀리 있었다. 1차선에는 차량들이 엄청나게 밀려 있는데 신호를 몇 번 넘어서 돌려고 하니까 유턴이 허락되지 않는 자리다. 아파트로의 좌회전만 허용된다.

"바쁜데 언제 가지!"

적당히 돌려서 가면 되지 않겠느냐며 은근히 교통위반을 강요한다. 좌회전 차량의 맨 앞에서 횡단보도 위에 차를 붙이는 것도 여의치 않았다. 더구나 좌회전 신호등도 너무 짧고 뒤에서는 늦다고 투덜대는 소리가 들린다. 이러다가 마음이 약해서 앞에 늘어선 차량행렬 뒤에서 차를 돌렸다.

이런! 길옆으로 차를 대라고 한다. 중앙선 침범이라나. 차가 많이 밀려 있다는 조바심에 뒤를 확인하지 않은 것이 후회된다. 교통위반 스티커를 발부받고 '오늘 하루는 땡 쳤구나.'고 생각하니 개운치 않다. 이런저런 생각에 마음이 혼란스러운데 뒤에서 들려오는 한마디.

"아저씨! 오늘 액땜했다고 생각하세요."

"…."

차라리 아무 말이나 말 일이지.

'주둥이를 밤 가시로 콱!'

할 말이 없어 그 승객을 어떻게 내려 주었는지 기억에도 없다. 얄미움의 극치를 이룬 이 일을 무어라고 얘기해야 할지…. 여기에도 앞의 사례에서처럼 신호체계에 변화를 주었으면 좋겠다. LG자이 아파트 앞에서 유턴과 좌회전을 동시에 할 수 있도록…

방향지시등을 켜면
촌놈?

　언제부터인가 도로에서 차선 변경을 할 때 방향지시등을 켜면 촌놈이 되어 버렸다. 방향지시등을 컨다고 욕설하는 사람도 있어 운전미숙을 인정하는 느낌마저 들 때도 있다. 도로에서 같은 사고가 반복해서 발생하는 이유는 기본을 무시하는 운전습관에 있으며, 노인 사고의 원인은 기본을 무시하는 운전습관에 인지능력저하가 합하여 상승작용을 한다고 생각한다.

　먼저 '택시니까'라며 길을 양보해 준 자가용 운전자들께 고맙다는 마음을 전한다. 내가 방향지시등을 켜면 거의 길을 양보해 주는데, 일반 차량은 어떤가 물어봤다. 지시등을 깜박거리면 끼어든다고 쏜살같이 달려와 차선 변경을 못하도록 한다는 말도 있지만, 대부분은 양보를 받았다고 한다. 매스컴에서 지시등을 켜면 뒤에서 쏜살같이 달려와 상대 차량을 끼어들지 못하도록 한다는 말은, 이 말을 하는 자신을 우회적으로 표현한다는 말이 맞을 것이다. 불가피한 사정으로 끼어들 경우, 손을 들고 양보를 구하면 대부분 양보한다.

　방향지시등을 켰는데 끼어들지 못하도록 하는 경우도 있다. 그러나 내 잘못이나 착각을 모두 이해하지 않는다고 남의 탓을 할 일은 아니다. 세상 모든 사람이 예쁘다면 미인이라는 말이 무슨 필요가 있겠는가? 이런 사람 저런 사람이 함께 모여 사는 사회가 아닌가!

내가 소개하는 경우는 아주 특이한 예로, 양보를 받지 못한 경우다. 두 개의 차선이 좌회전 차선이라 2차선에서 힘들었던 일이다. 앞에서부터 좌회전신호를 하고 있다면 직진차량은 들어오지 않는다.

두 개 차선이 좌회전일 경우 2차선은 직진 차량과 좌회전 차량이 혼재되어 있는 경우가 많다. 좌회전 차선인 줄 모르고 직진 차량이 들어가고, 직진 차량 때문에 좌회전 차량이 진로 방해를 받는 악순환의 연속이 도로에서 항상 일어나고 있다. 따라서 사고 처리 과정에서 기본 질서에 대한 항목을 감안하면 지금보다 훨씬 나을 것이다.

택시안전교육을 수없이 받았지만 기본 질서를 지키자는 말은 들어본 기억이 없다. '방향지시등을 켰어도 직진 차량이 항상 우선이다'라는 말은 들어 봤어도…. 또 2~3개 차선이 좌회전일 경우, 직진과 좌회전 차량이 엉켜 있어 다투는 도로 위의 진풍경을 쉽사리 보기도 한다.

예상치 못한
타지 영업

*

부천역을 지나 성바오로병원을 지나는데 젊은 여인이 차를 세웠다.

"서울 택시입니다."

"병원에 택시를 탄다는 사람이 있어 안으로 들어가야 되는데요."

"알겠습니다."

여인이 타고 병원 안으로 들어갔는데,

"고마워요. 색시! 아이고, 다리야."

노인이라고 부르기에 젊은 여자 환자가 택시에 오른다.

"기사 양반, 부천역 소신여객 골목으로 갑시다."

"예?"

"소신여객시장으로 가자고요."

처음부터 부천에서 영업을 하는 꼴이 되어 버려 망설였다. 이거! 태우고 가야 되나 아니면 내리라고 해야 되나! 밖을 내다보니 택시를 잡았던 젊은 여인은 보이지 않는다.

"기사 양반, 왜 안가요?"

"이 택시는 서울택시라 부천택시가 들어오나 기다리고 있어요."

"뭐라고요!"

"이 택시는 서울택시라 망설이고 있다고요."

"빈 차면 타면 되지, 무슨 말이 그렇게 많아요."

순전히 막무가내로 떼를 쓰는 승객인 환자에게 뭐라고 대답을 해야 될지. 그렇다고 다리가 아파서 못 걷는다는 환자에게 내리라고 하고 나올 수도 없었다. 병원을 빠져나오니 부천택시들이 보인다. 신호등에 걸려 옆에 있는 택시에게 길을 물었다.

"여보세요. 소신여객이 있는 북부시장이 어디에 있습니까?"

"당신, 지금 병원에서 나왔지?"

"예, 병원에서 환자가 소신여객이 있는 북부시장에 간답니다."

"서울택시가 부천에서 영업을 한다고!"

부천 택시기사가 젊은 사람인데 반말을 하는 것이다.

'뭐 이런 놈이 있어!'

"그래서!"

서울 근처 타 지역에서 기본요금이 나오는 골목길을 선호하는 사람은 없을 것이다. 사정이 여의치 않아 울며 겨자 먹는 이러한 사정을 어떻게 표현해야 될는지! 싸가지 없는 부천 택시기사를 노려봤다.

"저 앞에서 좌측에 있는 회사가 소신여객이요!"

무슨 마음이 들었는지 그 기사는 퉁명스럽게 길을 가르쳐 준다.

"기사 양반, 왼쪽 시장골목으로 들어가요. 다리가 아파서….."

처음보다 부드럽게 말하는 환자 승객은 내키지 않은 내 사정을 알아차렸나 보다. 한 시간이면 세 구역 이상을 거치는 우리나라에서 타지영업이란 말이 언제까지 지속될 것인가! KTX가 전국을 가로지르면서 서울이 아닌 지방에서도 이러한 일들이 빈번히 일어난단다. 그리고 자치단체의 끝자락에서 흔히 볼 수 있는 풍속도인데….

＊＊

부천의 춘의사거리(신고내용을 보고 알았음)에서 승객이 손을 든다.

"이 차는 서울택시입니다."

"서울택시인 줄 알고 탔어요."

"어디로 모실까요?"

"쭉 갑시다. 다음에 말씀드릴게요."

대낮부터 중장년의 이 승객은 상당히 취해 있었다. 승객이 탄 위치에서 서울로 나오려면 부천 북부역과 남부역에서 좌회전을 해야된다. 북부역으로 가는 교차로에서,

"여기에서 좌회전을 할까요?"

"아니요! 더 앞으로 가요."

고가다리를 넘어 경인로가 나오자 다시 물었다.

"여기에서 좌회전을 할까요?"

"더 앞으로 가요."

이 두 곳이 모두 아니라니 이상한 생각이 들었다. 거울을 힐끗 쳐다보니 택시 한 대가 뒤를 따라오고 있다.

"손님, 서울로 나가는 길이 또 있는 모양이죠?"

"…."

"타지영업으로 적발되면 행정처벌을 받는데, 서울로는 가시죠?"

"나는 경기도에 살아도 여기 택시는 안타요. 새끼들이 불친절하고 골목 좀 들어가자면 불평하면서 욕이나 하잖아!"

"손님, 내 차를 이용해 주셔서 고맙지만 그렇다고 내가 불이익을 당하면 안 되죠?"

"만약에 누가 물으면 내가 서울에서 왔다고 하면 되잖아요!"

이 사람은 서울까지 가지 않는 부천승객이 확실하다.

"메모지를 줘 봐요. 내 핸드폰 번호를 적어 줄 테니까!"

승객은 아주 당당했다. 내 돈 내고 택시타면서 위축될 필요는 없었을 테니까. 그렇지만 내가 불이익을 당할 필요까지는 없는 노릇이다.

'이거 난감한데. 그렇다고 나중에 연락할 수도 없고….'

"저 앞에서 왼쪽으로 들어가요."

좌회전을 하려고 방향지시등을 켜니까 뒤따르던 택시가 따라온다. 승객이 내리려 정지하자, 뒤를 따라오던 택시가 내 앞에서 정차한다. 승객이 내리자 부천 택시기사도 정차하여 내리더니 나를 향하여,

"타지영업이 얼마나 무서운지 모르는구먼!"

"뭐! 마음대로 하지 그래."

내가 쏘아 붙이자 택시가 사라졌다. 그리고 한 달 정도 지날 즈음 회사의 감사가 부른다.

"백 선생, 부천에서 택시영업을 하다가 적발된 적이 있나요?"

"부천에서 영업을 하다가요?"

위의 사실을 잊고 있었던 터라,

"부천에 가서 영업할 필요가 있겠습니까?"

"춘의사거리에서 승객을 태웠다는 신고가 있습니다."

그러더니 쪽지를 주기에 자세히 보니 앞에 기술한 내용인 듯하다. 당시의 일을 소상히 설명해 주었다.

"그래도 행정적으로 적발된 일이니 구청에 다녀오셔야 되겠습니다."

감사가 얘기한 대로 구청에 찾아가 전에 탔던 승객의 전화번호와 경위서를 작성해 제출한 뒤에 다른 말은 없었다. 물론 감사께서 찾

아가 변론을 한 것으로 안다.

지자체별로 택시영업이 제한되는 나라가 있는지는 몰라도, 없는 것으로 알고 있다. 하루에 얼마나 벌겠다고 자기 지역을 벗어나 영업을 하겠는가! 더구나 에너지원을 전량 수입하는 우리에게 필요한 제도인지 검토해 봤으면 한다.

서울 변두리엔 경기도 택시들이 많이 늘어서 있고, 야간에는 더욱 늘어난다. 영등포역 근처에는 인천, 부천 택시들. 시흥대로에는 안양, 평촌택시들. 사당역 부근에는 과천, 안양택시들. 강남대로에는 성남, 분당 수원택시들. 천호대로에는 하남, 광주택시들. 광장동에는 구리, 남양주택시들. 수유리에서 도봉역에는 의정부택시들. 지금이 어느 시대인데 이러한 제도가 존재하는지 검토해야 될 때가 아닌지!

내비게이션의
오류

할증시간에 청량리 근처에서 술에 취한 예쁜 여성이 택시를 탄다.

"어서 오십시오. 어디로 모실까요?"

"홍대로 가 주세요."

"알겠습니다."

승객을 차에 태우고 시내를 달리면서 승객에게 물어본다.

"홍대 전철역으로 모실까요, 정문으로 모실까요?"

"아저씨 홍대입구로 가면 올림픽도로를 탈 수 있죠?"

"어디를 가시려고요?"

"올림픽도로로 들어가 김포공항 쪽으로 곧장 가려고요."

"그러면 공항이나 부천, 행주대교, 쓰레기매립장인데 어디인데요?"

"어느 방향인지는 모르고요, 그쪽으로 가 주세요."

"단순히 올림픽대로로 가신다면 국회의사당으로 가면 빠른데 신호를 받아 가면서 돌아갈 필요는 없지 않을까요?"

"그럼 그렇게 가 주세요."

"손님, 어디를 가시려는데요? 내비게이션을 치고 가려고요."

"인천시 서구 당하동이요."

"번지는 어떻게 됩니까?"

"번지는 모르겠어요."

"그럼 150번지로 갈 테니까 부근에서 다시 말씀해 주세요."

"….."

종로, 신촌로터리, 서강대교를 지나는데 내비게이션은 고속도로를 가리킨다. 이상한 생각이 들어 돌아보니 승객은 잠에 빠져 있다. '이거 물어볼 수도 없고 어떻게 하지? 일단 올림픽대로로 들어가자.'

올림픽대로로 들어서서 가양대교 남단에 왔는데, 강서구청 방향으로 빠지라고 지시한다. 불안해서 갈 수가 없어 도로가에 택시를 정차하고 승객을 깨웠다. 아무리 불러도 깊은 잠에 빠졌는지 대답이 없어 불안한 마음으로 다시 달렸다.

'매립지 입구에 도착하면 제대로 안내를 하겠지.'

매립지 입구에 도착하자, 기기는 다시 김포공항방향으로 지정하여 승객을 깨웠다. 승객이 일어나지 않아 매립지로 진행하는데 갈림길이 나왔다. 표지판이 없어 두리번거리는데 왼쪽 길을 가리킨다.

"여기가 어디죠?"

뒤에서 승객의 목소리가 들려 천만다행이었다.

"매립지도로로 들어왔는데, 어찌 해야 할지 몰라 망설이고 있어요."

"여기가 어디지?"

승객도 당황해하는 것 같았다.

"내비게이션이 왼쪽을 지정하는데 진행을 해 보도록 하죠."

도로를 따라 달리면서 보니 분위기가 음산하고 군데군데 짙은 안개가 끼어 있다. 모두 긴장하여 앞만 보고 달리다 보니 가로등이 보이고 계양구청이라는 표지판이 나온다.

"여기가 아닌데! 이렇게 가면 엄청 돌아가요."

"이 길이 아니라고요!"

택시요금미터기를 꺼 버리고 택시는 정지했다. 길가에 차를 세워 놓고 난감해하고 있는데,

"아저씨, 일단 차를 돌려서 생각해 보도록 하죠."

"알겠습니다. 차를 돌려 내비게이션이 가리키는 곳으로 다시 가죠."

차를 돌리자 기기가 가리키는 도로는 외곽순환도로를 지정한다. 순환도로에 올라 줄곧 앞으로 진행하니 중동, 장수IC를 거쳐 인천 남동공단이 나온다.

"아저씨, 인천 남동구는 제가 사는 곳하고 전혀 반대 방향이에요."

"예! 여기가 아니라고요? 그럼 어떻게 해야 되죠?"

"저는 여기서 집을 어떻게 가야 되는지 전혀 몰라요."

승객의 울먹이는 목소리에 더욱 긴장했다. 택시기사들의 영업시간은 12시 이후의 할증시간이 피크타임이다. 밤 11시가 넘으면 택시들의 승차거부가 일상화되어 있는 것은 넘치는 승객 덕분이다. 그런데 나는 12시 반경부터 길을 헤매고 있으니 이게 무슨 꼴인가!

그러나 나보다 승객의 마음은 더 타들어 갈 것이다. 음침한 안개 속을 질주하지를 않나, 목적지와 전혀 다른 곳으로 안내하지를 않나!

차를 뒤로 돌려 다시 외곽순환도로로 올라가라고 길을 안내한다. 회사에 불안전한 내비게이션으로 영업을 시키느냐고 항의도 했다. 다행히도 승객의 표정은 적어도 내가 나쁜 사람이 아니라는 것을 알아주는 모양이다. 얼마 전 택시에 승객을 감금했다는 이유로 소송 중이라는 말이 떠올랐다. 아마 이러한 상황이 아니었는지 생각을 해 본다. 택시는 외곽순환도로의 계양구로 나왔다.

"손님, 아침에 출근해야 될 텐데 시간을 빼었으니 어떻게 하죠?"

"일부러 그런 것이 아닌데 어떻게 하겠어요. 아저씨, 제 핸드폰

내비로 가도록 하죠?"

"그럽시다. 택시에 있는 안내는 끄겠습니다."

승객의 휴대전화 안내로 집을 찾아갔다. 목적지에 도착해 보니, 아직 도시 형성이 덜 된 지역이었다.

"택시비는 어떻게 계산해야 되죠?"

"택시비를 주시려고요! 나 같으면 못 주겠다고 할 텐데…."

"저도 잘못이 있는데요. 제가 자지 않았다면 이런 일은 없었을 텐데…."

"그러시면 처음 계양구에 올 때까지의 요금만 주시겠어요?"

그래서 36,000원을 발부하여 계산을 마쳤다. 매립도로로 나와 충전소에 차를 세우고 커피를 마시면서 내비게이션회사로 전화했다.

"밤늦게 수고가 많습니다. 조금 전 승객이 내리고 돌아가는 중에 전화를 하는데 인천시 서구 당하동을 지정하고 목적지로 향하는 도중에 안내가 끊겨 약 2시간 동안이나 헤매다가 전화했습니다. 가장 중요한 야간할증시간을 이렇게 보내고 억울하여 전화하는 겁니다."

"내비게이션의 안내가 부정확하다고요?"

"목적지는 승객의 휴대폰으로 겨우 찾아갔지만 난감했습니다. 차라리 불안전한 내비게이션이라면 보완해서 완벽한 기기를 자동차에 장착해야 되지 않겠습니까? 물론 목적지에 도착해 보니 개발이 진행되는 초기 단계였지만…."

"요즘 운전자들이 아이나비를 선호하여 협의 중입니다. 미안합니다."

택시에 부착된 내비게이션은 가끔 업그레이드를 시켜 줘야 하는데, 비용을 이유로 이를 실행하는 회사는 찾아보기 힘들다. 그래서 새로운 길이나 개발 중에 있는 장소는 휴대전화를 사용하는 편이 좋다. 내비게이션회사도 문제지만, 갈림길에 표지판이 없는 지자체도 그 못지않은 책임이 있다. 더구나 이곳은 우리나라의 광역시인 인천광역시가 아닌가! 너무 무책임하고 한심하다는 생각마저 든다. 그래서 실시간으로 중계되는 휴대폰 내비로 찾아갔다.

적반하장도
유분수!

그동안 영업을 하면서 가장 경멸하는 택시기사의 습성을 소개한다. 길옆에 정차해 있다가 뒤에 빈 택시가 오면 그 앞으로 새치기하는 얌체 택시기사를 소개해 본다. 교대시간이 되어 회사로 들어오는 길.

목동아파트단지에서 목동사거리로 곰달래길 언덕을 넘어 내려오는 길이다. 개인택시 한 대가 길옆에 서 있다가 언덕 넘어 빈 택시가 달려오니까 깜짝 놀라 새치기하려고 튀어나온다. 하지만 달려오는 탄력이 있어 내 앞으로 끼어들기에 실패했다. 뒷거울로 그 운전자를 쳐다보니 입으로 욕설을 하는 장면이 보인다.

'나이 먹은 놈이 왜 그렇게 사나. 정당하게 살 거라. 인마!'

계속해서 그를 응시하고 내려오고 있었다. 새치기를 못한 것이 천추의 한으로 여겼던지 두 손으로 엿 먹으라고 한다. 교대시간을 보니 약 15분 정도 여유가 있었다.

'아니! 저 새끼가!'

차를 세우고 후진하여 그 택시가 도망가지 못하도록 앞을 막았다. 그리고 차에서 내려 그 운전자에게 다가가 문을 두드렸다.

"여보쇼! 왜 욕하는 거요?"

그래도 이 사람은 양심이 있었는지 잘못한 줄은 아는 모양이다. 문을 잠그고 권총 모양의 고압전류기를 꺼내어 만지작거리고 있다.

아마 나에게 고압전류기가 있다고 겁을 주려는 모양이다.

"야 인마! 문 열어 봐."

고압전류기 조작이 끝났는지 그것을 오른손에 들고 나를 쳐다본다. 내가 인상을 쓰면서 소리를 질렀지만 무슨 말인지는 들리지 않았을 것이다. 잘못했다는 사과를 했으면 이렇게 화가 나지 않았을 텐데…. 세상을 어떻게 살아왔으면 늙어 가지고 저런 행동을 할 수 있을까!

실랑이하는 사이 신호가 바뀌어 차를 앞으로 서서히 움직여 우회전을 하려니, 직진으로 도망가려고 하여 핸들을 돌려 다시 가로막고 오른쪽으로 이동시켰다. 순순히 따라와 손잡이를 덜그럭거리며 내리라고 소리를 질렀다. 살 만큼 산 사람의 행동이 너무 괘씸하고 야비하여 움직이지 못하도록 택시에 걸터앉았다.

휴대전화를 꺼내 보니 교대시간이 임박하여 할 수 없이 종이에 꺼내 번호를 적고 들어왔다. 회사에 들어오니 사무실 근무자가 무슨 일이 있었느냐고 묻는다. 이유를 몰라 자초지종을 이야기했더니, 목2동 지구대로 나가 보라고 한다. 개인택시 운전자가 지구대에 고소했으니 오지 않으면 법대로 처리를 하겠다고 한다.

"우리 회사 기사들은 이런 짓을 하지 말라고 교육이나 해 주시요."

배차실 직원에게 부탁하고 택시를 목2동 지구대로 향했다. 지구대에 들어서니 개인택시운전자가 앉아 있다가 반갑게 맞는다.

"맞아요. 저 사람이 폭력배요."

살 만큼 산 사람이 자신의 파렴치한 행동을 아직도 뉘우치지 못한다. 한심한 생각마저 든다.

"야 인마, 파렴치하고 야비한 행동을 너희 가업(家業)으로 승계해 주려고 하나!"

"두 분들은 조용히 하시고 어떤 일이 있었는지 말씀해 보세요."

경찰관이 물어 그동안의 사실을 소상하게 얘기했다. 이야기를 하는 중에 폭력을 당하여 맞아죽을 뻔했다면서 자꾸 끼어드는 바람에 경찰관이 여러 차례 저지하면서 내 말을 모두 들었다. 그러자 그 사람은 내가 개인택시를 가격하여 철판이 찌그러졌다고 항변했다.

"저것 보쇼! 저사람 폭력전과가 있는지 조사해 보시오. 남자답게 잘못했다고 무릎을 꿇으면 용서할 수도 있는데 용서할 수 없어요."

"어떻게 하시겠습니까? 같은 일을 하시면서 서로 이해하시는 편이 나을 텐데요."

"이봐요. 경찰관, 나한테 용서를 빌라고요!"

"서로 사과하지 않으실 겁니까?"

"웃기는 사람이구먼! 저 개인택시기사가 술 마신 것 같은데 측정 한번 해 보시오."

뒤에 있던 경찰관이 웃으면서 고개를 옆으로 가로젓는다. 내가 보기에 술을 마신 것 같은데, 경찰관이 아니라고 하니까 넘어가자.

"정말 사과하지 않으시겠습니까?"

"돌아가신 우리 아버지가 살아오신다 해도 저런 인간한테는….”

"안되겠구먼. 법으로 할 수밖에. 경찰서로 갑시다."

"좋습니다. 그럼 경찰서에서 조사를 받으시지요. 선생님은 임의 동행으로 지금 경찰서에 가시든지 나중에 부르면 가시든지 하십시오."

"저 미친놈하고 같이 있으란 말이요? 나중에 가겠습니다."

피곤한데 실랑이를 하느라고 금쪽같은 시간만 너무 많이 소비했다.

집으로 돌아오면서 곰곰이 생각하니 어처구니가 없다. 늙어 가면서 세상을 왜 저렇게 밖에 살 수 없을까! 만약 흥분했을 때 개인택시 운전자가 차에서 내렸다면, 그대로 집에 보내지 않았을 것이다.

우리나라의 법은 행정편의주의의 후진국법이라 파렴치한 행동을 하는 사람들이 보호받지만, 원인을 중시하는 선진국법이라면 타인의 영업을 방해하고 괜한 사람에게 욕설을 하면 용서받지 못한다. 다시 말해, 우리나라 법률은 결과만으로 일을 처리하는 후진법이다.

그런데 과거에는 나이든 개인택시만 그랬는데, 점점 법인택시도 늘어나고 있어 안타깝다. 예배당 목사 같은 말이지만 후세들한테는 비열한 유산을 물려주지 말도록 다 같이 노력해 보자.

휴대전화
도난 사건

*

　오랜만에 도곡동에 사는 집안 동생과 만나기로 약속한 날이다. 고종사촌 동생과 신림역에서 지난날의 회포를 얘기하면서 한 잔, 두 잔 기울이다 보니 거나하게 취기가 올라온다. 은행을 퇴직한 동생이 그래도 술 취한 나를 형이라고 집으로 가는 택시까지 잡아 준다.

　기사에게 목적지를 말하고 택시 안에서 잠이 들었다. 신월동 우성 상가에 도착했다는 말에 계산을 마치고 택시에서 내려 집으로 들어간다는 전화하려고 휴대전화를 찾으니 전화기가 없다. 당시에 입었던 재킷은 호주머니가 이중으로 되어 안쪽은 수직으로 깊게, 겉은 사선으로 얕게 되어 있어 깊은 곳 우측은 지갑, 좌측은 전화기를 넣어 두었다. 또 수직주머니에 넣은 전화기 사용은 동생을 만나기 전 밖에 없었다. 집으로 급하게 들어와 아내에게 사정을 얘기하고 내 전화기에 전화를 걸라고 부탁했다.

　"택시기사가 영등포에서 바로 가지고 온답니다. 사례금이나 주고 당신은 나오지 마세요."

　평소에 나는 성격이 너무 꼼꼼하다고 아내와 자주 다투며 작은 손수건 하나도 같은 위치에 넣고 다닌다. 따라서 지갑은 우측에, 휴대전화는 좌측에 넣고 다니며 빠지지 않도록 꼭 수직으로 되어있는 주머니에 넣고 다닌다. 물론 이날도 같은 위치에 넣었고 말이다.

취했지만 '택시기사가 주머니를 뒤졌구나.'라고 생각하여 아내와 거리를 유지하며 뒤를 따르다가 서 있는 택시기사에게 아내가 돈을 건네고 전화기를 돌려받고 돌아서려는 순간, 창문에 손을 넣고 택시기사를 끌어내리려고 옷을 잡아끌자 아내가 나를 밀쳤다. 택시는 나를 뿌리치고 도주하여 뒤에서 택시 번호를 기억해 두었다.

이 일로 아내와 나는 길에서 다투다가 길거리에서 소란을 피웠다는 이유로 근처 지구대로 끌려가 조사를 받았다. 그러는 사이에 기억했던 택시번호를 메모했는데, 잘 기억이 나지 않아 두 개를 돌려받은 휴대폰에 저장해 두었다. 젊었을 때는 이러지 않는데 나이가 들다보니 아마도 기억력이 쇠해졌나 보다.

나의 추정은, 집에서 전화기를 돌려받은 자리까지의 거리는 도보로 450보 가량으로 약 3분여밖에 되지 않고, 택시기사가 영등포라고 하는 거리는 7㎞ 정도로 택시로 10분 이상 소요되는 거리다. 우리가 도착하니까 택시가 기다리고 있는 것으로 볼 때 택시기사가 휴대전화를 훔쳐 가지고 근처에서 전화 오기를 기다렸다가 보상금을 받았음을 확신하여 아내와 심하게 다투었다. 아무튼 길거리에서 소란을 피웠다 하여 지구대에 끌려갔고, 이로 인해 법정이혼소송으로까지 운운하게 되었다.

이튿날 새벽. 이 일을 어떻게 처리할까 생각하다가 돌려받은 전화기를 보니 신용카드로 서울택시에 10,600원으로 결제되어 있다. 서울택시㈜에 전화하여 뒤 번호를 이야기하며 택시기사를 찾아 달라고 했다. 배차담당부장은 자기네 차량이 아니라며 한마디로 거절한다.

다시 사용하는 카드회사에 전화되어 있어 택시회사를 쉽게 찾을 수 있었다. 스마트카드에서 말하는 서울택시란 서울에 본사를 둔 택시회사를 말한다. 이 택시는 독산동에 있는 회사라는 것을 쉽게 찾아 사실을 알리고 운전자를 찾으니, 야간 근무를 하여 휴식을 취한다며 전화번호를 가르쳐 주지 않는다. 결국 내 전화번호를 가르쳐 주면서 출근하면 전화를 달라고 부탁하는 수밖에 없었다.

2월 1일 오후 6시경 택시기사로부터 전화가 왔다. 자기가 아내와 통화했던 대로 영등포에서 왔다며 마음대로 하란다. '집에서 전화기를 돌려받은 자리까지 가는 데 걸리는 시간은 3분밖에 걸리지 않는데, 당신이 영등포에서 오려면 10분 이상이 걸리는데 거짓말이고 휴대전화를 훔쳐 근처에서 기다리다가 전화를 받고 나온 것이냐?'고 따져 묻자 택시기사는, '내가 지금 바쁘니 전화를 끊어야겠다.'며 마음대로 하란다.

택시기사의 반성이나 사과는 고사하고 퉁명스러운 대답에 다산 콜센터에 신고했고, 며칠 뒤에 휴대전화로 답이 왔는데 수사상의 문제라며 경찰청으로 사건을 이송한단다. 이것을 사회적인 사건으로 확산시킬까 말까 망설였다. 이 문제를 마음먹고 처벌하려면 서울시에 확인하면 금방 알아낼 수 있다. 서울시에서는 택시의 운행 기록이 모두 저장되어 있다. 자세히 설명하면 종합운행내역, 운행그래프분석, 영업내역분석, 카드사용내역이 포함되어 있음을 알아두기 바란다.

아마 택시기사는 서울시에서 행정처분을 받은 것으로 알고 있다.

그러나 피해자인 내가 하려는 형사처분이 아님을 유념하도록 하자. 나도 택시운전으로 먹고 사는 사람이라 경찰에서 사건을 종료하자 하여 마무리시켰다. 다른 택시기사들은 이런 일을 하지 말도록 하자.

승객은 우리들의 생계를 도와주는 고마운 분들이다. 가끔 방송에
도 보도되지만, 승객의 주머니를 뒤진다는 것은 말도 되지 않는 소
리다.

** **

야간에 길가에서 스마트폰을 흔들고 있는 젊은이들의 이야기이
다. 경찰에서는 이들을 '짤짤이(앞의 사건을 조사하다가 경찰로부터 들은
말)'라고 한단다. 주로 술촌이 있는 야간에 쉽게 볼 수 있는 광경인
데, 공통점은 모두가 젊은이들로 폰을 흔들고 있다는 점이다. 요즘
에는 명함을 들고 다니며 나누어 주기도 한다.

어느 골목에서 차를 세우니 젊은이가 택시 안으로 잽싸게 들어온다.

"어디로 모실까요?"

깜짝 놀라면서 하는 말,

"스마트폰 안 가지고 있어요?"

"손님! 어디 가려고 택시를 탄 게 아니요?"

"아니요! 스마트폰 있나 물어보려고 탔어요."

"그럼 지구대나 경찰서로 가면 되겠네."

"왜 이러세요. 내려 주세요."

"까불지 말고 조용히 앉아 있어. 그리고 묻는 말에 대답이나 하고."

얼마 되지 않았는지 순하고 착하게 보이며 금방 태도가 변했다.
하룻밤에 보통 서너 개는 수거하는데, 상대는 택시기사란다. 주로
골목어귀에서 돈을 주고 사며 자기들은 수집한 스마트폰을 모집책

에게 넘긴단다. 부수입에 맛 들린 택시기사가 승객이 분실한 물건만 가져오겠느냐며 오히려 내게도 해 보라고 권하지를 않는가!

한창 일해야 할 젊은이가 장물아비라는 범법자가 되겠느냐며 타일렀지만 마음은 개운치 않았다. 그 후 이 사람의 말대로 골목어귀에 서 있다가 뒤에 빈 차가 오면 떠나는 택시를 어렵지 않게 볼 수 있는데, 빈 차가 아닌 경우 이들이 아닐까 생각해 본다.

목적
적합성

'목적 적합성'이란 목적에 적합하도록 제도화하거나 설치하는 모든 것을 아우르는 말이다. 택시 운전을 하면서 느낀 대중교통에 관한 이야기를 적어 본다. 어느 승객의 말인데 '사회간접시설이 우리나라처럼 편리하게 되어 있는 국가는 없다'고 한다. 지하철과 지하철, 버스와의 환승관계, 즉 대중교통과의 환승제도와 관한 말이다.

내가 10년 넘게 택시 운전을 하면서 지하철에 관계된 서울시 공무원이나 관계자들과 대화의 기회가 있을 때마다 지하철역 출구번호에 대한 이의를 제기해 왔었다. 예전에는 큼지막한 지하철 출구 표시가 지금은 가느다란 말뚝으로 바뀌었다. 불필요하게 큰 표시를 가늘게 표시하여 도보로 다니는 시민의 불편을 조금이라도 줄이겠다는 의도는 이해하지만, 표기 순서를 다르게 하자는 말을 많이 했고 지금은 거의 시정되었다. 그러나 지금도 예전의 방법대로 되어 있는 곳이 있어 기술해 본다.

지하철역에서 시민에게 가장 중요한 사항은, 지하철역표시, 역 이름, 출입구 번호라 사료된다. 아니면 지하철 표시와 출구 번호 그리고 역 이름일 것이다. 과거에는 거의 모든 지하철역의 표시가 관계자들만 필요한 역사의 번호가 최상단에 표시되었는데, 지금은 거의 맨 밑으로 내려왔다. 그러나 지금도 고쳐지지 않은 곳이 가끔 보인다.

예를 들면 선릉역의 경우, 가장 위에 표시된 번호는 일반 시민과는 무관한 선릉역의 노선ID이며 가장 밑에 표시된 출구 번호는 일반 시민들에게 가장 필요한 숫자임을 강조한다. 택시에 승객이 타면 '○○역 ○번 출구에 내려 주세요.', '우리 ○번 출구에서 만나자.', '○번 출구에서 나와 ○○에서 보자.'라는 말을 쉽게 듣는데 출구 번호를 찾지 못해 애를 먹은 적이 있어 이를 강조해 본다.

출구의 위에 커다란 번호를 사방에서 볼 수 있도록 전기장치까지 설치하는 게 좋을 듯하다. 이러한 설명을 들은 승객 중에 '제가 직접 담당하지는 않지만 영향을 미칠 수 있는 위치에 있다'는 서울시 관계자의 말에 지금처럼 거의 수정이 되지 않았을까 생각해 본다.

이번에는 버스정류장에 대한 말이다. 시내버스 정류장에는 앞으로 '○○○버스가 ○○분 후에 도착한다'는 정보를 말과 글을 통하여 알려 주고 있다. 어떤 외국인은 사회간접시설이 너무 잘되어 있어 자가용 승용차의 필요성을 느끼지 못한다는 사람도 많이 있다.

그런데 서울의 경우, 시내버스 도착정보시설이 모두 설치되어 있는 것은 아니다. 버스정류장에 시민들에게 불필요한 정류장ID만 있고 ARS전화 안내 표시는 없는데, 설치비용이 더 들어가지 않는 'ARS 1577-0287 사용방법'을 먼저 표시했으면 좋지 않았을까 하는 생각이다. 내가 이용하려는 버스의 도착시간을 전화로 편리하게 알 수 있도록 말이다. 그러면 정류장에 가지 않아도 정류장 번호를 알면 이용하려는 버스가 언제 도착할지 알기 때문에 집에서도 이를 이용할 수 있기 때문이다.

나는 주말농장에 갈 때 실제로 이용하고 있는데, 아주 편리하더라.

블랙박스에 찍힌
사고 영상

택시와 버스는 물론 일반 차량에도 자동 영상기록장치, 즉 블랙박스가 장착되어 있다. 여러 가지 이유가 있겠지만 그중에서 가장 중요한 역할을 하는 것은 교통사고가 발생했을 때 서로의 시시비비를 가리는 데 있어 무엇보다도 중요한 역할을 분담하고 있기 때문이다. 따라서 보험회사에서는 이 장치를 탑재하면 보험료를 할인하는 제도를 채택하고 있어 모든 차량에는 거의 장착하고 있을 것이다.

군자교를 넘어 군자역으로 진행하고 있는데, 앞에 있는 교차로에서 사고가 발생하였다. 우측에서 쏜살같이 달려가는 승용차가 교차로를 지나는 오토바이를 들이받고 서너 개의 차선을 끌고 지나가 반대차선에 멈춘 것이다. 승용차가 지난 자리에는 오토바이의 잔해들이 널려 있는데, 사람은 보이지 않는다. 인명 손상이 발생하지 않았나 생각되어 112에 신고전화를 걸었다. 그러나 안타깝게도 전화를 받지 않는다. 한 번, 두 번, 세 번을 해도 결과는 마찬가지다.

이상하다는 생각을 하면서 군자역에서 우회전을 하는데 저 앞에 순찰차가 보인다. 서행하는 순찰차를 금방 잡을 수 있어 택시를 옆에 붙이고 경음기를 울리니,

"무슨 일이요?"

"세종초등학교 교차로에서 방금 사고가 발생했는데 수습을 해야

될 것 같습니다. 빨리 가보시지요."

경찰관은 자세히 묻지도 않고 알았다는 대답과 함께 차를 돌린다. 내가 다급하게 말을 해서인지 경찰관은 비상등도 켜지 않고 차를 돌려 뒤로 사라졌다. 잠시 후,

"경찰인데요. 신고를 하셨는데 무슨 일이죠?"

"세종초등학교 교차로에서 승용차와 오토바이의 추돌사고가 났는데 사람이 보이지를 않습니다. 인명사고가 아닌지 모르겠습니다."

"인명구조차량을 보내야 될까요?"

"저는 택시기사입니다. 지나면서 목격을 했지만 오토바이 부품조각들이 길에 널려 있고 운전자가 보이지 않는 것으로 보아 경미한 사고는 아닌 것 같습니다."

"알았습니다. 곧 경찰을 출동시키겠습니다."

잠시 뒤에,

"교통사고를 신고하신 분이죠? 경찰과 구급차량을 출동시켰습니다."

안심하고 택시 영업을 하고 다니는데 또 전화가 온다.

"광진 경찰서인데요. 교통사고를 신고하신 택시기사님이시죠?"

"네."

"오토바이는 군자교에서 왔다 하고 승용차는 세종초등학교에서 중곡동 방향으로 직진신호를 받고 교차로를 달리다가 사고가 났다는데, 그 말이 맞습니까?"

"네. 맞습니다."

"기사님이 보기에는 누가 잘못한 것 같습니까?"

"글쎄요, 사고 현장만 목격했기 때문에 제가 대답할 성질의 상황은 아닌 것 같습니다."

"오토바이 운전자의 머리가 함몰되어….'

경찰관의 대답으로 미루어 짐작하건대 상태가 경미하지 않은 것 같았다. 교통사고의 피해자와 가해자가 뒤바뀌었다는 TV 방송과 길거리에서 목격자를 찾는다는 현수막을 어렵지 않게 볼 수 있는데, 서로의 진술이 엇갈리는 경우가 대부분이라 한다. 하지만 당시의 상황을 재현할 수가 없어 안타까운 일이 발생하지 않을까 생각해 본다.

'작은 일이지만 내가 조그만 사건을 해결하는 데 도움을 줘 보자.'

"저에게 전화하신 경찰관이시죠?'

"네, 그렇습니다.'

"제 블랙박스에 사고 당시의 영상이 담겨 있을 것 같습니다.'

"그것을 우리 광진경찰서에 넘겨주시면 더없이 고맙겠습니다.'

"사고현장 영상이 나올지 모르겠지만 회사에 전화 한번 해 주세요.'

"신고인의 신분은 철저하게 보장되니까 걱정은 마시고요.'

"그래도 회사에 알려 제공하는 편이 자연스럽지 않을까요?'

쉬는 날이라 블랙박스를 판독하는 직원이 나오지 않는다 하여 경찰서에서 보내겠다고 담당경찰관에게 말하고 강서경찰서를 찾아갔다. 그러나 이것이 허탕이 되고 만다. '개똥도 약에 쓰려면 귀하다.'더니 하필이면 경찰서의 이전이 시작되어 컴퓨터서버를 분리하여 필요하다면 이사를 마친 오후에 확인을 해 보란다. 택시 영업을 하는 사람으로서 그때까지 기다릴 수 없어 양천경찰서를 찾아 갔다. 경찰관의 태도에 화가 났지만 확인하는 데 성공했다.

블랙박스를 본 결과는 생각했던 것과는 많은 차이가 났다. 아니! 보통의 상식으로는 이해되지 않는 현실이 사고로 이어졌다. 횡단보도에서 보행자신호를 기다리는 내 옆으로 오토바이 하나는 왼쪽으로, 다른 하나는 오른쪽으로 보행자신호를 무시한 채 서행을 하면서 앞으로 나가더니 왼쪽 오토바이가 신호를 무시하면서 교차로를 달려가다가 오른편에서 달려 나오는 승용차 앞에서 오토바이가 넘어지고 승용차가 덮치는 현장이 적나라하게 찍혀 있는 것이다. 당시 판독한 경찰관의 말이다.

"교통사고 현장을 조사하다 보면 일반 상식과는 전혀 다른 사실을 발견합니다. 지금도 마찬가지고요. 오토바이가 보행자신호를 무시하고 앞으로 지나가는 것, 정지신호에서 교차로를 지나는 것, 승용차와 추돌하기 전에 넘어지는 현장이 이해되지 않지요?"

뒷이야기는 각설하고 사고란 만에 하나, 또는 천에 하나가 발생한다. 일상적으로 발생하는 재해는 사고라고 하지 않는다. 사고가 발생할 때마다 따라다니는 수식어가 있다. 그것은 '인재(人災)' '같은 사고' '안전 불감증'이란 말 등인데, 이것은 기본을 무시하고 살아가는 우리들의 일상생활을 반영하는 말일 것이다.

이 사건을 통하여 시민들이나 경찰관 그리고 운전자들에게 하고 싶은 이야기가 있다. 먼저, 시민들에게는 사고가 발생했을 당시 그 장면을 촬영할 수 있는 위치에 있었던 차량들, 그중에서도 택시나 버스가 있었다면 메모하여 그 번호를 경찰관에게 알려 주는 것이다. 확인하는 책임은 경찰관에게 돌리도록 하고.

또 경찰관에게는 좀 친절하고 적극적이었으면 좋겠다고 말하고 싶다. 나한테 말했던 것처럼 '그 지역의 경찰서로 가라.' 또는 '담당지역의 경찰서에서 부탁을 해야지, 일반인이 왜 부탁을 하느냐.' 등의 말은 시민들의 사고신고를 방해하는 말이다.

덧붙여 신고자에게 응분의 포상이 있어야 된다. 나도 이날 겨우 입금액만 채웠는데, 이러한 일은 반복되지 않아야 한다. 또 택시나 버스기사는 사고 현장을 목격하거나 촬영했다면 꼭 신고하자. 경찰관의 말대로 신고자의 신원은 철저히 보장해 준다니까…

택시기사들에게

내가 어렸을 때 가장 가까운 사이는 교통경찰관과 운전기사들이 아니었나 싶다. 어린 시절에는 잘 아는 친구라고 생각했었다. 왜냐고? 국도 옆에서 태어난 나는 경찰관이 화물차를 잡는 광경을 많이 목격했는데, 서로 존댓말을 사용하는 경우가 기억에 없다.

시대가 변해서인지 이제는 옛날 경찰관과 운전자 관계가 택시기사와 택시기사로 변하지 않았나 싶다. 일을 하면서 기사들한테서 이런저런 말을 많이 들었는데, 대부분 반 토막 말이다. 늙으나 젊으나 건네는 말에 식상할 때도 한두 번이 아니었다. 젊은 사람은 말 할 것도 없고, 살 만큼 산 사람들도 마찬가지여서 한심한 생각마저 든다.

아울러 나이와 걸맞지 않는 욕설까지 스스럼없이 섞어 가며 말을 걸어오면 빤히 쳐다보다가 외면을 해 버린다. 말이란 자신의 인격을 나타내는 것이라고 한다. 같은 회사에서 기사들끼리, 충전소에서의 말다툼, 길가에서 자식보다도 어린 청년들하고 욕설을 해 가며 다투는 등의 현실을 목격할 때면 '고칠 수 있는 방법이 없을까?' 고심하게 된다. 이러한 현실을 목격하고 참견을 했다가 오히려 망신을 당한 적도 있다. 욕설을 하는 게 인생을 표현하는 가장 진실한 방법이라나. 거친 말을 함부로 하여 습관이 되면 승객한테서 불친절하다는 딱지나 끊고, 나아가 집에서 며느리한테 실수를 할 염려가 있으니 모두 조심하도록 노력해보자.

내가 다니는 회사에서도 승객한테 불친절하다고 신고 되어 범칙금을 내는 동료들을 보면, 대개 평소에 말을 거칠게 하는 사람들이 많다. 오죽했으면 기사들에게 교양교육을 하면서 '승객하고 쓸데없는 말을 하지 말라.'는 충고까지 할까! 또 횡단보도 앞에서 정차할 때 거의 모든 택시가 정지선 안으로 들어가고, 조금 심하면 횡단보도 안으로 들어가 정차하며, 신호가 바뀌기 전에 출발하는 습성을 가지고 있다. 교통사고의 대부분이 택시라고 생각하는데, 잘못된 운전습관에서 시작된다고 생각해 본다.

택시들의 가장 나쁜 습관 중의 하나는 방향지시등을 켜는 것이다. 어느 정도로 이를 무시하느냐면, 일반 자가용 운전자들이 택시 뒤에 따라가는 것이 겁이 난다고 할 정도다. 문제는 이 말을 모든 운전자들이 아주 자연스럽게, 아무에게나 하는 말이다. 물론 나도 승객한테서 많이 듣는데 하나같이, '기사님은 아니지만.' '듣기에 민망하겠지만.' '소수의 택시기사들이.'라는 수식어가 붙었다.

사고영상을 보지 않아 단언 할 수는 없지만 인천대교의 관광버스 사망사고가 바로 이것이 아닐까하는 생각도 해 보았다. 고속도로나 자동차전용도로에서 깜짝 놀라 차체가 기우뚱한 적이 한 두 번이 아니었다.

택시와 승객의 과다 요금 징수에 대한 마찰은 내비게이션
이 나오면서 많이 줄었지만, 그래도 가끔 발생하는 일이
다. 결론부터 얘기하자면 택시는 바퀴가 많이, 또 빨리 굴
러가야만 그날의 매출이 오른다. 만약 승객이 도로가 밀려
천 원의 요금을 더 부담한다면 택시기사에게는 삼사천 원
이 손해라고 생각하면 된다.

어떤 승객은 일부러 택시기사가 천천히 운행하여 요금을
더 나오게 한다는 말을 하는데, 내 상식으로는 이해되지
않는 이야기다. 안전상의 문제로 천천히 운전하는 습관이
지, 요금을 많이 나오게 하는 행위가 아니다. 필자가 요금
으로 승객과 어색한 일을 당한 경우를 몇 가지 소개하는
데, 모두 우천이나 공사 때문에 일어나는 경우였다.

특히 취객이 탑승하여 잠을 자다가 우천이나 공사로 인한
경우를 당하여 난감할 때가 여러 번 있었다.

나는 아들한테 "남하고 백 원짜리 가지고 다투면 내 인생
이 백 원짜리요, 만 원 가지고 다투면 내 인생이 만 원짜리
임을 알아야 한다. 적은 돈 가지고 남하고 다투지 말고 대
범하게 살아야 된다."고 어려서부터 가르쳤다. 그런데 택
시요금 천 원이면 아마 집 한 채 값은 될 것이다. 술집에서
안주 한 젓가락도 안 되는 가격으로 실랑이를 벌이는 나
도, 남들이 보면 우습겠지만 말이다.

2.
부당요금과 오해

외국인에게
바가지요금을···

택시 운전을 시작한 지 일주일여 되는 어느 날! 강남고속버스터미널 호남선 택시정류장에서 순서를 기다리고 있었다. 처음으로 순서를 기다리는 중이라 걱정했는데, 생각보다 빨리 내 차례가 되었다. 외국인 여성 승객 두 사람이 택시에 오른다. 한 사람은 흑인이고 다른 사람은 백인이다.

"녹사평역!"

"예스!"

강남대로 방면으로 진행하면서 녹사평역이 어디에 있는지 생각해본다. 순서는 강남대로, 한남대교, 1호터널, 퇴계로, 서울역, 삼각지역에서 좌회전을 하면 녹사평역이렷다!

이 길이 맞는지 아니면 잘못 가는 것인지 의문도 들었다. 우리나라 사람이라면 어떻게 가느냐고 물어볼 텐데 물어볼 수도 없고, 등줄기에서 식은땀만 연신 흐르고 있다. 한남대교를 건너 1호 터널을 통과할 때 백미러로 뒤를 훔쳐보았다. 백인 여성은 눈을 감고 있고, 흑인 여성은 무엇이 그리도 좋은지 손뼉을 치면서 흥얼거리고 있다.

'휴! 괜한 걱정을 했잖아. 저렇게 좋아하고 있는데···.'

의기양양하여 퇴계로에 들어섰다. 당시에 무슨 일인지 기억은 나지 않지만, 도시가 데모로 어수선했었다. 서울역을 지나 삼각지역

에서 녹사평역에 도달할 즈음,

"좌회전!"

승객의 말을 듣고 좌회전을 하자 바로 '우회전'이라는 말에 조그만
골목으로 들어섰다. 택시요금을 받고 돌아 나왔다.

그 후 며칠 뒤, 우연히 반포대교를 건너니까 첫 지하철역이 바로
녹사평역이 아닌가! 그렇다면 며칠 전에 탔던 외국인들에게 엄청난
바가지요금을 씌운 것이다.

지금도 가끔 멋쩍은 웃음을 짓는데, 거의 반년 가까이 그녀들을
만나기 위해 이곳을 기웃거렸다. 아마 원어민 강사나 교사로 있을
텐데 만약 알 수 있다면, 늦었지만 지금이라도 사과와 더불어 바가
지요금을 돌려드리리다. 남들은 몰라서 그랬으니 괜찮다고 하지만
글쎄…

부모가
무슨 죄람

　이른 새벽, 신당역 부근에 가는 승객인데 술이 많이 취했다. 아마 밤새도록 마신 모양이다. 목적지에 도착하자, 뒷문을 열어 놓고 튄다.

　'이 녀석 봐라!'

　그 뒤를 쫓는데 만취한 녀석이라 젊었어도 얼마 가지 않아 손에 닿는다. 뒷덜미를 잡고 낚아채자 몸부림을 쳤고 휴대전화가 땅에 떨어진다. 뒷덜미에서 손을 놓자, 그 녀석은 다시 뺑소니를 친다. 휴대전화를 주워들고 차로 돌아와 교대를 하려고 회사로 돌아오는데, 생각할수록 화가 난다.

　'이놈을 어떻게 할까?'

　남대문시장을 지나 만리동 고갯길을 넘는데 전화벨이 울린다.

　"여보세요!"

　"누구세요? 아들놈한테 전화했는데 잘못했나 보네. 미안합니다."

　"맞습니다. 저는 택시기사인데요. 아들이 택시비를 안 주고 도망치다가 전화기를 떨어뜨려 주워 가지고 회사로 들어가는 중입니다."

　"아이고, 죄송합니다. 이놈이 또 술을 마셨나 보네요."

　"…."

　"어디에서 그랬어요?"

　"신당역 근처입니다."

"기사님, 죄송합니다만 전화기를 돌려줄 수 없겠어요? 그놈이 술 김에 실수한 모양인데….."

"부모가 무슨 죄인입니까? 그러나 돌려줄 생각은 없는데요."

취객 어머니의 말을 듣고 이런저런 생각을 해 본다.

'부모들이 무엇을 하는지 모르지만, 자식 놈이 밤새 술을 먹고 행패까지 부릴 수 있을까! 만약 내 자식이 이런 일을 했다면 어떻게 했을까! 다 큰 자식을 부모가 통제할 수 있을까?'

차고지가 구로역 근처라 이런저런 생각을 하면서 회사로 들어가는데 마포에서 전화벨이 다시 울린다.

"여보세요."

"기사님, 에미 되는 사람인데요. 죄송합니다. 택시비를 드릴 테니 전화기를 돌려주세요."

"택시 타는 사람들이 모두 아들 같으면 힘들어서 해 먹겠어요?"

"그러니까 택시비를 드린다고 하잖아요."

늦게라도 요금을 주면 모든 것이 용서되는 것으로 아는 모양이다.

"택시비요? 그냥 끝날 일이 아닌 것 같은데요. 경찰에 넘겨야 될 것 같아요."

"예?"

"경찰한테 해결하라고 한다고요."

"기사님, 용서해 주세요. 그 애 아버지가 알면 맞아 죽어요."

경찰 이야기를 하자, 당당하던 엄마가 애걸을 한다.

"용서해 주고 싶은 생각이 없습니다. 경찰관하고 해결하세요."

일방적으로 전화를 끊었다. 예기치 않은 사고로 중간에 들어오다 보니 약간의 시간 여유가 있었다. 여유를 가지고 생각해 보니 부모가 무슨 죄랴 싶어 돌려주기로 마음을 돌리고 전화를 했다.

"어디로 가면 되겠어요?"

"그 자식이 도망갔던 자리로 오세요."

반갑게 대답을 한다. 차를 돌려 신당역으로 향하여 승객이 도망친 자리에 택시를 정차하고 전화했다. 택시요금은 16,000원 정도인데 20,000원을 가지고 나오라 했다. 어둑어둑한 길에서 조금 기다리니 길 건너편에 노인네가 보였다. 신호가 바뀌는 걸 기다려 건너오더니,

"기사님이죠? 택시비요."

요금을 받고 휴대전화와 연락처를 건네주었다.

"자식이 아니고 웬수여, 웬수!"

사과 한마디 없는 어머니를 보니, 아들의 품성에도 짐작이 간다. 밤일을 하여 수면을 취하고 있는데 전화가 울렸다. 낯선 전화번호다.

"여보세요?"

"야! C8, 너 택시기사지?"

"누구세요?"

"새벽에 택시 탄 사람인데 왜 택시비를 더 받아! 너 가만 안 둬!"

욕설과 폭언으로 고래고래 소리치는 소리에 정신이 번쩍 든다.

"뭐라고! 혼내 주려다 좋게 끝냈더니 못쓰겠네."

"너 부당요금 받았다고 신고한다!"

참으로 어처구니가 없었다. 그 어머니의 언행으로 짐작은 했지만, 휴대전화를 돌려준 일이 후회가 된다. 젊은 청년의 장래가 걱정이 되기도 하고!

도로 포장공사로
빚어진 오해

*

취객이 면목동에서 장안동 자동차매매시장에 간다면서 택시에 올랐다. 상봉동에서 청량리 방향으로 가다가 동부간선도로로 진입하려고 하는데, 초입부터 길이 막혀 꼼짝을 하지 않는다.

'길이 막혀 큰일인데…. 사고 났는가!'

중얼대고 있는데 반응이 없어 돌아보니 취객은 잠이 들었다. 얼마나 기다렸을까! 차량들이 움직여 이동하다 보니 중랑천 좌우도로를 포장준비하는 중에 내가 들어간 모양이다. 할 수 없이 석계역으로 돌아갈 수밖에 없어 간선도로를 달리는데,

"여기가 어디지?"

"도로포장 때문에 월롱교로 갈 수 없어 지금 돌아가고 있어요."

월롱교에서 돌아 다시 반대편 동부간선도로로 진입하여 군자교로 가는데 시비가 벌어졌다. 어찌 주사가 심한지 아무리 설명해도 막무가내다. 장평교로 나가 장안동사거리에서 장한평역에서 우회전을 했다. 그러면 자동차매매시장이다.

"낮에도 7,000원에 갔는데 12,000원이 말이 돼요!"

"선생도 봤지만 중랑천 포장공사로 월롱교로 돌아와 택시요금이

많이 나온 것이 아니요.”

“돌아와서 택시요금이 많이 나왔으니까, 못 줘요!”

“그렇게 아까우면 가시오. 다른 택시기사한테는 이러지 말고….”

“내가 돈이 없어서 그러는 줄 알아요?”

그러더니 옷을 잡으려고 손을 내밀어 잡으려는 순간 손목을 잡고,

“야, 인마!”

그리고 그를 노려보다가 애꿎은 다산 콜센터에 전화를 했다. 중랑교 포장공사로 인하여 월롱교로 돌아올 수밖에 없었는데, 서울시에서 이를 담당하는 부서가 어디냐고 물어봤다.

“여보, 당신한테 몇 천 원 더 받겠다고 양심을 속이는 사람은 아니야. 그냥 가. 어서!”

문을 열어 주니 돈이 없어서가 아니라고 하면서 계산해 달란다.

“여기 영수증이 있으니 부당하게 요금을 받았다면 신고를 하시오.”

영수증을 그에게 건넸다. 다음 날, 그 사람이 회사를 신고했다. 당시의 상황을 이유서에 적어 보내고 나니 아직까지 말이 없다.

＊＊

여의도 술촌에서 신방화역을 가자는 취객이 택시를 탔다. 다른 취객처럼 차에 타자마자 잠이 들었는데, 올림픽대로를 진입하면서부터 길이 막힌다. 도로 포장을 하느라 발산역 출구까지 지속된 것으로 기억하고 있다. 방화터널을 지나 신방화역에 이르러 승객을 흔들어 깨웠다. 앞으로 더 가자고 하여 신방화역을 넘어 거의 송정역으로 나가는 큰길까지 가다가 여기가 어디냐고 묻더니, 다시 돌아서

신방화사거리 근처까지 돌아왔다.

택시요금은 18,000원이 넘었다. 요금을 보더니 그때부터 욕설이 시작된다. 어이가 없어 도로 포장공사로 인하여 요금이 많이 나왔다 해도 막무가내. 여의도에서 방화동을 오는데 올림픽도로밖에 길이 어디 있느냐고 되물어도 소용이 없다. 내 자식도 얘보다는 나이가 많다. 어린 녀석이 너무한다는 생각에,

"호래자식이구먼!"

카드결제하고 영수증을 출력해 주면서.

"요금이 많이 나와 억울하면 부당 요금 징수로 신고를 하시오."

"…."

그래도 이 젊은이는 욕설을 하면서 집으로 향했다. 택시기사들의 수난은 법률로서 보호받을 수는 없는지!

* * *

사평로에서 교보타워로 가는 길에 KCC근처에서 두 여성이 택시를 잡는다. 강서경찰서를 간단다.

"강서경찰서에 가시려면 반대편에서 타시는 것이 좋을 텐데요."

"조금 돌아가면 되잖아요."

"손님께서 양해하신다면 돌아가겠습니다."

나이 많은 승객이 돌아가자고 하여 교보사거리에서 차를 돌렸다.

"노들길로 갈까요, 올림픽대로로 갈까요?"

"알아서 가 주세요."

"그럼, 올림픽대로로 모시겠습니다."

현충원 앞 고가도로를 통과하여 올림픽대로를 진입하는데 차량들이 밀려 있다. 잠깐이면 풀리겠지 생각했는데 10분이 지나도 꼼짝을 않는다. 뒤에서 한숨소리가 흘러 나와 어찌된 일인지 알아보려고 다산콜센터에 전화를 했다. 앞에서 공사를 하는 것 같다는 대답이다. 뒤에 앉아 있는 젊은 승객이 자정부터 한 시까지 전면 통제한단다.

그럼 우리는 자정 바로 전에 도착하여 앞으로 한 시간 이상을 도로에서 보내야 한다. 고스란히 통제하는 시간을 대로에서 보내야 한다는 말이다. 뒤에 앉아 있는 모녀의 사정도 딱했지만, 택시기사인 나도 이들 못지않게 손해가 크다. 한창 매상을 올려야 할 이 야간시간에 올림픽도로에서 하염없이 보내야 된다니! 이들이 택시에 오를 때 길 건너에서 타라고 거절하지 않은 것이 후회도 된다.

"택시를 돌려 나가면 어떨까요? 한 시간이나 이렇게 기다리느니…."

"여기까지 와서 돌아가요? 노들길은 차들이 잘 나가는데…."

남편이 음주운전과 관련하여 경찰서에 가는 중이라는데 부인의 목소리가 심상찮다. 한 시가 지나자 차량이 조금씩 움직이는데, 부인은 기사 말을 듣고 올림픽대로로 들어온 것이 잘못되었다고 두런거리며 평소에는 노들길로 다녔다고 한다. 일부러 이 길로 온 것도 아니고 노들길로 가자고 했으면 되는데 이제 와서 왜 그럴까? '운전기사가 일 나오기 전에 확인도 하지 않았다, 자기도 사업하는데 이래서는 안 된다'는 등의 말을 하는데 내심 듣기에 불편했다. 경찰서에 도착하니 15,000원이면 오는 길을 26,000원이 나왔단다.

"야! 택시비 줘라. 현금으로! 자기 잘못이니까 깎아 주겠지."

"손님, 서울시내에 있는 수만 개의 길을 무슨 수로 확인합니까?

사업하신다는 분이 어찌 그런 말씀을 하세요.”

“야! 카드로 결제해!”

내가 도로사정을 알면서 일부러 골탕을 먹이기 위한 것처럼 말하는 게 섭섭했다. 그래도 이 승객은 택시에서 자지 않아 조금은 나았다.

다음 날 서울시에 전화하여 항의를 하니, ‘아침 방송에도 했고 인터넷에 올리기도 했다.’는 대답이다. 남편 출근 준비나 하고, 어린 자녀 유치원 보내기에 여념이 없는 가정주부에게 도로폐쇄나 공사 이야기를 해 주면 무슨 효과가 있겠는가!

진입도로 입구에 우회도로를 안내하는 안내판을 세우는 것이 훨씬 더 효과적이지 않았을까 하는 생각을 해 본다.

임시 전광판을 설치해 주면 더욱 좋고!

신용카드의
이중 결제

　택시에서 신용카드가 이중으로 결제되었다는 인터넷 기사를 보고 믿기지 않아 적어 본다. '정말 이런 일이 있을 수 있을까?' 카드사용자는 택시기사에게 이 사실을 알렸는데, 이 사실을 인정하지 않았다고 하더라. 결론부터 이야기하자면, 이런 일이 발생할 수 있는데 택시기사 본인은 모른다는 사실이다. 물론 택시기사가 이 사실을 인지하고 확인하면 가능하다. 만약 승객이 이와 같은 일을 당했다면, 택시회사나 스마트카드로 연락을 취하여 확인하면 가능하다.

　나의 경우를 소개한다. 2016년 7월 22일 용산에서 동탄으로 승객을 태우고 출발했다. 금요일이라서인지 서울의 도로가 너무 밀려 차라리 시외로 떠나고 싶은 생각이었는데 참으로 다행한 일이었다. 목적지에 도착하여 승객이 신용카드를 내민다.

　"잘 왔습니다. 톨비까지 합산하여 결제하여 주세요."

　승객의 카드를 받아들고 도로비를 추가하여 결제하자 단말기에서,

　"지금은 통신장애입니다. 단말기를 껐다가 다시 시도를 하거나 카드회사에 연락을 하십시오."

　"손님, 콘크리트 건물 사이에 있어 인터넷이 잘 연결되지 않는 지역에서 단말기를 사용하면 이런 일이 발생할 수 있는데, 다시 시도해 보도록 하겠습니다."

승객에게 카드를 돌려주지 않고 계속해서 시도를 하고 있는데 갑자기 단말기가 초기화 상태로 돌아간다. 그래서 차량번호와 사원번호를 다시 입력하고 카드결제를 시도하자, 그제야 결제가 완료되었다.

"카드결제가 늦어 죄송합니다. 좋은 하루 되십시오."

승객에게 고맙다는 말을 하고 동탄 시내로 들어오다가 자판기에서 커피를 뽑아들고 마시고 있는 중인데 카카오가 뜬다. 승객의 출발지와 목적지는 동탄에서 서울 오류동! 승객까지의 거리는 2.3㎞, 도달 시간은 4분이다. 하늘이 나를 도왔나 보다.

서울까지 빈 차로 올라가야 되는데 서울까지 또 회사 근처에 가는 승객을 태울 수 있다는 희망에 잽싸게 클릭을 하다가 커피를 옷에 쏟았다. 뜨거움도 잊고 승객 위치로 달려 나간다. 오늘따라 교통신호가 왜 그렇게 더디게 길을 막는지 원망스럽기도 했다.

한 손에는 커피를 들고 운전을 하는데, 승객한테서 전화가 걸려온다. 커피 잔을 내려놓고 전화를 받으려니 이내 전화가 끊어진다. 전화를 하려고 핸드폰을 손에 들자 메시지가 눈에 들어온다. 취소를 하겠다는 내용이다. 이때의 섭섭함이란 무슨 말로 표현을 해야 될지!

'아마 서울 오류동까지 택시로 가려니까 요금 부담이 컸나 보다.'

스스로를 위로하고 승객위치에 거의 도착하여 전화를 걸어 봤다.

"손님, 목적지에 거의 도착했는데 취소를 하셨네요."

"네, 제가 너무 바빠 다른 차를 불렀어요. 지금 나가려고요. 미안합니다."

"알았습니다."

아직도 출발하지 않았고 아무렇지도 않다는 듯이 전화는 끊는다.

고속도로로 서울을 올라오는데 고속도로가 너무 막힌다. 서울에 올라오니 카카오가 불이 난다. 아마 너무 더워 승객들이 많고 길이 막혀 택시들이 더디게 움직이고 있나 보다. 겨우 두 번의 승객을 태우고 회사로 들어가야 되는 형편에 처하게 되었다. 어렵게 동탄을 다녀온 일이 후회스럽기도 했다.

오늘의 결산을 해 보려고 단말기에서 신용카드내역을 뽑아 보았다. 어? 카드결제금액이 오늘 매출보다도 많았다. 그럴 리가 없는데! 다시 한 장을 뽑아 봐도 결과는 마찬가지였다.

'혹시?'

회사에 들어와 확인해 보니 예상과 같이 동탄에서의 결제가 두 번 되어 있었다. 오늘은 너무 늦어 월요일에 확인하여 취소해야 되겠다.

월요일. 스마트카드사로 전화를 걸었다. 통신장애가 발생하면 이런 일이 있을 수 있단다. 사용한 카드를 취소하려면 택시기사가 아닌 택시회사에서 해야 된다고 하여 회사에 전화하여 처리를 부탁했다.

그런데 한 가지 짚고 넘어가야 될 일이 있다. 어느 여자 승객한테서 들은 이야기인데, 이와 같은 일을 당하여 여러 차례 결제를 했는데 신용카드결제가 여러 번 되었다고 한다.

또 내 입장에서 말하면, 통신장애라는 멘트가 너무 자주 나온다.

적어도 결제가 되었는데 영수증이 나오지 않는 일은 발생하지 않아야 된다. 이것이 택시기사와 승객간의 불신이 쌓이게 되는 원인이기 때문이다. 커피자판기의 고장이 생기면 돈만 들어가고 커피는 나오지 않는 공급자 중심의 고장이, 차라리 결제가 되지 않아 외상택시로 치부하고 나중에라도 돌려받는 시스템으로 전환되어야 된다고 조심스럽게 주장해 본다.

단말기의 오류와
공짜 택시

여인들에게 예쁘다고 하면 싫어하는 사람은 없다. 길이 잘 뚫리면 손님이 예뻐서 잘 달린다고 하고, 길이 막히면 손님이 예뻐서 다른 사람이 시샘을 부린다는 '선무당 감나무 전법'을 쓰는데 모두 고맙다는 말을 한다. 이날도 중년 부인이 탔는데, 서둘러 달라는 말을 듣고 비슷한 인사를 건넨다.

"손님이 예뻐서 충분히 시간 내에 도착할 수 있을 것 같습니다."

"아저씨, 제가 몇 살쯤으로 보이세요?"

뒷거울로 부인의 모습을 살펴보니 50세 전으로 보인다.

"글쎄요. 여인의 나이를 말하면 큰 실례라 하던데…."

"….."

"동안(童顔)을 가진 것도 큰 축복의 하나랍니다. 부럽습니다."

택시가 목적지에 도착하여 카드결제를 하는데 승인이 떨어지지 않는다. 연속해서 몇 번을 시도해도 결과는 마찬가지.

"아저씨! 핸드폰에 결제가 되었다고 뜨잖아요!"

"그럴 리가 있겠습니까?"

"자, 보세요."

"어! 세 번이나 되었네."

"버스시간이 없는데…. 큰일 났네!"

"그냥 가시고 카드사에 알아보고 제가 전화 드리겠습니다."

투정하는 여인을 달래고 전화번호를 받아 신호를 보내 확인했다.

"부실한 기계를 가지고 영업하여 죄송합니다."

전화를 확인하고 승객은 무뚝뚝한 표정으로 택시에서 내렸다. 승객이 내린 다음 한적한 도로가에 차를 정차하고 카드회사에 전화를 했다. ARS로 응답하다가 상담원이 나와 전화를 받는다. 자초지종을 얘기하자 확인해 본다고 하더니 바로 응답을 한다. 농협카드를 사용했는데 바로 취소시켰고, 승객에게 외부전화가 걸려오면 받아 달란다.

카드회사의 해결 내용을 승객에게 알려 주려고 전화를 하는데 받지 않는다. 여러 차례 반복해도 결과는 마찬가지인데 회사에서 또 전화가 온다. 같은 대답을 해 주고 다시 카드회사에 전화를 걸었다. 상담원에게 카드 사용한 승객은 처리되었지만 운전기사는 어떻게 되느냐고 물어보았다. 시간이 지나야 확인할 수 있다는 대답이다. 처리 과정을 알아보려고 했지만 일이 끝나고 회사에 들어오니, 금요일이라 사무실 직원들이 퇴근하여 다음 날 알아보기로 했다. 토요일에 일이 끝나고 사무실에 들르니 월요일에 확인할 수 있단다. 직원에게 얘기하여 결과를 전화로 통보해 달라 부탁하고 퇴근했다.

월요일에 출근하여 사무실에 확인하니, 카드회사의 대답은 전날과 같은 대답이다. 할 수 없이 불량기기를 사용한 택시의 문제인가, 카드회사의 실책인가, 단말기 제조사의 실책인가, 아니면 통신사의 문제인가를 대변할 직위의 사람하고 통화할 것을 요구했다.

일하는 중에 카드회사에서 전화가 온다. 팀장의 말은 승객이 내리는 시각에 택시와의 통신이 되지 않았으며, 통신 두절이 된 이유는 모르겠단다. 따라서 당시의 승객이 카드결제가 취소되었음을 확인하고 재입금하는 수밖에 없다고 한다. 그리고 승객의 휴대전화에 취소 내용은 자동으로 발송된다고 한다.

팀장의 말을 듣고 혹시 택시회사의 문제가 아닐까 의심스러워 단말기수리회사를 찾아가 점검을 의뢰했다. 택시에 부착된 단말기의 문제란다. 곰곰이 생각해 보니, 며칠 전부터 전조증상이 나타났다. 매번 카드단말기가 작동되지 않아 수차례씩 사용 카드의 결제승인을 받았었다. 아마 이것이 단말기 고장의 전조 증상이었나 보다.

단말기수리회사를 찾아가 부품을 교체하여 장착을 하니 아주 잘되어 택시의 단말기 부실로 이러한 일이 발생되었다고 단정하고 일을 마무리했다. 운전자는 모든 기기에 이상이 발생하면, 고장의 전조증상이라 생각하고 점검하여 완벽한 기기를 부착하고 다니기를 권한다. 아무튼 전화를 받지 않는 여인은 공짜 택시를 탄 셈이 된 것이다.

내가 부당요금을
받았다고!

간간히 쏟아지는 8월 3일 새벽에 신천역 술촌에서 취객이 오른다. 간헐적인 소낙성 비로 골목은 자동차로 아수라장이 되어 있었다.

"어디로 모실까요?"

"목동 트라팰리스요."

"트라팰리스가 어디쯤 있지요?"

"…."

몇 번을 물어도 대답을 못해 내비로 확인을 해 보니 나타났다.

"양천구 목2동이 맞는가요?"

"예, 맞아요."

주차장 같은 골목을 빠져나와 올림픽도로로 진입하는데도 자동차들이 많이 밀린다. 가까스로 올림픽도로에 진입하여 목적지로 향했다. 쏟아지는 폭우와 성에로 서행을 하면서 목적지에 힘들게 도착했다.

"손님! 여기가 맞나요?"

"여기가 어딘데요?"

"트라팰리스요. 안으로 들어갈까요? 비도 오는데…."

"예. 1동으로 들어가세요."

몇 번을 흔들어 승객을 깨우고 진입하려는데 경비원이 길을 막는다.

"몇 호에 가시는 데요?"

"1동으로 들어갑니다."

"예! 1동요? 그런 동은 없습니다. 차를 빼세요."

"손님! 1동이 없다는데 어찌된 일입니까?"

"빨리 차를 빼요!"

"손님이 트라팰리스라 했는데, 여기가 트라팰리스 아닌가요?"

"트라팰리스는 맞는데 그런 동은 없어요!"

처음부터 퉁명스러운 경비원의 말투에서 이런 일이 한두 번이 아니라는 느낌이 든다.

"손님. 트라팰리스는 1, 2동이 없다는데요."

"그럼 여기서 내려 주세요."

"잠깐 기다리세요. 차를 빼겠습니다."

유리에 뿌옇게 성에가 끼어 잘 보이지 않는 뒤로 힘들게 차를 빼고,

"네, 이제 되었습니다."

승객이 건네주는 카드로 결제하려 했으나 '사용할 수 없는 카드'라는 멘트만 뜰 뿐이다. 신용카드 두 개가 모두 마찬가지.

"손님, 이 카드는 사용할 수 없는 카드라네요. 다른 카드로 주세요."

"뭐요! 지금까지 써 오던 카드인데 왜 택시만 안 돼요?"

"글쎄요. 저도 모르겠고요. 다른 것으로 결제를 해야 되겠습니다."

"내가 탈 때 결제를 했는데 왜 안 된다는 거죠!"

"택시요금을 미리 결제하는 사람이 어디 있습니까? 다른 카드로 결제하여 주십시오. 택시기사한테는 지금이 가장 바쁜 시간입니다."

승객의 말을 농담으로 알아듣고 가볍게 대답했다.

"내가 전에 탄 택시는 몇 번입니까?"

"무슨 말입니까?"

"내가 전에 택시를 탔잖아요. 그 택시가 몇 번이냐고요?"

"그걸 제가 어떻게 압니까. 이 차는 손님이 신천역에서 목동까지 타고 온 택시입니다."

"택시기사가 알지, 내가 어떻게 알아요. 안 그래요?"

그러더니 차에서 내린다. 나도 밖으로 나와 승객 앞을 가로막았다.

"손님! 손님이 탄 차를 내가 어떻게 압니까? 나하고는 상관이 없지 않아요?"

"아니! 당신이 알아내야지, 내가 왜 알아야 해. 알아서 하라고!"

소리를 지르고 택시 뒤로 종종걸음으로 걸어간다. 목동아파트단지의 길은 대부분 일방통행으로 차를 뒤로 돌릴 수 없는 상황이라 택시를 앞으로 달렸다. 이곳 지리를 좀 아는 편이라 승객을 잡아야 한다는 일념으로 반대편 길로 달려갔다. 승객은 내가 따라올 수 없다는 것을 알았는지, 천천히 다른 곳을 향하여 길을 걷고 있었다. 차를 세우고 집으로 들어가려는 승객을 가로막았다.

"손님, 이곳은 트라팰리스가 아니잖아요. 늙은 놈이 눈 뒤집고 밤일을 하는데 돕지는 못할망정 승객들이 가장 많은 이 시간에 이러면 되겠습니까?"

"내가 택시 탈 때 결제했는데 왜 이러는 거요!"

"젊은 사람이 안 되겠구먼. 경찰을 불러야겠네."

택시기사인데 도와 달라고 112에 신고했다.

"이봐 젊은이! 경찰을 불렀으니까 올 때까지 여기 있어."

"내가 왜 밖에 서 있어요? 비켜요! 들어가게."

앞으로 나가지 못하게 길을 가로막았다.

"경찰이 올 때까지 가만히 있으라고. 성질 건드리지 말고."

"…."

얼마나 기다렸을까, 경찰차가 벽산아파트 앞까지 다가온다.

"부르셨습니까?"

"제가 했습니다. 이 승객이 신천역에서 여기까지 왔는데 택시요금을 주지 않아 요금 결제를 하라고 종용하고 있는 중입니다."

"내가 요금을 주지 않았다고? 택시 탈 때 카드로 결제했는데 또 달라고 하지 않아요!"

젊은이의 말을 듣고 경찰관이 나를 응시한다. 기가 막혀 택시로 돌아와 당시까지 영업한 일계표를 뽑아 와 경찰관에게 건네면서,

"내가 현재까지 영업을 한 누계입니다. 확인해 보십시오."

일계표를 받아든 경찰관은 휴대전화 플래시로 이를 확인한다. 그러자 젊은이는 자기도 카드를 꺼내어 경찰관에게 보이면서,

"내가 이것으로 택시 탈 때 결제했는데 또 택시요금을 내라잖아요."

그러면서 카드를 경찰관에게 내밀었다. 카드를 확인한 경찰관,

"이봐요. 이건 사원카드잖아요. 요금을 안 낸 것 같구먼!"

"전에 탄 택시기사를 불러 확인해 봐요."

"전에 탄 차를, 이 택시기사가 어떻게 알아요?"

"결제한 흔적이 어디 있어요? 한번 봅시다."

"…."

승객의 휴대전화를 확인하던 경찰관은,

"전에 택시를 탔고 뭔지 결제를 했네. 그런데 이 택시는 없네요."

"전에 탄 택시기사에게 물어보면 될 게 아니요."

"젊은 사람이 말도 안 되는 소리를 하고 있어! 요금을 내겠다는 거요, 못 내겠다는 거요."

장시간 취객의 억지에 경찰관도 지쳐 화가 난 모양이다. 경찰관이 확인한 것은 택시의 일계표와 승객의 휴대전화였다. 그 결과, 이 택시와 관계없는 다른 택시요금과 음식점의 결제만 있었다. 경찰관의 말에 젊은이는 다른 카드를 꺼내 결제하란다. 택시로 돌아와 도착했을 당시의 금액을 수기로 끊어 주었다. 이 승객과 타워팰리스에서 10분, 여기서 30분 이상을 실랑이했다. 결제를 마치고 나오면서 경찰관들의 두런거리는 소리가 들렸다.

"어떻게 저런 사람이 그런 회사에 들어갔는지 모르겠네!"

"그 회사가 어느 회사입니까?"

"현대 중공업입니다."

"현대중공업은 사원카드가 신용카드까지 겸하는 모양이지요?"

"아직까지 들어 본 일은 없습니다."

비가 내려서인지 승객들이 많은데 이것으로 야간 영업은 꽝! 몇 차례 단거리영업을 하고 회사에 들어왔다.

다음 날 아침, 근무를 마치고 회사에 들어오니 상무가 부른다.

"백남영 씨 부당요금을 받았네요."

"예? 제가 부당하게 승객한테서 요금을 받았다고요?"

"부당요금을 받았다고 신고가 접수되었네요."

"무슨 부당요금을 받았다는 겁니까?"

"이걸 보세요."

상무가 건네주는 종이를 보니 신천역에서 트라팰리스까지 택시미터기를 사용하지 않고 수기로 택시요금을 징수했다는 서면신고다.

"범칙금이 40만 원입니다. 가불증을 쓰세요. 한 번에 내시겠습니까, 두 번으로 나눌까요?"

"무슨 말입니까? 택시요금을 내지 않고 도망가는 사람을 붙잡아 경찰관이 겨우 해결했는데, 누가 부당요금을 받았단 말입니까?"

"그건 나중에 할 일이고 일단 가불증을 쓰고 해결하세요."

가불용지를 주기에 택시미터기의 처리가 불가능한 이유와 가불하여 마무리했다. 그러니까 8월 3일에 사건이 일어났고 8월 5일에 가불을 한 셈이다. 관할관청에서 통지가 오면 이의제기가 있을 것이라는 말은 분명히 해 두었다.

9월이 지나고 10월이 되었는데, 회사에서 아무 말이 없어 중순경에,

"상무님, 제가 이의제기한다는 말을 했는데 통보가 없습니까?"

"예, 없습니다."

몇 번을 물어도 같은 대답이었다. 하루는 일을 마치고 들어왔는데 감사님이 보였다.

"감사님, 택시기사가 범칙금을 냈으면 통지가 있을 것 같은데 범칙금 부과에 대한 통지가 없을 수 있습니까?"

"글쎄요. 통지 없는 징수는 없습니다."

"그런데 범칙금이라면서 가불했는데 2개월 넘게 통지가 없네요."

"그럴 리가 있나요. 상무한테 물어보세요."

이 말이 있은 후, 11월 3일에 상무가 부르면서,

"구청에서 통보가 왔는데 담당자가 범칙금을 반으로 줄여서 20만 원으로 선처하여 처리했고, 여기 20만 원을 돌려 드립니다."

봉투 속에 20만 원을 넣어 돌려준다.

다음 날 구청을 찾아가 담당자를 만나 자초지종을 먼저 들었다. 10월 13일에 범칙금납부통지를 회사에 발송했고, 납부 기간은 2개월이란다. 그럼 회사에서는 미리 돈을 받고 그것도 2배나! 구청에서 납부통지를 받고 본인에게 비밀로 하다가 따지니까 돈을 내준다!

이대로 넘어갈 일이 아니다. 구청 담당자에게 당시의 일을 설명하고 이의제기하겠다는 뜻을 전하자 행정체계는, '사건당사자는 회사로, 개인은 사건당사자가 될 수 없단다.'

무슨 말을 하느냐고 항의하고 '내가 당시의 당사자'임을 강조했다. 그럼 사건을 위임한다는 대리인으로 하여 이유서를 팩스로 보내란다. 회사에서 이유서에 대리인임을 적시하여 팩스로 넣어 달랬다. 며칠 후, 이 일로 상무와 감사의 말이 이해가 되지 않는다.

"백남영 씨, 정말 이럴 거요!"

"백남영 씨, 회사도 생각 해 주셔야죠!"

관할관청에서 실행하는 행정에 대한 불만이 자신들이 몸담고 있는 회사에 불이익을 우려하여 회사원에게 약간의 양보는 이해되지만, 정도(正道)를 걷는다는 말이 어째서 회사에 누를 끼치는지 이해되지 않는 대목이다. 오히려 자랑으로 생각해야 될 사건이 아닌가!

며칠 후, 회사에서 행정심판위원회의 답변이라면서 서류를 건네준다. 이를 읽어 보니 승객은 지금까지의 일과 다른 말을 하고 있는데, '신천역에서 잠실 방향으로 택시를 타고 목동트라펠리스를 가는데, 올림픽대로가 있음에도 길이 밀리는 시내도로를 이용하여 택시 요금이 많이 나왔다.'고 진술되어 있는 게 아닌가?

'비가 내리고 도로가 밀리던 당시에 신천역 술촌에서 목동트라펠리스로 내비게이션을 클릭하고 종합운동장에서 올림픽도로로 진입하여 목동아파트단지분기점에서 간선도로를 빠져나와 트라펠리스에 도착하여 사건의 내용대로 다툼이 있었다.'고 이유서를 보냈는데, 이 문제의 해결은 내 생각으로 아주 간단하다. 술촌 골목에서 목적지까지 차를 운행해 보면 거리를 알 수 있고, 사건 당사자인 승객과 나를 대질해 보면 바로 알 수 있을 텐데 왜 직접 당사자를 제외하고 객석에서 판단하는지! 이는 관할관청의 갑질과 업체의 읍소로 힘없는 택시기사에게 책임을 전가하는 일이라고 확신했다.

'회사에 다니면서 한번 해봐! 아니면 회사를 그만두고 이대로 가만히 있어? 이미 내 마음속에는 회사의 신뢰가 깨어졌는데….'

마음의 갈등에 속만 태우며 있는데, 12월 30일 중앙행정심판위원회에서 문자가 들어왔다. 행정심판청구가 2015-1705로 접수되었고 2016년 4월 4일에 재심을 한다나!

다음 날 4월 5일에 확인요청문자를 보내니까 본인 확인이 불가능하니 ARS로 확인하란다. 지금까지 내 전화로 연락하고 있었는데 갑자기 본인 확인이 안 된다는 말이 과연 타당한 대답인지! 아무튼 꼭 확인해야 될 입장이라 ARS로 다시 확인해 봤다. 주민번호와 이름을 얘기하고 사건번호를 말하니, 이번에는 확인되지 않는다는 대답이다. 무슨 말을 믿고 살아야 할는지!

행정기관의 행태가 가상(?)하여 사법부에 제소하여 부당함을 밝히고 정당함이 입증되면 관련된 모두에게 상응하는 대가를 요구하기로 결심하고 준비에 들어갔다. 중앙행정심판위원회에 전화하여 처리결과를 알 수가 없어 부득이한 결정을 하게 되었노라고 얘기하니 서울행정심판위원회로 전화하여 알아보란다. 그랬더니 서울시행정심판위원회는 다시 구청주무관에게 다시 알아보란다.

구청주무관에게 전화하니, 그동안 내가 이사하여 결정문을 보내지 못했으니 새 주소를 알려 달란다. 기나긴 노력 끝에 결정문을 받았는데, 정당함이 밝혀졌다는 재심 결과 통보다. 행정기관, 회사 그리고 승객까지 모두가 갑질에 능숙한 것 같다.

그리고 현대중공업에 다니는 사회초년생인 젊은이에게 한마디 한다.

"세상 모두가 자네처럼 돈 몇 푼에 목숨 거는 천 원짜리 인생이라 생각하지 말거라."

트라팰리스에서 경찰관이 출동하여 사건을 해결할 때까지의 40여 분과 부당요금통지서를 받은 후 나의 억울함을 풀기 위해 허비한 8개월 동안의 정신적인 피해는 어디서 보상받아야 하는가?

택시회사와 택시기사는 서로 적대 관계가 아니고 상생의 관계라고 생각했으면 한다. 관공서의 부당한 갑질은 회사에서 대변해 줘야 하고, 관공서는 이의제기가 있을 경우 명료하게 사실을 적시하여 통보해야 한다고 생각한다. 관공서는 회사에, 회사는 기사에게 무조건 복종을 강요하는 일은 사라져야 한다.

사건이 일어난 직후에 잠실 교통회관에서 미터기 사용에 대한 교육이 있었다. 내 주변의 택시기사에게 미터기 사용법을 말했더니 모두 모르고 있었다.

미터기를 '결제'에 놓고 승객과 마찰을 빚다가 시간이 지나면 '빈차'가 된다. 이 경우에 택시기사는 수기로 영수증을 발부했었을 것이다. 그러나 정상적인 내역을 적시하려면 다시 '주행'으로 미터기를 누르고 조금 있다가 다시 '결제'를 누르면 전에 있던 운행기록이 소멸되지 않고 발행됨을 꼭 알아두기 바란다.

택시기사라면 승객의 물건을 습득하지 않은 사람은 거의 없을 것이고, 승객 역시 택시 안에서 자신의 물건을 잃어버린 경험이 있는 사람도 많을 것이다. 물론 기사가 돌려주지 않으려고 한다면 방법이 없겠지만, 돌려주고 싶어도 돌려주지 못하는 경우도 있다. 이럴 때, 승객과 연락이 되지 않을 때는 안타까웠다. 다행히 연락처나 주소가 있어 찾아 주는 경우도 있고 경우에 따라 위탁한 일도 있었다.

승객들에게 부탁드리고 싶은 말은, 휴대폰을 진동이나 묵음으로 해 놓지 않았으면 한다. 이것으로 운행 중에 확인되지 않아 멀리 떨어져 있거나 또 승객이 아닌 사람이 주워 가지 말라는 보장도 없기 때문이다.

분실물을 주인에게 돌려주면 대부분 사례금이라 하여 대부분 택시요금 또는 그 이상의 보상을 해 주니, 기사님들에게는 꼭 돌려주십사고 부탁드린다. 또 승객은 택시에서 하차할 때 카드나 현금영수증을 받도록 하자. 영수증에는 택시의 모든 정보가 들어 있으니, 분실물을 찾는 데 많은 도움이 될 것이다.

택시기사가 연락처 없는 물건을 습득하고 카드로 결제했다면, 스마트카드로 연락하여 카드번호와 발행회사를 말해 주면 아주 예쁜 목소리가 여러분을 기다린다. 스마트카드 택시 고객센터 전화번호는 '080-214-2992'이고, 또 카드회사에 직접 알아보려면 시간에 관계없이 카드번호를 불러 주면 카드를 분실한 승객한테서 전화가 온다. 아울러 내 택시에서 분실물이 휴대전화가 아닌 경우, 연락처를 찾기 위해 내용물을 뒤져 봤음을 양해하여 주기 바란다.

3.
분실물 찾아주기

첫 번째
휴대전화

삼청동 음식점에서 회식 모임이 있는 여자 승객에 대한 이야기다. 승객이 내리고 영업을 하는데, 뒤에 앉아 있는 휴대전화가 울린다.

"여기 핸드폰 아저씨 것 아니에요? 손님이 떨어뜨렸나 보네."

"이리 줘 보세요!"

전화기를 차에 가지고 다니는데 드디어 벨이 울린다.

"삼청동에서 내린 사람인데요. 지금 어디 계시죠? 택시비는 드릴 테니 우리들이 내렸던 삼청동으로 오실 수 있겠어요?"

"손님이 계셔서 지금은 불가능한데요. 오늘 저녁 휴대폰을 사용할 일이 있으신가요?"

"친구들과 저녁 식사하기 때문에 핸드폰 쓸 일은 없는데….."

"그럼 내일 새벽에 회사로 가져다 놓으면 안 되겠습니까?"

"아저씨, 지금 가져다주시면 안 되겠어요? 택시비는 드릴게요."

"남의 물건을 가지고 무슨 돈을 받겠습니까. 그러지 마시고 내일 아침에 받으시는 것이 좋겠는데요. 언제 손님이 안 계실지 모르니까."

"그럼 그렇게 하지요."

"회사 이름과 연락처를 알려 주시지요."

"중앙일보 7층에 있는 휴대폰 디자인사업부 임승경이라고 합니다."

"알았습니다. 경비실에 맡겨 둘 테니 찾아가시도록 하십시오."

일을 마치고 저녁 식사를 하는데 휴대전화의 벨이 울린다.

"여보세요. 누구십니까?"

"낮에 탔던 핸드폰 주인의 아버지 되는 사람인데, 핸드폰을 지금 줄 수는 없는지요."

"내일 아침에 회사에 가져다 놓을 테니 내일 찾으라고 하십시오."

전화를 끊고 있으니까 또 전화벨이 또 울린다.

"에미 되는 사람인데요. 지금 바로 보내 주세요. 택배로 보내시면 우리가 택배비를 드릴 테니 보내주세요. 급히 핸드폰을 써야겠어요."

"여기는 주택가라 택배를 부를 수도 없고 12시간 일하면 잠자고 새벽에 일 나가는 두더지 생활이라 파김치가 되어 있습니다. 내일 아침에 받으시라고 하십시오."

사실 하루 일을 마치고 집에 들어오면 녹초가 된다. 시시각각 변하는 교통상황에서 운전의 최대의 약은 수면이요, 또 유일한 방법이기 때문에 일이 끝나 휴식을 방해하는 사람이 있을 때 이것처럼 싫은 것이 없다. 식사를 하는 중에 실제 주인의 전화다.

"이봐요, 아가씨! 저녁에 전화를 사용할 일이 없다고 하셨잖습니까? 또 회사에 가져다준다고 했잖아요. 조금만 기다리면 모든 일이 해결 될 텐데…."

세 분이 교대로 전화벨을 울리는데 정말 짜증스러웠다.

"아저씨! 갑자기 전화가 필요하다고 하잖아요. 빨리 보내 주세요. 여보세요! 당신 다른 생각을 하는 것 아니요? 주인이 달라고 하면 줘야 될 것 아니야."

반말까지 섞어 가면서 모리배 취급하는 말이 너무나 거슬렸다. 내가 못된 놈인지는 몰라도 아파트단지에서 실생활에 필요치 않은 택배회사를 알고 있지도 않고, 또 밤중에 이것을 찾아 씨름할 친절도 나에게는 없다. 전화 주인과 실랑이를 벌이는데, 아내는 국이 식는 다고 난리다. 몇 차례 응대를 하다가 해결될 것 같지 않아서 배터리를 빼 버렸다.

다음 날 새벽 4시경 일을 나갔다. 이 시간에 시내로 들어가기에 시간이 걸리지 않는다. 서소문 중앙일보 앞에 택시를 세우고 경비실로 향했다. 어제 이야기한 대로 몇 자 메모를 남겨두고 일을 하러 돌아다닌다. 그리고 오전 8시 40분경 내 휴대전화 벨이 울린다.

"여보세요. 어디십니까?"

"저 임승경입니다. 핸드폰을 잃어버릴 줄로 알았는데 출근하여 보니 책상 위에 전화기가 있어 바로 전화 드리는 것입니다. 고맙습니다."

"어젯밤에 실제로 전화기가 꼭 필요했었나요?"

"그렇지 않았습니다."

"그런데 제가 회사로 전화기를 가져다 놓는다고 했는데 왜 그렇게 전화를 했었습니까?"

지금 생각하면 내가 볼멘소리를 한 것 같다.

"아저씨 죄송해요. 택시 안에서 핸드폰 잃어버렸다는 말을 많이 들어서…."

"…."

기사들이 모두 같지는 않겠지만 어제는 거북했었다고 얘기했다.

"아저씨, 어떻게 보상을 해야 되죠?"

"무슨 보상을요?"

"핸드폰을 돌려주셨잖아요."

"남의 물건을 돌려준 것인데 무슨 보상입니까?"

"예?"

"아아! 승객이 내 차를 이용해 주셔서 고맙고 또 나로 인해 즐거운 일과를 시작하는 것이 나에 대한 보상입니다. 되었습니까?"

"아저씨 같은 분만 있으면…. 아저씨 차 한잔해요."

"어젯밤 전화하는 중에 불쾌한 점이 있었다면 이해하십시오. 사실 일이 끝나면 파김치가 되어 본의 아니게 실수했을 겁니다."

"아저씨 차 한잔하러 오세요."

"예. 알겠습니다. 기회가 되면 한번 찾아가지요."

고객의 감동어린 말에 왠지 오늘 하루의 일은 가벼울 것 같다. 실명을 수록한 것은 차를 마시려는 것보다 졸필이지만 얘깃거리를 만들어 주어 고맙다는 인사로 필자의 책을 한 부 보내 드리려 하니 이해하고 연락 바란다.

무심한
친구

"아저씨, 핸드폰이 떨어져 있네요."

예쁜 여성 승객이 신촌역 부근에서 휴대전화를 들고 나를 쳐다본다.

"승객이 전화기를 놓고 내렸나 보네요. 고맙습니다."

습득한 시간은 초저녁인데 전화벨이 울리지 않는다.

'이상하다. 휴대전화를 분실하면 바로 전화가 오는데….'

잠실 근처에서 국군체육부대로 가는 중인데 자정이 넘어 전화벨이 울린다. 새로운 전화기를 받을 줄 모르는 난 팍 쉰 세대인 모양이다.

"요즈음 휴대전화는 나 같은 쉰 세대들은 받을 수가 없으니…."

"…."

"손님, 어떻게 받아야 되죠?"

"이리 줘 보세요."

다행히 승객에게 물어보려고 전화기를 건네주었다.

"아이폰이네요. 이건 신호가 오면 통화 버튼을 이렇게 하고 통화를 해야 돼요."

전화를 받을 수 있도록 하여 내게 건네준다.

"여보세요, 택시 기사입니다."

"저는 이대입구에서 내린 사람인데요. 전화기를 돌려줘야겠어요."

"돌려주는 것은 당연한 이야기인데 5시간이나 지난 지금 전화하는 사람이 어디에 있어요!"

"죄송합니다. 지금 가져다줄 수 없겠어요?"

"저는 장지동 넘어 국군 체육부대로 가고 있는데 어디에 계십니까?"

"신촌 먹자골목에 있어요. 지금 돌려주세요. 사례비는 드릴 테니까."

"신촌과 너무 멀어 드리는 말씀인데 내일 찾으면 안 돼요? 직장이 어디죠?"

"일산입니다. 지금 가져다주세요."

"알겠습니다. 손님이 있는 곳까지 빈 차로 가야 되니까 택시비는 줘야 됩니다."

"당연히 드려야지요."

택시는 국군체육부대의 승객을 내려 주려고 목적지를 향해 달린다.

"아저씨, 신촌까지 가시려면 얼마나 걸립니까?"

"지금 차가 막히지 않아도 40여 분 정도는 가야 될걸요."

"언제 주운 것인데 웃으세요?"

"초저녁에 승객이 주워서 준 건데 5시간 이상 되었어요."

"그 사람 이상한 사람이네. 자기 물건에 관심이 없는 사람이네요."

"그럴 리가 있겠습니까? 이제야 전화기가 필요했겠지요."

"아무튼 별일을 다 봅니다."

"우리 같은 쉰 세대는 휴대폰 종류가 많아 곤란할 때가 많습니다."

"그래도 아저씨는 친절하게 가져다준다고 하니까 다행이네요."

"남의 것이니까 당연히 돌려줘야죠."

"저도 전에 핸드폰을 잃어버린 적이 있는데 안 돌려줘요."

"…"

"사례비를 주면 돌려준다고 해서 기다렸는데, 전화가 오지 않아 전화를 걸었더니 통화가 되지 않아 잃어버렸어요."

"….."

"산 지 며칠 되지 않았고 기종도 좋은 것이었는데…."

지금도 잃어버린 휴대전화에 대한 아쉬움이 남아 있는 모양이다. 택시에서 잃어버렸다니 약간 민망한 생각도 들었다.

"세상 사람이 모두 예쁘다면 미인이란 말이 필요 없겠지요. 이런 사람, 저런 사람 어우러져 사는 것이 사회가 아니겠습니까."

"신 기종(新 機種)인데 그 사람은 운이 좋은 사람입니다."

"그럴까요?"

"여기서 그곳까지 택시비가 만만치 않을 텐데요. 사례비를 많이 달라고 하세요."

"빈 차로 그곳까지 가는 거니까 택시비는 받아야 되겠지요."

휴대폰이야기를 하면서 아파트 입구에 도착했다. 승객은 전화를 받을 수 있도록 가르쳐 주고 택시에서 내려 집으로 들어간다. 그리고 택시는 고속화도로로 신촌을 향해 달려간다.

돌려주지 못한
휴대전화

　이번에는 주인을 찾아 주지 못한 유일한 이야기를 한번 해보자. 아침에 젊은 친구가 술에 취해 택시를 탔다. 그 친구를 내려 주고 다음 사람이 탔는데, 차 안에서 휴대폰을 주워 준다. 전화오기를 기다리며 운행을 하는데 연락이 오지를 않는다.

　'아마 술에 취해 잠이 들었나 보다.'

　출근 시간이 되자 빈 택시로 움직이는 경우가 없을 정도로 승객들이 많이 타고 내렸다. 이 사건이 일어날 때도 뒤에 탄 승객이 내리기도 전에 앞으로 탄 경우였다.

　"어디로 모실까요?"

　"잠실역으로 갑시다."

　알았다고 하면서 조금 움직였는데 휴대전화기의 벨이 울린다.

　"택시 기사입니다. 어디시지요?"

　"맞았어! 택시가 맞아."

　"어디에 계십니까?"

　"당신! 지금 핸드폰 안 가지고 와?"

　다짜고짜 화부터 내면서 전화를 받는다.

　"지금 손님이 계시니까 조용히 말씀하세요."

　"지금 어디 있어! 빨리 가지고 와. #$%&*^#"

전화기를 멈추었다가 전화가 와서 받으니,

"당신, 내가 누군 줄 알아? #$%&*^#"

"손님이 잠실역에 가시니 모셔다 드리고 전화할 테니 끊어요."

나도 짜증스럽게 얘기하고 승객한테 미안하여 전화를 끊어 버렸다.

"아저씨, 왜 그래요?"

"젊은 취객이 휴대전화를 놓고 내려 찾아 주려고 하는데 지금 가져오라고 난리네요."

"핸드폰을 아저씨가 주웠어요?"

"아니요. 휴대전화는 대부분 승객이 주워 줘요. 이것도 전에 탄 승객이 주었고요."

"아저씨, 불안해서 못 가겠네요. 전화가 오면 저에게 주시고 운전이나 안전하게 하세요."

조금 있으니까 또 전화벨이 울려 승객에게 전화기를 주었다.

"#$%&*^#"

"야, 이 새끼야. 기사님이 네 걸 훔쳤냐! #$%&*^#"

그러더니 폴더형 휴대전화를 부러뜨려 창문 밖으로 던져 버린다.

"이봐요, 손님! 뭐하는 거요."

"저런 새끼들은 찾아 줄 필요가 없어요."

어이가 없어 멍청히 승객을 쳐다보았다. 이것이 주인을 찾아 주지 못한 유일한 휴대전화의 이야기다.

휴대전화를 잃어버린
외국인들

*

이번에 들려줄 이야기는 외국인 이야기로 먼저 영국 아가씨. 어디인지는 몰라도 택시 안에서 휴대폰을 승객이 주워 준다. 전화를 하려 해도 잠금장치가 되어 있어 확인할 수가 없어 주인의 전화만을 기다리며 운행을 하고 있었다. 얼마를 돌아다니는데, 드디어 습득한 휴대폰의 벨이 울린다.

"여보세요. 택시기사입니다."

"헬로! #$%&*^#."

순간 당황하여 나도 모르게,

"디스 이스 택시드라이버."

정신을 가다듬고 들어 보니, 영국에서 온 사람인데 휴대폰을 잃어버렸다며 뭐라고 하는데 알아듣지 못하겠다. 오직 전화기만 돌려줘야 된다는 일념으로 그녀의 말이 끝나기를 기다려,

"웨어 이스 데어? (어디 있습니까?)"

"명동 스테이션 게이트 넘버 ○. (명동역 ○번 출입구)"

다행히 멀리 가지 않아 찾아갔는데, 그 아가씨의 손에는 토마토주스 한 병이 들려 있었다.

**

　이른 출근 시간인데 조금 전에 탔던 승객이 전화기를 놓고 내린 것 같았다. 일본대사관에 간다고 택시를 탔는데 대사관 근처에서 내렸었다. 폰을 열어 보니 일본 글자로 미루어 틀림없었다. 멀리 가지 않고 근처를 배회하는데 전화벨이 울려 받아 보니 우리나라 사람이다.

　바로 옆에 있어 빌딩 밑에서 비상등을 켜고 있다고 대답하면서 분실한 사람을 기다렸다. 내용을 들으니, 분실한 사람은 자기 회사의 사장이며 자기는 직원인데 지금 내려갔다고 한다. 조금 있으니까 중년 신사가 택시 앞으로 웃으면서 다가오더니,

　"아리가또 고자이마쓰!"

　하면서 손을 내민다. 물건을 돌려주고 앞으로 나가려는데, 젊은 사람이 달려오면서 택시를 부른다. 그리고 봉투를 주는 게 아닌가! 거절하자, 그는 사장님의 조그만 성의 표시이니 받아 달란다.

***

　중국 관광객의 이야기인데, 어디에서 탔는지는 모르겠고 동묘역 근처에 있는 우리에게 알려지지 않은 조그만 호텔이었다. 승객이 휴대폰을 빠뜨리고 내렸는데 열어 보니 중국 글자다. 조금 아쉬웠던 것은 택시의 위치가 동묘역근처가 아니라 사당역 근처에서 승객이 주워 주었다. 승객이 내리고 전화기를 확인 해보니 잠금장치를 해놓아 전화도 할 수 없었다. 찾아줄 방법이 없을까!

　혹시 내비게이션의 최근 검색을 확인해 보니, 다녀온 호텔이 나온

다. 분실한 주인이 중국인이라는 것만 믿고 바로 호텔로 향했다. 아마 우리나라사람이었으면 가는 길에 돌려주었겠지만 외국인이라 안내인에게 택시기사임을 밝히고 전화기를 가져왔다고 했다. 그러자 안내인은 그렇잖아도 중국 아가씨들이 들어와 전화기를 택시에 놓고 내렸다고 하더란다.

"그럼 왜 바로 전화를 하지 않았습니까?"

"잘 아시면서…"

"알다니요! 무엇을…?"

"핸드폰을 승객들이 놓고 내리면 택시기사가 모두 가져가잖아요."

"…!"

이번에도 같은 일이 일어날까 망신스러워 전화를 못했다고 한다. 이런저런 이야기를 주고받는 사이 여행객들이 내려왔다. 전화기를 돌려주니 꼬깃꼬깃한 만 원짜리 지폐 한 장을 건네면서 "셰셰!"를 연발한다. 아마 이 여행객들은, 우리가 일본에서 물건을 분실했을 때의 이야기처럼 한국에서 전화기를 찾았다는 덕담을 기대해 본다.

백의의
천사

자정을 넘긴 이른 새벽녘. 강남에 있는 남부터미널로 승객을 태워 달리고 있다. 오늘은 마지막이거나 잘하면 회사 방향으로 한두 번 태우면 영업을 마칠 것 같다. 승객의 전화벨인 줄 알았는데 택시에 놓고 내린 전화기가 운다.

"아저씨, 누가 핸드폰을 놓고 내렸네요?"

"이리 주십시오. 근무 시간이 끝나 가는데 큰일이구먼!"

승객이 건네주는 전화기를 귀에 대자, 대답하기 전에 먼저 묻는다.

"여보세요. 거기가 어딥니까?"

"택시기사인데요. 휴대전화를 차에 두고 내리셨네요."

"맞아. 택시 안에 놓고 내린 것 같았어. 지금 어디에 계세요?"

"남부터미널로 가는 중입니다. 그곳은 어디입니까?"

"저요? 아차산역 옆 백악관에서 중곡동으로 가다가 내린 사람입니다."

"큰일 났네. 손님을 모셔다 드리고 그곳까지 갈 시간이 없는데….."

교대시간은 약 한 시간 남짓 남았다. 차에 탄 승객을 내려 주고 휴대전화를 돌려준다면 중곡동에 갔다가 신월동까지 빈 차로 달려야 될 시간밖에 남지 않았다. 회사에 맡기고 찾아가라고 할까? 낮에 택배로 보내 줄까?

"낮에 회사에서 택배로 보내라고 하면 안 될까요?"

"아저씨, 지금 가지고 오세요!"

"당연히 드려야지요. 그런데 교대시간이 임박해서 그렇습니다."

"아저씨, 택시비는 드릴 테니까 지금 바로 가져다주세요."

"교대시간이라서 그런다니까요. 내가 늦으면 교대자에게 피해가 되어 그러는데, 낮에 택배로 보내거나 야간근무에 가져다 드릴게요."

"아저씨가 올 때까지 중곡동에 들어가는 편의점에서 기다릴게요."

그리고는 일방적으로 전화를 끊어 버린다. 승객을 내려 주고 전화기를 돌려주려면 빈 차로 신월동까지 가야 되는데…. 옥신각신하는 것이 이상했는지 승객이 말을 건넨다.

"무슨 일 때문에 그러세요."

"다섯 시 반까지 차고지에 들어가야 되는데 손님이 내린 후에 전화기를 가져다 달라고 해서 낮에 택배로 받든가 아니면 저녁에 받으라고 했더니 펄쩍 뛰네요."

"지금이 네 시 십 분이니까 빨리 가면 돌려줄 수 있잖아요."

"하지만 아차산역에서 신월동까지 내달려야 할 생각을 하니…."

"그러면 지가 놓고 내렸으니까 찾아가라고 해요."

승객이 내리고 전화를 걸었다. 전화벨이 울리고 전화를 받은 사람이 잠깐 기다리란다.

"여보세요. 택시기산데요! 받으시는 이 전화는 누구 전홥니까?"

아마 조금 전에 했던 전화는 전화기를 빌려서 했던 모양이다.

"편의점에서 기다린다고 말씀드렸잖아요."

"알았습니다. 약 15분 후에 도착할 수 있을 겁니다."

전화를 끊고 별수 없이 반포대교를 넘어 동부간선도로를 지나 아차산역에서 좌회전을 하니 채 십오 분 정도 걸렸다. 전화기 주인은 편의점 앞에 쭈그리고 앉아 있다가 택시 옆으로 다가온다.

"얼마 나왔지요?"

"14,200원 나왔습니다."

"여기 있습니다. 고맙습니다."

잔돈을 거슬러 주고 차를 돌려 중곡동 길을 빠져나오고 있다. 웬 여성 승객이 손을 들어 차를 세웠다.

"어디로 가십니까? 멀리는 못 가는데요."

"보라매병원이라 못 가시겠네요."

택시 문을 닫으려고 한다.

"보라매 병원에 가시는 건가요? 타십시오."

이럴 수가! 회사로 들어가는 길에 약간만 돌면 되다니! 택시는 동부간선도로를 신나게 달리고 있다.

"손님, 기분 나빴죠?"

"왜요?"

"타기 전에 멀리 못 간다고 해서…."

"택시기사님들이 가까이 못 간다는 말은 수없이 들었어도 멀리 못 간다는 말은 처음 들어서 무슨 사연이 있을 것이라고 생각했어요. 전혀 기분 상하지 않았어요."

"사실은 여차여차한 일이 있어서 그랬으니 이해하세요."

그리고 지금 일어났던 일을 소상히 설명해 주었다.

"손님을 병원에 모시고 저는 고가도로로 달리면 시간이 잘 맞을 것 같습니다."

"잘되었네요. 좋은 일했다고 하늘이 돌봐 주셨나 봐요.

"출근하시는 길인가요?"

"예. 우리는 일찍 나가야 돼요."

"날마다 좋은 날 되십시오."

목적지에 도착하여 생각하니, 오늘 새벽에도 예기치 않은 좋은 일이 생겼다. 아마 이 아가씨가 백의의 천사였나 보다. 이러한 일이 많이 생긴다는 말은 거짓말이고, 가끔 일어나는 일이다.

휴무일에 습득한
휴대전화

강남역에서 노년의 승객이 택시에 타고 주위를 두리번거리더니,

"기사님, 혹시 충전기를 가지고 계세요?"

"예. 카카오용으로 항상 사용하고 있지요."

"배터리가 없어서 집에 전화도 못하고…. 좀 빌릴 수 있을까요?"

"그러지요. 그런데 줄이 짧아 전화기를 이리 주셔야 되겠네요."

전화기를 받아 전원을 연결해보니 배터리가 전혀 없는 상태였다.

"이제 내비를 사용할 수 없으니 위치를 자세하게 알려 주십시오."

"예, 강변북로로 가다가 합정역으로 우회전을 하고, 홍대입구역에서 마포구청 방면으로 좌회전을 한 다음 두 번째 신호등에서 우회전하여 가다가 미니스톱 앞에서 내려 주면 됩니다."

택시는 성수대교를 건너 강변북로로 가는 중인데 위치 설명을 군대에서 점호준비 하는 것처럼 유창하게 설명하는 것으로 보아 택시를 자주 이용하는 승객 같았다. 또 이 승객이 말하는 대로 정확한가에 대한 의심이 들기도 했다.

통화할 정도의 전기가 채워지면 전화하겠다는 승객은 곧 잠이 들었고 택시는 강변북로를 빠져나와 홍대방향으로 향하다가 마포구청쪽으로 좌회전을 했다. 그리고 두 번째 신호등에서 좌회전하여 골목길을 가고 있는데 정말로 미니스톱이 보인다. 지금까지 이렇게 자신

이 가는 목적지를 알기 쉽게 설명한 사람은 처음 봤다. 미니스톱 가게 앞에서 승객을 깨웠다.

"손님! 미니스톱 앞입니다. 여기가 맞습니까?"

몇 번 깨우니 눈을 비비며 승객이 일어난다.

"잘 찾아왔네."

"손님이 잘 설명을 해 주셨으니까 그렇죠."

요금을 계산하고 승객은 가게 맞은편으로 사라졌다. 승객이 내린 뒤 한동안 잊고 있었는데, 승객이 휴대전화를 놓고 내렸다. 평소 같으면 내일 찾으라고도 할 수 있지만 토요일 야근이라 일요일은 쉬는 날이기 때문에 교대 전에 일을 처리해야 했다.

차를 도로 옆에 세우고 전화번호를 뒤져 보니 '마나님'이 나왔다. 곧 전화를 걸었다. 나는 '부군이 핸드폰을 택시에 두고 내렸으니 어떻게 했으면 좋겠느냐?'고 물어봤다. 갑자기 받는 전화라 금방 대답을 하지 못했다. 내가 먼저 제안을 했다. '부군이 내린 미니스톱에 전화기를 맡겨 놓으면 어떻겠느냐.'고. 자기도 자주 가는 가게이니 그렇게 해 달라고 한다. 오늘따라 홍대 근처로 가는 승객이 없어 송정역에서 미니스톱까지 달려갈 수밖에 없다. 새벽녘에 미니스톱에 들러 휴대전화를 가게에 맡기고 근처에 사는 주인이 낮에 찾아올 것이니 부탁한다고 맡겼다.

며칠 뒤, 그 장소에서 내리는 승객이 있어 가게에 들어가 물어보니 자기는 주간근무자라 잘 모른단다. 내 연락처를 남기지 않은 게 후회가 되기도 한다. 이처럼 휴무일에 습득한 물건은 할 수 없이 퇴근 전에 돌려줘야 되기 때문에 파출소나 가게에 맡기는 경우도 있고, 다음 날 전철역에서 돌려준 경우도 있었다.

지갑을
찾아 주다

일을 마치고 회사에서 야간 입금을 정리하고 집으로 돌아오려는데,

"사장님, 택시 안에 지갑이 있네요!"

택시를 청소하시는 분이 지갑을 들고 불러 세웠다.

"무슨 지갑이지?"

"사장님 것이 아니면 손님이 놓고 내렸나 봐요."

지갑을 가지고 집으로 돌아왔다. 지갑 안에는 무슨 카드인지 여러 장이 들어 있는데 연락처가 없다. '많은 카드를 정리하려면 힘이 많이 들 텐데 어떻게 하지!' 계속 뒤져 보니 가죽으로 감추어진 부분에 주민등록증이 들어 있다. 주소는 석계역 근처에 있는 한화 그랑빌아파트로 되어 있다. '만약 다른 곳으로 이사했다면 어떻게 하지!' 연락처가 있으면 안심하라고 전화를 할 텐데, 가져다줄 수밖에 없다. 내일 일을 시작하면서 가져다주기로 하고 일단 휴식을 취했다. 다음 날 저녁. 제일 먼저 석계역으로 향했다. '모든 카드를 정리하려면 힘이 많이 들 테니까 빨리 돌려주자.' 미터기를 작동하고 그랑빌을 찾아가니 22,000원 정도가 나온다. 경비실에 물어 106동을 찾으니 차량을 주차하기가 복잡했다. 21층으로 올라가 초인종을 울린다.

"여기에 장진주 씨가 사시나요?"

"우리 아들인데 무슨 일이시죠?"

"택시기사인데요. 어젯밤 자제분이 지갑을 택시 안에 놓고 내려 가지고 왔습니다."

"예! 택시에 지갑을 놓고 내렸어요? 젊은 아이가 정신을 어디다 두고…. 고맙습니다."

"제가 연락처를 찾느라고 뒤져 봤어요. 이상이 있으면 연락하세요."

전화번호를 적어 어머니께 건넸다. 만약 지갑 주인이 여기에 살지 않으면 어쩌나 걱정했는데 다행이었다. 지갑을 돌려주고 내려오니, 아파트 주민 한 사람이 삿대질을 한다. 문제는 주차장이 아닌 단지 내 도로가에 차를 세워 놨다고 항의를 하는 것이다. 문제의 주민은 약간 취해 있었다.

"여보쇼! 택시를 세워 놓고 어딜 다니쇼. 양심이 있어, 없어!"

어이가 없어 아무런 말없이 빤히 쳐다보고 있자니,

"기름밥 먹고 사는 놈들이라 할 수 없어!"

듣고 있자니 화가 났다.

"이봐. 나이께나 먹은 사람이 말을 그렇게 함부로 하면 되나."

"뭐라고!"

"야 인마! 택시 안에 물건을 두고 내린 사람이 있어 돌려주고 나오는 길이다."

"…."

"뭐 이런 놈이 다 있어!"

미안했던지 아무 말 없이 발길을 돌렸다. 길가에 차를 댔다고 이런 말을 들어야 하나. 세상을 살 만큼 산 사람이 저 정도밖에 되지 않나. 나름대로 친절을 베푼다고 했는데….

후회와 한탄을 하면서 아파트단지를 빠져나오려는데 전화가 울린다.

"여보세요."

"택시 기사님이시죠?"

"그렇습니다만 어디시죠?"

"조금 전 지갑을 받은 장진주 엄마예요."

"지갑에 이상이라도 있습니까?"

"그게 아니고요. 물건을 찾아 주셨는데 사례를 조금하려고요."

아마 아들한테나 남편한테 말을 들어 전화를 건 모양이다. 사실 나도 신월동에서 막힌 길을 뚫고 석계역까지 달려갔는데 내심 섭섭하기도 했었다. 더구나 주차 문제로 화도 났고 억울하기도 했다. 단지를 나오던 길이라 곧바로 차를 돌려 들어가니 어머니가 아파트에서 걸어 나오고 있다. 회사에서 여기까지의 요금이라며 20,000원을 건넨다. 고맙다는 말을 하고 받아들고 나왔다. 그러나 이것을 사례라고 생각하지 않고 택시요금이라고 생각했으면 한다.

그런데 회사에서 동료들한테 오늘 이야기를 들려줬더니 큰일 날 뻔했단다. 좋은 마음으로 돌려줬는데 그 속에 돈이 들어 있다고 우기는 경우가 더러 있더라는 것이다. 그러면서 회사의 어느 기사가 겪었던 이야기를 들려주었다. 지갑을 찾아 주었더니 돈이 없어졌다고 경찰에서 조사를 받다가, 그의 아내가 지갑에서 수표를 꺼내 갔다는 말에 분개하여 뺨을 때린 것이 문제되어 검찰에서 조사를 받았다는…. 이에 대해 독자 여러분은 어떻게 생각하는지….

마포 신수동 근처에서 승객이 내리자마자 발견한 지갑. 그 속에는 돈이 들어 있었는데, 주소를 찾아가다가 슈퍼에서 집을 물어보는데 주인의 어머니가 옆에 있다며 노인을 불렀다. 그 노인은 고맙다며 지갑 속에서 만 원을 꺼내 주기도 했었다.

섭섭한
마음

"아저씨! 가방이 있는데 손님이 놓고 내린 것 같아요."

"그래요! 이리 주십시오."

가방을 가지고 다니다가 길가에서 뒤져 보았다. 다행히 네모진 컴퓨터외장하드와 함께 다이어리가 들어 있었다.

'집에 가서 다이어리를 뒤져 보면 연락처가 있겠지.'

퇴근 후에 집에서 다이어리를 뒤지니 어렵지 않게 주인의 연락처가 나왔다. 야간 일을 했던 터라 다음 날 낮에 주인에게 전화를 했다. 바로 전화를 하려고 했지만 너무 늦어 이제 전화를 했노라고. 그리고 야간 일을 나가면 가져다줄 테니 위치가 어디인지 물어보았다. 승객의 회사는 도산공원사거리 근처라고 한다. 출근하여 바로 주인한테 향하는데 그날따라 올림픽도로가 너무 많이 막힌다.

"여보세요. 택시기사인데요. 회사에 가져다 놓으면 어떨까요?"

"제가 회사에서 기다리다가 받아 갈 테니 지금 가져다주세요."

길이 너무 막혀 도착예정시간보다 훨씬 늦게 목적지에 도착했다.

"아저씨, 너무 늦어서 이 택시를 타고 집으로 가야 될 것 같아요. 분당으로 갑시다."

택시는 분당으로 향하여 승객의 집에 내려 주었다. 분당으로 달려가기는 힘들이지 않고 목적지에 도착했다.

시외할증이 없을 때 도산사거리에서 분당까지의 요금만 주고 내리는데 조금 섭섭했다. 부도덕하다고 생각할는지 모르지만, 분실물로 인하여 별도의 시간을 할애하여 전달했는데 택시요금은 분실자가 부담해야 된다고 생각한다. 아니면 다니는 길에 가져다 달라고 하든지.

과연 나의 의견이 틀린 것일까!

보험회사원의
재킷

금요일 밤이다. 자정쯤으로 기억한다.

"아저씨, 여기 점퍼가 있는데 누구 것이지요?"

"예! 무슨 점퍼가 있지?"

"아마 승객이 놓고 내린 것 같아요."

"잃어버릴 물건도 아닌 옷을 벗어 놓고 내리는 사람이 다 있네! 이리 주세요. 주인을 찾아야 할 텐데….."

허름한 검정색 점퍼인데 아무것도 없어 주인의 전화를 기다리기로 하고 집으로 가져왔다. 연락처를 알면 가져다주겠는데, 주머니를 아무리 뒤져도 연락처는 없다. 외국어 공부를 하는지 조그만 중국어책자가 있는 것 외에는 아무것도 없다. 책장을 하나하나 자세히 살펴봐도 주소나 전화번호 같은 것은 전혀 나오지 않는다. 안타까웠다.

'피곤하여 머리를 식히느라 택시를 탔을 텐데 어떻게 하지!' 기다리는 수밖에 없었다. 토요일에도 일요일에도 연락이 없다. '아마 틀렸나 보다.' 택시에 옷을 싣고 돌아다니다가 집에 보관하고 승객한테 연락이 오기만을 기다렸다.

월요일 오후에 회사에서 일을 나가려고 하는데 사장이 부른다.

"백 선생, 택시에 옷을 놓고 내린 사람이 있는데 습득했습니까?"

"검정 점퍼가 있는데 맞나 모르겠네요."

"맞아요. 점퍼라고 하더라고요."

"지금 택시에 없고 집에 있는데 연락처는 있습니까?"

옷을 돌려줄 수 있어 다행이었다. 사장은 여직원에게 물어본다. 여직원은 전화번호를 찾고 있다. 아마 이런 전화가 많아 어디에 메모를 보관했는지 모르는 모양이다.

"지금 옷이 없으니까 휴대전화에 문자를 넣어 주세요. 내가 가져다줄 테니까."

일을 하려고 거리로 나가 영업을 하고 있었다. 그렇게 얼마나 돌아다녔을까. 드디어 휴대전화가 울렸다.

"여보세요. 택시 기사님이죠? 점퍼를 놓고 내린 사람입니다."

"아, 그래요! 다행입니다. 연락할 방법이 없어 난감했었는데⋯."

"회의를 하러 갔다가 취해서 깜박했었나 봅니다. 고맙습니다."

"물건을 찾게 되어 다행입니다. 어떻게 택시회사를 알게 되었지요?"

"제가 신용카드로 결제했거든요."

맞다! 신용카드로 결제하든, 현금이든 택시기사한테서 꼭 영수증을 받아 두기를 권한다. 영수증에는 택시회사, 차량번호, 승차일자와 시간 등이 자세히 기록되어 있어 분실물을 찾을 수 있기 때문이다.

"지금은 옷을 가지고 있지 않으니 내일쯤 돌려줬으면 하는데, 어디로 가면 될까요?"

"저도 회의를 주재하느라 한 곳에 있지 않으니 내일 연락하지요."

다음 날, 집에서 점퍼를 조그만 쇼핑백에 넣어 택시에 싣고 회사를 나와 영업을 시작했다. 점퍼 주인에게 전화를 걸었다.

"택시기사인데요. 어제 통화한 점퍼 주인이 맞으시죠?"

"예, 기사님 일 나오셨어요?"

"어디로 가면 될까요?"

"영등포시장 연흥극장 아시나요?"

"예, 알고 있습니다."

"연흥극장 횡단보도에서 전화 주시면 나갈게요."

"그렇게 하시지요. 약 30분 후에 도착할 수 있을 겁니다."

신월동에서 영등포시장으로 나가다가 도착 5분 전쯤 다시 전화한다.

"도착하려면 앞으로 약 5분이 소요될 것 같습니다."

"죄송합니다만 장소를 변경해야 되겠는데요. 여기저기로 옮겨 다니면서 회의를 주재해야 되기 때문에…."

"관계없습니다. 바쁘게 살면 그만큼의 대가는 따를 테니까요."

"고맙습니다. 영등포에서 신길역을 지나 육교가 있는데 그곳에서 전화 주시면 바로 나가겠습니다."

"알았습니다. 도착 2, 3분전에 전화 드리겠습니다."

신길역을 지나칠 때 전화를 했다. 육교 밑에 젊은이가 택시에 비상등이 켜지자 반가이 맞는다. 쇼핑백을 들고 택시 문을 열자,

"기사님이시죠? 고맙습니다. 조금입니다만 제 성의를 담았습니다."

봉투 하나와 예쁜 선물상자를 건네준다. 봉투에는 돈이 20,000원이 들어 있고 선물상자에는 'Allianz 생명'의 로고가 새겨진 볼펜이 들어 있고 봉투에는 '감사합니다! 건강하시고 안전운전하세요. 오상석 드림'이라는 글이 쓰여 있었다. 오래전부터 고급볼펜을 가지고 싶었는데 정말 다행한 일이었다.

실명을 명기한 것은 이야깃거리 제공에 대한 보답으로 졸필이기는 하지만 책자를 한 부 보내드리려고 하니 이해하기 바란다.

여권과
비자가

시내에서 김포공항 국제선출국장으로 가는 일본인을 태우고 목적지에 도착하여 짐을 내려 가져온 수레에 짐을 실어 주니 택시비에 1,000원을 더 준다.

"아리가또 고자이마쓰. 사요나라!(고맙습니다. 안녕히 가세요!)"

"아리가또."

출발하려는데 젊은 여자가 간난아이를 안고 울면서 손을 흔든다. 차를 가까이에 대고 무슨 일인지 물어보았다.

"아저씨! 좀 도와주세요."

"제가 할 수 있는 일이라면 해야지요. 너무 추운데 들어오시죠."

아기를 안고 있어 문을 여니 뒤에 조금 큰 아이도 같이 들어왔다.

"다급한 일이 있는 모양인데 무슨 일이세요."

"아저씨. 일본에 있는 남편한테 가려고 택시를 타고 왔는데 차 안에 가방을 놓고 내렸어요. 비자와 여권이 들어 있는데…. 도와주세요."

"정말 딱하게 됐는데 얼마나 도움이 될지는 저도 모르겠습니다."

"비행기는 언제 출발합니까?"

"12시 비행기예요. 개인택시 같은데…."

"시간이 얼마 남지 않았네요."

지금 10시 38분이니까 급박하여 112에 전화를 했다.

"여보세요. 여기는 김포공항 대한항공 국제선 2층 출국장입니다. 두 아이를 데리고 있는 젊은 부인이 택시에 가방을 놓고 내렸는데 그 속에 여권과 비자가 들어 있다고 합니다. 12시 비행기라 서울의 콜택시 회사에서 분실물 화면을 띄워 달라 부탁하려고 전화했습니다."

"다시 천천히 말씀해 주십시오. 신고자는 누구십니까?"

"저는 법인택시 기사입니다."

"알았습니다."

"사모님, 제가 도와드릴 한계가 여기까지인 듯합니다. 아쉬워서 어떻게 하지요?"

어린아이들을 챙기다 보니 소지품 챙기는 것을 깜빡 잊었나 보다. 내가 다니고 있는 회사의 콜센터에 직접 부탁을 해 보려고 전화해 보았다. 그러나 콜센터가 통화 중이다. 젊은 부인이 애기들을 데리고 고맙다는 말을 하면서 차에서 내린다. 출발 후 10여 분이 지난 뒤에 전화가 걸려와 깜짝 반가웠다.

"공항경찰대인데요, 택시기사가 맞죠?"

"그렇습니다."

"그 여자 승객을 어디서 태우고 왔습니까?"

"승객이 아니고 공항에서 도움 요청을 하여 신고했고, 지금도 출국장 대한항공 앞에 있어요."

쓸데없는 소리만 잔뜩 늘어놓고 전화는 끝났다. 영업을 하고 다니면서도 못내 아쉬웠다. 11시경이 되었는데 내비게이션에 분실물 안내가 뜨지 않는다. 이번에는 다산콜센터 120으로 도움을 요청했다. 그리고 5분여 정도가 지날 즈음 다산콜센터에서 전화가 왔다.

"분실한 분의 전화번호는 몇 번이지요?"

"그건 모르고요, 지금도 울고 있을 겁니다."

"어떤 택시회사에서 묻기에 전화 드렸어요. 그리고 연락처를 알아야 접수가 됩니다."

실망했다.

"….."

"신고하신 분의 연락처로 접수를 해도 될까요?"

"그렇게 하시지요."

하루 종일 이에 대한 광고가 뜨지 않아 안타까웠다. 이 젊은 여인이 잃어버린 가방을 찾았다는 말을 기대하면서 달구지는 달린다.

이후에 승객들이 택시에 오르면 소지품을 조심하라는 뜻으로 여러 차례 이야기했다. 하루는 중장년의 여성 승객이 택시에 타기에 같은 이야기를 하면서 달리고 있는데,

"아저씨, 그건 별게 아니어요."

"예?"

"저는 몇 십 년 전에 아들을 택시에 두고 내린 적이 있어요."

"아기를 차에 두고 내리셨다고요?"

"예. 지금은 편리하게 되어 있지만 옛날에는 포대기로 애기를 업었는데 택시에 앉기가 불편하여 아들을 택시의자에 뉘어 놓고 택시에서 내렸는데 택시가 저 앞에서 **빵빵**거리고 있지 않아요. 이상하여 자리에 서 있으니 택시가 뒤로 오더라고요. 혹시 택시비를 안 주었나 싶어 대답을 하려고 서 있는데, 택시기사가 애기를 데려가라고 호통을 치지 않겠어요."

"사모님, 그 아들 연락처가 어떻게 되죠?"

"그건 왜죠?"

"이런 엄마는 엄마라고 부르지 말라고 얘기를 하려고요."

"…."

승객과 박장대소를 하면서 헤어진 일도 있다.

아들의 휴대전화

늘가을이라 날씨가 제법 쌀쌀하다. 귀염둥이 왕자를 뵙는 설레는 마음이라 돌아가는 시계바늘을 뒤에서 끌어당기는 모양이다. 왜 이렇게 시간이 더디게 흐르는지! 자꾸만 시계를 들여다봐도 제자리걸음만 하는 숫자가 오늘따라 야속하게 보이기도 한다. 다른 곳에 가지도 못하고 영등포역근처만 얼마나 배회했을까! 아들이 전화하면 받기로 약속했었는데, 급한 마음에 먼저 전화를 건다.

"나다. 지금 어디쯤 오고 있느냐?"

"…구로역에 도착하려는 것 같아요. 영등포역 후문으로 나갈게요."

"알았다. 후문에서 기다릴게."

택시를 고가 밑에 세워 두고 얼마나 기다렸을까.

"아버지, 유모차와 짐이 있어 빨리 못 가요. 뒤에 나갈 것 같아요."

"그래. 천천히 조심해서 나와."

'늙지도 않고 망령이지. 아들 있는 아들한테 길조심하고, 다급한 진실은 숨기고 천천히 나오라니.'

아들이 왕자를 안고 중전이 무겁게 짐을 들고 개찰구에 나타난다.

"이리 줘. 추운데 내가 먼저 내려가 차를 댈게."

중전의 짐을 받아들고 계단을 내려와 모두가 택시에 올랐다.

"아버지, 택시를 가지고 나오셨어요? 이럴 줄 알았으면 그냥 택시를 타고 가는 건데….”

“길도 잘 모르는 어머니가 더듬거리는 것보다 내가 나오는 것이 훨씬 낫지 않아?”

이런저런 이야기를 하면서 오다 보니 벌써 집에 도착했다.

“추운데 어서 들어가거라. 나가기 싫지만 한 푼이라도 벌어야지.”

아쉬움을 뒤로한 채 영업을 하려고 골목을 빠져나오는 길에 외국 근로자가 택시에 오른다. 그를 대림역 근처에 내려 주고 떠나려는 데, 세 명의 외국 근로자가 택시에 오르면서 조수석에 앉은 사람이 내리는 사람을 부르고 무엇인가를 건넨다. 그리고 이들은 영등포 근처에서 내려 사라졌다. 얼마쯤 지났을까! 내 휴대폰이 울린다.

“아버지, 저예요. 혹시 택시에 제 핸드폰 없어요?”

“글쎄, 없는 것 같은데…. 어디에 놓았는데? 다시 전화를 해 봐.”

“조수석 손잡이에 놓은 것 같은데 전화를 안 받아서요.”

“뭐라고! 아까 내린 승객들이 전에 내린 승객한테 무엇인가를 주던데 그것이 네 휴대전화였던 모양이구나. 다시 전화해 봐.”

혹시 벨이 울리지 않을까 기다렸는데 또 내 전화가 울린다.

“아버지, 지금 전화를 했는데 안 받아요.”

“야 이놈아! 젊은 놈이 정신을 어디에 두고 다녀. 우리 왕자를 안전하게 모시고 온 대가라고 생각하고 그만 잃어버려!”

“예.”

아들의 힘없는 대답을 들으며 다시 일을 시작한다. 우리나라 사람들은 택시 안에서 물건을 습득하면 택시기사에게 돌려주는데…. 이 사람들은 먼저 보는 사람이 임자라고 생각하는 모양이다. 우리나라에 왔으면 우리의 정서에 맞춰야 한다는 아쉬움을 감출 수 없었다.

외국인이 내 택시를 타면 대부분 아주 좋아한다. 이유는 여러 가지가 있겠지만, 첫째는 짧은 토막영어지만 더듬더듬 말이 통하고 둘째는 속이지 않고 그들이 원하는 곳까지 데려다주는 믿음 때문이리라.

외국인이 택시를 타면 내가 공통적으로 행하는 일이 있다. 첫째, 목적지를 확실하게 알아보고 내비게이션으로 확인해 준다. 둘째, 그 나라 말을 알면 자국말로 인사를 해 준다. 셋째, 정확한 목적지를 찾아 주고 영수증 발부를 꼭 확인한다. 넷째, 당연한 일이지만 미터기 사용을 철칙으로 하는 것 등이다.

나의 토막영어가 맞는지는 나도 모른다. 그렇지만 상대는 모두 이해하고 있더라! 한국인이 영어에 서툰 것은 당연한 일. 자국말로 인사하면 좋아하는 것을 알게 된 동기는 '인도네시아대사관에 데려다주세요.'란 메모지를 준 인도네시아인 덕분이다. 내가 젊었을 때 외국어대학교 안영호 교수하고 말레이-인도네시아 사전을 만들 때가 생각나 장난으로, "아빠까빠르!"라 했더니 아주 좋아하여 알아 둔 것이 열 나라가 훨씬 넘는다. 인사말만 몇 마디 알아 두어도 외국인한테서 호감을 받을 것이다.

외국 관광객에게 우리 택시기사가 나라의 이미지를 호전시키는 데 큰 역할을 하리라 믿는다. 정직해 보자. 그리고 최선을 다해 보자!

4.
외국 관광객 이야기

영어권 승객
이야기

*

용산전자상가에서 두 사람이 택시에 오른다.

"이태원!"

뒤에는 전자제품 박스를 든 사람이 앉았고, 내 옆에 앉은 사람은 상당히 불량하게 생겼다. 두 사람 모두 영어를 사용하는데 억양이 상당히 거칠었다. 용산역에서 지하도를 지나 좌회전을 하려고 서 있는데 차량이 줄어든 옆 차선으로 가리키며 손가락질을 한다. 나한테 차선을 변경하라는 신호다. 두 개의 차선이 좌회전인데, 아직 차선을 바꾸기에는 늦은 상태였다.

외국 사람이려니 생각하고 아무 말 없이 차선을 바꿔 주었다. 좌회전을 하자마자 다시 오른쪽으로 차선을 바꾸라 한다. 이유는 화물차를 따라가는 내차가 있는 줄이 늦어지기 때문에 옆으로 바꾸라는 말이다. 이때는 화가 조금 난다.

"댄져! (위험해!)"

차선을 바꾸면서 소리를 꽥 질렀다. 뒤에 탄 녀석이 웃는다. 더욱 화가 났다. 택시를 길옆으로 세웠다.

"유! 컴 다운! (너희들 내려!)"

아마 앞에 있는 녀석의 행동에 뒤 녀석이 미안했던 모양이다. 그리고 어정쩡하게 앉아 있다. 이대로 가야 되나 싶어 한동안 그 자리에 서 있었다.

"나 돈 없어. 3,000원밖에."

한국말을 하면서 삼각지역에서 우회전을 하자마자 국방부 민원실방향 갓길로 붙어 가자고 또 손가락질을 한다. 이제는 화가 치밀었다.

"웨어 아 유 프럼? (어느 나라에서 왔어?)"

둘은 재미있었는지 놀리는 것인지 소리 내어 웃는다.

"코리아."

"왓? (뭐!)"

"한국."

몹시 기분이 상해 빤히 옆을 쳐다봤다. 줄무늬가 옆으로 있는 끈 달린 모자를 쓰고 있다. 우리들이 어렸을 때 쓰던 모자를….

"아미? (군인?)"

"노. (아니.)"

지금은 어떤지 모르지만, 미국 영주권을 받으려면 입대하는 것이 제일 빠르다 한다. 이 말은 내가 군대에 있을 당시 미군한테서 들었다. 그 녀석은 손으로 약간 줄어든 옆 차선을 바꾸라고 또 손가락질을 하고 뒤의 녀석은 소리를 내어 웃고 있다. 이러는 사이 택시는 어느덧 이태원 입구에 도착하여 길가에 세웠다.

"컴 다운! (내려!)"

손으로 앞을 가리킨다.

"스트레이트! (앞으로!)"

차량들이 도로에 꽉 차 있다.

"컴 다운 히어! (여기서 내려!)"

화가 난 줄을 아는지 뒤의 녀석이 먼저 문을 연다. 그러자 앞에 탄 녀석이 주머니에서 돈을 꺼낸다. 1,000원짜리 석 장을 주려고 한다.

"원 모어! (하나 더!)"

꼬깃꼬깃한 천 원짜리 지폐 한 장을 보탠다. 돈을 받고도 기분은 별로 좋았다. 꼬락서니 하고는….

＊＊

이태원에서의 이야기이다. 날씨가 상당히 추운 겨울날이었다. 이태원을 들어가는데, 승객이 손짓을 해도 택시들이 그냥 지나간다. 옆으로 가 보니 외국인이라 택시를 멈추니 조수석 문밖에서 뭐라고 하기에 창문을 열었다.

"컴 인! (들어와요.)"

"웨어 아 유 고잉? (어디로 가십니까?)"

"동두천."

이태원에서 동두천까지는 택시로 가기에는 먼 거리다. 그리고 밤이라 미심쩍은 생각이 들어 확인해 보려고 다시 물었다.

"세이 어게인! (다시 말해 봐요!)"

"보정 스테이션."

"보정 스테이션?"

"예스."

보정역은 용인에 있는 전철역 이름이다. 이상한 생각이 들어 다시 확인을 해 본다.

"유 스피크 슬로우리 앤드 클리어리. (천천히 그리고 또박또박 말해 보세요.)"

"KC캠프."

어딘지는 모르겠지만 미군부대인 것만은 확실했다.

"예스."

강변북로를 타기위해 이태원을 빠져나간다. 그리고 보정역을 내비게이션으로 클릭해 본다. 용인에 있는 보정역 외에는 우리나라 아무 곳에도 없는 이름이다. 망설이다가 다산 콜센터로 도움을 청했다.

"여보세요. 동두천시에 보정역이 있습니까?"

"없습니다."

"택시기사인데요. 외국인이 그곳에 간다고 해서 탔는데 발음을 못 알아들을 수도 있으니 비슷한 이름이 있는지 확인이 불가능할까요?"

"전화를 끊지 말고 기다리세요. 확인해 보겠습니다."

기다리면서 달리니까 택시는 강변북로에 접어들었다.

"여보세요. 확인을 해 보니 보산역이 있습니다."

"감사합니다."

전화를 끊고 보산역을 클릭해 보았다. 동두천시로 주소가 나온다.

그동안 승객은 상당히 불안해 있었을 것이라 생각되어 내비를 더듬더듬 맞는지도 모르는 영어로 거리와 도착 예정 시간을 말해 주었다. 거리는 약 50㎞이며, 도착 예정 시간은 오후 9시 반이라고 얘기하고 알아들었느냐고 물으니 알았다고 대답한다. 다행한 일이었다. 8시 반이니까 약 한 시간이나 걸리는 거리인데 서툰 말로 묻고 대답하는 모양새를 취하면서 목적지에 도착했다.

시간은 9시 32분. 택시요금은 4만 얼마인데 5만 원을 받아 거스름

돈을 세는데 손을 흔든다. 그만두라는 이야기다. 그러더니 갑자기,

"드라이버, 굿나잇 써!"

하면서 거수경례를 하지 않는가!

*　*　*

승객이 있어 강남터미널에 있는 메리어트호텔에 도착했다. 승객이 내리자, 승객이 나온다고 호텔 직원이 손짓을 한다. 직원이 트렁크를 열어 달라기에 트렁크를 여니까 여행용 가방을 집어넣는다.

"나오는 외국 사람을 인천공항 중간쯤에 내려 주세요."

"항공사가 무엇인데요?"

"중간쯤 아무데나 내려 주세요."

외국인이 걸어 나오면서 뒤를 가리키며 모범택시를 찾는다.

"왓 이스 에어라인? (항공사가 무엇이죠?)"

"이스트 에어라인. (이스트 항공.)"

그러나 검정택시가 없어 엉거주춤하고 있는 사이 검정택시 한 대가 들어온다. 호텔 직원이 트렁크에 실어 놓은 가방을 꺼내려고 뒤로 가니까 외국인이 이를 제지한다. 그리고 내 택시로 가겠다고 말하는 것 같았다. 솔직히 내 기분은 별로였지만 외국인이라 참기로 하고 공항을 향하여 달리고 있다.

"베리 핫.(더워요.) #%^&*#$."

말을 듣고 온도조절기를 보니 약간 올라가 있어 최저로 내리고,

"두 유 라이크 에어컨디셔너? (냉방기를 작동할까요?)"

"노."

올림픽대로를 지나 고속도로로 접어들 때,

"패신져! 디스 이스 익스프레스웨이. 해브 어 시트 벨트. (손님! 여기는 고속도로입니다. 안전벨트를 하세요.)"

"노, 괜찮아요."

우리말로 대답하고 있는 게 아닌가! 얼굴이 화끈거렸다. 내 말이 확실하게 맞았는지 틀렸는지도 모르면서 지금까지 한 말들이 떠올라 부끄러웠다. 단지 서로의 의사가 통했으면 된다고 생각했지만, 그래도 밀려오는 민망함은 어쩔 수 없었다. 그 뒤에 몇 마디를 우리말로 물어봤는데 반응이 없는 것으로 봐, 나처럼 필요한 몇 마디만 아는 것 같았다.

"더 빨리!"

거의 시속 120㎞ 정도로 달리고 있는데 더 빨리 달리자고 한다.

"지금이 최고 속도입니다."

아직까지 외국 승객에게 안전벨트를 하라는데 안 한다는 사람은 이 사람이 처음이고, 속도위반을 하자는 사람도 이 사람이 처음이었다. 외국에서 당돌하다는 생각이 들어 더듬더듬 몇 마디 물어보았다. 이 사람은 미국 사람으로 무역을 하며 한국에 4일 동안 머물렀다고 말하며, 우리나라에 드나들면서 안전벨트를 하라는 말을 처음 들었다고 한다. 몸이 비대하여 불편하기도 했을 테지만!

인천공항에서 이스트항공사의 위치를 물어 그 앞에 내려줬다.

"해브 어 나이스 트라블! (신나는 여행 되십시오.)"

"아저씨, 수고했습니다."

웃으면서 손을 흔든다. 영수증을 발부해 주고 서울로 향했다.

****

용산역에서 젊은 외국여성이 택시에 올라 목적지를 묻기도 전에,

"게이트 넘버 파이브! (5번 출입문!)"

출입문을 찾는 것을 보니 미군부대 5번 게이트를 찾는 모양이다.

"캔 유 스피크 코리언? (한국말을 하세요?)"

"노, 아이 캔 투 스피크 코리언. (아니오, 한국말 몰라요.)"

"애니씽? (조금?)"

"낫씽. (전혀.)"

"두 유 노우 게이트 넘버 파이브? (5번문이 어딘지 알아요?)"

"노. (아니요.)"

'누구한테 물어봐야 되나!'

가다 보면 물어볼 사람이 있을 것이란 막연한 생각으로 용산역에서 이촌역방향으로 한 바퀴를 돌려고 출발했는데 개똥도 약에 쓰려면 귀하다더니, 그렇게 많던 미군들이 오늘따라 보이질 않는다. 이태원 입구에서 좌회전을 하니까 전경들이 보였다. 택시를 세우고 길건너편에 서 있는 전경을 불렀다. 젖 먹던 힘을 다하여.

"이봐요. 5번 게이트가 어디에 있죠?"

"예?"

"5번 게이트가 어디에 있냐고!"

"몰라요!"

몰라서 모른다는 것인지 안 들려서 모른다는 것인지 일단 모른단다. 녹사평역에서 좌회전을 하려는데 눈이 번쩍 띈다. 여군병사 두 명이 이태원에서 미군 캠프방향으로 길을 건너고 있었다.

"헤이, 아미! 두 유 노우 게이트 넘버 파이브! (이봐, 군인! 5번 출구를 알아요?)"

그들은 힐끗 쳐다보더니 뒤도 돌아보지 않고 줄행랑을 친다. 우리가 어렸을 때 외국인이 길을 물으면 도망간다고 했는데 미국 사람도 역시 마찬가지구나라는 생각이 들었다. '이거 난감한데.' 앞으로 조금 지나니까 하늘이 도왔는지 5번 게이트가 나왔다. 그들은 대구에서 왔으며 군인 가족이라면서 아주 고맙다고 인사를 하며 부대로 들어간다. 내가 군부대를 반대 방향으로 돌았다면 더 쉽게 이들을 안내했을 텐데….

＊＊＊＊＊

금요일 저녁, 일산에서 수색으로 나오는 길이다. 수색역 앞에서 승객이 손을 드는데 개인택시가 정차하려다가 그냥 지나친다.

'자식! 배부른 모양이네.'

이게 웬 떡이냐 싶어 택시를 승객이 있는 곳으로 댄다. 가까이에서 보니 긴 바지랑대 하나가 꽂혀 있다. 택시를 세우고 앉아 있는데 택시에 오르지 않고 창문을 두드려 창문을 열었다.

'빈 택시면 타면 되지, 왜 문을 열라고 해!'

"웨어 투? (어디 가?)"

"코리아 유니버시티! (한국 대학교!)"

"코리아 유니버시티?"

"컴 온 인. (들어와요.)"

그 사람이 들어왔는데 헷갈렸다.

한국항공대학교? 아니면 한국외국어대학교?

'수색'에서 한국대학교라니 확실하게 물어봐야 될 것 같았다.

"코리아 애비애이션 유니버시티?(항공대학교?)"

"…."

"코리아 포린 유니버시티?(외국어대학교?)"

"…."

수색에서라면 아마 한국항공대학교일 것 같았다. 택시는 움직이지 않았다. 승객은 어디론가 전화를 한다.

"@#^&*#$@&"

"@#^&*#$@&"

마냥 기다릴 수는 없었는데 전화기에서 우리말이 들려온다.

"기브 미 유어 텔레폰. (전화기를 줘 보세요.)"

휴대전화를 건네받았다.

"여보세요. 택시기사입니다."

뒷이야기를 하려고 했는데 상대편에서 먼저 대답을 한다.

"아저씨, 정말 감사해요. 그 자식 외대 앞에다 퍼 주세요."

"예."

금요일 저녁이라 외대 앞 술촌에서 여자 친구와 만나기로 한 모양이다. 키는 굉장히 컸지만 하는 행동이 너무나 지적(知的)으로 보였다. 금요일 저녁이면 전국에 있는 잉글리쉬 티쳐들은 몽땅 서울로 모이는 것 같다. 세계 모든 나라 사람들이 한마디로 '바글바글'하다. 미국, 영국, 캐나다, 호주, 뉴질랜드, 필리핀 등…. 이 사람도 영어 선생이라 서울에 올라온 모양이다.

"왓 아 유 잡? (직업은?)"

"아이 엠 어 아미. (군인이요.)"

"아미!"

뜻밖의 대답에 깜짝 놀랐다. 그간 군인이라면 별로라고 생각했었는데…. 문제는 내가 무식해서 너는 오늘 운이 좋았다. 대부분의 사람들은 '코리아 유니버시티'라고 하면 고려대학교를 말한다. 내가 조금만 유식했다면 너는 지금쯤 안암동 로터리 먹자골목에 있을 것이다. 하늘도 이날은 이 늘씬하고 핸섬한 바지랑대 편이었나 보다.

중국인 승객
이야기

*

명동 롯데 백화점 앞.

"아저씨, 이 사람을 강남에 있는 라마다호텔에 데려다주세요."

"선정능역 근처에 있는 라마다 서울 말씀이십니까?"

"예."

"알았습니다."

우리나라 사람이 외국인을 안내하는 경우가 많아 대수롭지 않게 생각하고 핸들을 돌렸다. 동양 젊은이인데 시골 냄새가 물씬 풍긴다.

"…."

아무 말이 없이 1호 터널을 지나면서 말을 걸었다.

"캔 유 스피크 잉글리쉬? (영어 할 줄 아십니까?)"

"…."

"웨어 아 유 프럼? (어느 나라에서 오셨습니까?)"

"…."

"자패니스?"

"…."

"차이니스?"

"…."

아무 말이 없다. 이상하게 생각을 하면서 1호 터널을 나오는데 무엇인가를 보면서 뭐라고 중얼거린다. 뒷거울을 보니 관광안내도의 가리키면서 중얼거리는데, 발음이 중국 사람이다. 이상하여 차를 옆에 세우고 그의 손끝을 바라보았다. 지도의 약수역, 옥수역, 이태원역을 가리키면서 떠들어 댄다.

"@^#%$*&^#?"

나도 그가 지적하는 곳을 가리키면서,

"약수역, 옥수역, 이태원역."

출발하려고 방향지시등을 켜자 더 시끄럽게 떠들어댄다.

"@^#%$*&^#?"

다시 길옆으로 다시 차를 세우고 메모지에 자음과 모음을 영어발음부호로 적어 주었다. 그리고 그를 쳐다보고 발음을 따라 해 보라고 했다. 건네 준 메모지를 보고 열심히 따라한다.

'ㄱ'에 'ㅏ, ㅑ, ㅓ, ㅕ, ㅗ, ㅛ, ㅜ, ㅠ, ㅡ, ㅣ'를 붙여 '가, 갸, 거, 겨, 고, 교, 구, 규, 그, 기'를 써 주고 발음을 해 보였다. 그랬더니 이 녀석은 'ㄹ'자를 그려 놓고 뭐라고 지껄인다. 아마 'ㄹ'자를 넣어 같은 글을 만들어 보라는 말이라 생각했다. 다른 종이를 꺼내 '라랴러려로료루류르리'를 쓰면서 읽어 주었다. 택시는 다시 출발하여 한남대교를 달리고 있다. 천장에 있는 실내등을 켜 주고 달리는데 다리 위에서도 계속 지껄인다.

"@^#%$*&^#?"

'그 새끼, 되게 시끄럽네.'

백미러로 뒤를 보니 메모지를 가리키면서 중얼대고 있었다. 리버

사이드 호텔 앞에서 또 정차하여 메모지를 보니 '라마다'를 그려 놓고 읽지 않는가! 내가 쳐다보면서 웃고 있으니까 어깨를 으쓱하면서 자랑스럽게 웃어 보인다.

'그 녀석! 촌놈 같더니 기특하네.'

웃으면서 옳다고 고개를 끄덕이니 또 무엇인가를 그린다.

'야 ㄱ ㅅ ㅜ, 이태 ㅇ ㅜ ㅓ ㄴ(약수, 이태원)'

받침을 자음 밑에 쓰는 방법과 자음 옆에 쓰는 모음을 5자씩 분류하여 가르쳐 주니, '라마다 서울'을 한글로 정확하게 그리고 발성을 하면서 보여 준다. 그 뜻이 가상하여 박수를 치면서 칭찬을 해 주었다. 용기를 얻었는지 또 '서울'을 쓰고 또 보라고 한다.

'야 인마! 나도 한 푼이라도 벌어야지. 이젠 그만 가자.'

재미도 있고 흡족했지만 마냥 데리고 놀 수가 없어 목적지로 향했다. 앞에 라마다 서울이 보인다.

"라마다 서울!"

호텔 앞에 내려 주고 손을 흔들어 주었다.

"해브 어 나이스 데이! (좋은 날 되세요!)"

외국인이 탑승했을 때 우리글을 가르쳐 주고 발음을 하면 아주 좋아한다. 종이와 펜을 주면서 발음부호까지 써 달라고 부탁하는 사람도 드물게 있었다.

＊＊

금천구나 구로구 근처에는 조선족 근로자들이 많다. 중국 동포 근로자들의 일부이겠지만, 우리나라에 대한 적개심이 많은 것 같다.

이번에 들려줄 이야기는 독산동에서 대림역 근처 시장으로 가는 조선족에 대한 이야기. 시흥동에서 대방역 방향으로 가는 방향이다.

"어디로 모실까요?"

"저 앞 구로디지털역에서 대림역 쪽으로 좌회전해 주세요."

억양이 중국인인데 취기가 있고 동료들을 만나 또 술을 마시러 간다고 한다. 구로 디지털역에서 차선을 바꾸고 앞을 보니 노선버스만 허용되는 좌회전 신호다.

"여기에서는 좌회전이 안 되는 곳입니다. 다음에 좌회전을 해야 되겠습니다."

"다른 택시는 하는데 왜 아저씨만 안 되는 거지요?"

"글쎄요. 좌회전은 노선버스만 허용되는 것인데요."

"…."

차선을 유지하여 대림사거리에서 좌회전을 하려고 신호대기 중.

"아저씨! 돌아가면 어떠합니까? 택시비가 엄청나게 많이 나오잖아!"

어쭈! 이제부터는 논물을 트자고 계속해서 반말이다.

"대림역으로 가는 길이 여기밖에 없는 것 같은데요."

"구로디지털역에서 좌회전했으면 되었잖아!"

"그곳은 노선버스만 좌회전이 허용되는 곳입니다."

"다른 택시는 좌회전을 하는데 왜 아저씨만 안 돼!"

소리를 지르면서 하는 행동이 싸우자는 폼이다.

"다른 택시가 좌회전을 했는지 모르지만 위험을 무릅쓰고 손님에게 배려를 해 주었으면 고맙게 생각해야지, 다른 사람에게 교통신호 위반을 강요하면 안 되지요!"

좋은 말로 조용하게 타일렀다. 좌회전신호를 받아 목적지로 향했다.

"택시비가 많이 나오잖아!"

"…."

"외국 사람이라고 이렇게 대하는 거야!"

"…."

속이 부글부글 끓는다.

"양심적으로 돈을 벌어야지, 외국 사람이라고 이렇게 무시해도 되느냐고!"

"…."

아무 말도 하지 않고 있으니까 제멋대로 떠들어 댄다. 이대로 가만두면 아니 되겠다.

"이봐! 외국인이라 이대로 놔두는 거야! 한국 사람이면 귀싸대기 올렸을 거야."

"…."

"짜식들, 외국에 왔으면 적어도 그 나라의 질서는 지켜야지!"

미터기를 꺼 버렸다. 신경전을 벌이다 보니 화도 나고 어느덧 자동차는 목적지에 도달했다. 승객이 주머니를 뒤적이며 돈을 꺼낸다.

"됐어요. 그냥 내려요!"

"택시비는 내야 되잖아요."

전보다 많이 누그러져 있다. 그때는 참았던 화가 치밀었다.

"됐다고 인마! 돈 몇 푼 벌겠다고 이역만리 고향을 등지고 온 너희들한테 택시비 몇 백 원 더 받겠다고 속이는 구차한 사람은 아니야. 그냥 내려!"

화를 내면서 다그치자, 문을 열고 서있는 조선족 승객은 당황해한다.

"야! 문 닫아."

어찌할 바를 몰라 서 있던 사람은 차 안에 3,000원을 던져 놓고,

"아저씨, 미안해요."

하면서 골목 안으로 도망가듯 사라졌다. 뒷모습을 쳐다보고 있노라니 측은하다는 생각도 든다.

***

신림동에서 독산동을 가는 승객인데, 중국 교포인 모양이다. 젊은 남자와 여자 두 사람이다.

"아저씨, 독산고개에 내려 주세요."

"독산고개가 어디죠? 남부순환도로에서 시흥대로로 유턴해서 독산동 쪽으로 가면 되죠?"

"예."

독산고개가 어디인지 내비게이션으로 확인해 봤다. 나오지 않는다.

"근처에 가면 얘기 하세요."

술 취한 세 사람은 대답도 없이 시끄럽게 떠들어 댄다. 이 자리에 없는 친구의 이야기에 열을 올리고 있다.

"그 애는 한국 사람을 좋아하나 봐."

"한국 사람이 정말로 사랑해서 좋아한다고 생각하니?"

"그럼?"

"한국 사람들한테 우리들은 일회용이야. 한번 어떻게 하면 그걸로 끝이다. 끝!"

"착각하지 마라."

"한국 택시기사들도 우리들을 봉으로 안다."

"뻔히 아는 길도 돌아가면서 택시비를 내라고 하더라."

이들의 대화 내용을 들어 보니 우리나라 사람들에 대한 적개심이 아주 팽대해 있었고, 이들은 유흥가에서 일을 하는 모양이다. 아무튼 정상적인 일터에서 일하는 사람이 아닌 것은 금방 알 수 있었다.

'일자리 찾아 타국에 왔으면 그 나라의 풍속도 익히고 순응했으면 좋을 텐데….'

측은한 생각과 함께 정상적인 일을 하는 것이 좋을 것을 하는 아쉬움이 서로 교차한다. 가리봉오거리에서 싸우는 것도 보았고, 살인사건이 이곳에서 있었다는 말을 들어 이 근처에 올 때면 신경이 곤두선다. 오늘 이 사람들도 마찬가지인 것 같았다.

택시는 남부순환도로를 돌아 시흥대로에서 안양방향으로 향하고 있다. 독산고개가 어디인지 몰라 서행을 한다. 목적지에 도착하면 세우겠지 하는 생각을 하면서 첫 번째 고갯마루를 천천히 지나간다.

"독산고개가 여기인가 저기인가 잘 모르겠네."

"…"

고갯마루를 지나자 앞에 다른 고개가 보인다.

"저 뒤에서 내려야 되는데 지나왔잖아!"

세 사람 중 한 여자가 소리를 질렀다.

"아니, 택시가 천천히 가고 있는데 내릴 곳을 지나쳤단 말이요?"

"아저씨는 독산고개도 몰라요!"

다른 여자가 거든다.

"위치를 잘 모르니까 확인하면서 천천히 가는 것 아니요."

"큰 도로가에 있고 시내버스 방송에도 나오는데 왜 몰라요! 지난

번 다른 택시기사도 그래서 싸웠는데….”

어이가 없었다. 시내버스 방송이 아주 대단한 것으로 아는 모양
이다.

‘한국사람은 자기가 내릴 곳을 지나치면 미안하다고 할 텐데….’

택시미터기를 끄고 반대편으로 돌리는 곳을 찾는데,

“이대로 시흥으로 갈려고 하는 참이야!”

남자가 소리를 질렀다.

“뒤로 돌리는 곳을 찾아 돌아가려는 중이요.”

“길을 모른다고 바가지를 씌울 모양이네. 가만히 있었으면 시흥으
로 가서 택시비를 달라고 했을 것 아냐!”

“맞아! 한국 택시기사들은 그래.”

“동포들에게 그러지 말아야 하는데 다른 나라 사람보다 더 무시해!”

입 세 개가 숨 쉴 사이 없이 떠들어 댄다. 화가 났다.

“야, 너희들 같이 무식한 외국인은 아직 본 적이 없어. 내려!”

“택시비는 얼마나 줘야 돼.”

“코 묻은 돈은 안 받을 테니까 그냥 내려!”

아무리 문화적인 차이라고 하지만 이해되지 않는다. 그들을 내려
놓고 고갯마루에 올라와 길가를 자세히 살펴보니 조그만 기둥에 독
산고개라고 조그만 표지판이 보였다. 독산고개가 내비게이션에도
나오지 않고, 또 자주 사용하는 거리 이름도 아니다. 아마 버스정류
장에 나오는 시흥대로 정류장 표시인 듯하다. 중국인 근로자들의 우
리나라에 대한 적개심이겠지만 지나친 경우가 많아, 나는 의식적으
로 구로구 방향으로는 잘 가지 않는다.

****

　밤에 동대문시장에 나가면 중국 관광객들이 많다. 저마다 숙소로 들어가려고 택시를 기다린다. 그들이 가는 곳은 강서구 화곡동까지 온 경우도 있었지만 대부분 시내에 위치한 호텔이다.

　내가 동대문에 가서 이들을 계속해서 네 번이나 태워다 준 적도 있다. 엠버서더호텔에 갔다가 다시 시장으로 갔는데 명동역 근처, 다시 시장으로 가서 종로3가의 호텔, 그리고 일본인이 타고 강남 쪽으로 이동한 경우였다. 외국인이 많은 이유는 가까운 곳이라 승차거부를 당하거나 바가지요금 때문이란다. 이 중에 있었던 이야기이다.

　시장을 지나는데 택시 두 대가 서있고 젊은이가 지나는 나를 부른다. 남자 한 사람과 여자 네 사람이 서 있었다. 승객은 흥분하며,

　"아저씨! 영등포까지 미터기로 가죠?"

　"당연히 미터기로 가는데 왜 그러죠? 옆에 택시가 두 대나 있는데 왜 그러죠?"

　"정말로 미터기로 가는 거죠?"

　"요금이 나오는 대로 주면 되는데 왜 그런가요?"

　"저 택시는 3만 원, 다른 택시는 4만 원을 달라고 해서요."

　"미터기에 나오는 요금을 주면 되니까 걱정 말고 타세요."

　"정말이죠!"

　그러면서 쪽지 하나를 내게 건넨다. 영등포에 있는 어느 호텔의 전화번호. 전화를 걸어 위치와 이름을 확인하고 내비게이션에 클릭해 주었다. 같이 서 있는 여자들 중에 한 사람이 택시에 오른다.

　"니 하오. (안녕하세요.)"

승객은 놀란 토끼 눈으로 나를 쳐다본다.

'아무래도 긴장하여 이런 표정을 하는 모양이구나.'

"웨어 아 유 컴 프람 인 차이나? (중국 어디에서 왔어요?)"

무슨 말인지 알아듣지 못한다.

"뻬이징, 상하이, 광쩌우?"

"광쩌우."

얼굴을 보니 전보다 긴장이 많이 풀린 것 같았다. 나도 이제부터는 안심하고 영등포로 달려간다. 영등포역 방향으로 접어드니까 드디어 그 아가씨는 웃으면서 손짓을 한다. 여의도에서 영등포역으로 가는 첫 골목에 있는 호텔이다.

호텔 앞에 이르자 14,000원을 준다. 거스름돈 400원을 내주려고 동전을 꺼내니까 '노, 노'하면서 손을 젓는다. 씩 웃어 보이면서 현금영수증을 뽑아 주니 '셰, 셰' 하고 고마워한다. 트렁크에 들어 있는 짐을 꺼내어 앞에 놓아 주자 이제는 말리기까지 한다.

"짜이찌엔! (잘 가요!)"

손을 흔들고 나오는데 뒤에서 '셰, 셰'와 '짜이찌엔'이 들려오며 손을 흔들며 서 있다. 우리나라 사람이 중국에 다녀오면 그곳 이야기를 곧잘 한다. 한마디로 우리나라에 비해 낙후되었다는 이야기다. 그런데 우리나라 택시가 중국인한테까지 이런 추태를 보인다는 얘기는 창피하지 않을까?

* * * * *

남산에 있는 힐튼호텔에서의 이야기다. 예쁜 아가씨 둘이서 택시에 오른다.

"어디로 모실까요?"

"명동 스테이션."

우리나라 사람인 줄 알았는데 발음을 들으니 외국 사람이다.

"자패니스?"

"노, 차이니스."

"니 하오. (안녕.)"

"니 하오."

남산공원길을 따라 퇴계로 방면으로 빠져나오려고 길을 재촉하는데 왼편에 중국대사관 영사부 간판이 커다랗게 나타났다. 이들과 말을 하여 친숙해지려고 했는데 잘됐다.

"룩 에트 레프트 사이드. 차이나 엠버씨. (왼쪽을 보시오. 중국 대사관이요.)"

"차이나 엠버씨!"

소리를 지르며 좋아한다.

"웨어 아 유 컴 프럼 인 차이나? (중국 어디에서 왔어요?)"

"…."

"뻬이징, 상하이, 광쩌우?"

"칭따오."

뒷거울로 보니 두 아가씨는 매우 만족한 듯했다. 택시는 숭의여대를 지나 밑으로 미끄러져 내려간다.

"아저씨, 저게 뭐예요?"

우리말을 하지 않는가! 천천히 그리고 또렷하게. 깜짝 놀라 얼떨결에 대답했다.

"애니메이션 파크 퍼 칠드런 오브 코리아!"

그리고 곧 정신을 가다듬어,

"어린아이들을 위한 애니메이션공원입니다."

"한국 어린이들은 참 부럽네요."

이러는 사이 택시는 명동역 밀리오레 앞에 도착했다.

"여기에 내려 주세요."

정차와 함께 미터기를 정지시키고 뒤를 돌아보자 그녀의 손에는 오만 원권 지폐가 들려 있었다.

"택시요금은 4,500원입니다. 다른 돈으로 주세요."

그녀의 지갑 속에는 여러 종류의 돈들이 많이 들어 있는데,

"아저씨, 괜찮아요. 한국사람 중에서 아저씨가 제일 좋아요."

그러면서 내 손을 밀친다.

"괜찮아요. 받으세요."

이 아가씨는 모르고 주는 것 같지 않아 받아 넣었다.

"셰, 셰. 짜이찌엔. (고맙습니다. 안녕히 가세요.)"

내가 택시 운전을 하면서 택시요금이란 명목으로 제일 많은 돈을 받았다. 이날 퇴근 후에 특별한 돈이라 손자들을 불러 식사를 하려는데, 마귀할멈과 소중한 중전이 자리를 같이하여 오붓한 시간을 보내면서 중국 아가씨들에게 고맙다는 인사를 다시 한 번 보낸다.

* * * * * *

시내에서 한국경제, 경찰청 앞에 있는 호텔에 가는 부부가 어린 자매와 택시를 탔다. 시기는 연말인가 연초로 기억하고 있다. 행선

지를 내비에 클릭하고 택시는 움직이고 있는데 귀에 익은 멜로디가 들린다. 어린 학생인지 아니면 유아인지 〈클라멘타인〉을 중국말로 부르고 있었다. 심심하여 나도 그들과 박자를 맞추어 우리말로 노래를 따라 불렀다. 잠시 뒤에 여자의 목소리가 감탄을 한 양 커다랗게 택시 안을 울렸다.

"어게인! (다시!)"

곧바로 아이들에게 뭐라고 얘기를 하더니 자신이 박수를 치면서 노래를 시작한다. 이어서 아이들이 같이 부르고 옆에 있던 남편도 따라 부르기 시작한다. 물론 나도 처음부터 같이 부르고 있었고. 노래가 끝나자, 서로 박수를 치고 좋아한다. 아마 그들이 돌아가서 한국의 택시기사와 노래를 함께 불렀다는 추억을 간직하지 않을까!

아무튼 목적지까지 재미있게 도착했다. 호텔 앞에서 트렁크의 짐을 내려 주고 마지막 짐을 내리자 젊은 여자는 악수를 청하더니, 아 글쎄! 껴안지를 않는가!

'너는 오늘 저녁 편한 잠자리는 글렀다. 이 장면을 쳐다본 사람들이 저렇게 많은데…'

그 후에 우리말을 잘하는 중국인에게 물어보니, 중국에서도 이 노래를 부른단다. 그러나 의미는 전혀 다르게 연말연시에 부른다나.

일본인 승객
이야기

프레지던트 호텔 앞에서 부부가 택시에 올랐다. 우리나라 사람은 아니고 억양으로 일본 관광객인임을 금방 알 수 있었다.

"@$%^&*%$@&% 세븐 락."

'세븐 락(Seven Luck)'이란 말만 연신 반복한다. 언제나 마찬가지이지만 특히 외국인이라면 나도 우리나라를 대표한다는 자부심을 가지고 최선을 다하고 있다. 손으로 택시에 타라는 시늉을 하자, 그들은 택시에 올랐다. 지금은 세븐 락의 위치를 알지만 당시에는 몰랐다. 승객들이 자리에 앉자 곧바로 114에 안내를 부탁했다.

"안녕하십니까? 고객님. 무엇을 도와 드릴까요?"

안내양의 아리따운 목소리가 귓전을 울린다.

"세븐 락이라는 회사를 부탁합니다."

"아! 세븐락 말씀이십니까? ○○○-○○○○입니다."

곧바로 1번을 눌러 안내해 준 곳으로 전화를 연결했다.

"@#$^&*%$#@&*$%"

영어로 응답하는 목소리가 들린다.

"택시기사입니다. 위치를 알고 싶어 전화를 했습니다."

"코엑스 오크우드 호텔 아시죠? 바로 그 옆에 있습니다."

"알았습니다."

"렛츠 고! (출발합니다.)"

을지로2가에서 우회전하여 남산 1호 터널 안으로 들어섰다.

"고속도로! 고속도로!"

뒤에서 두 사람이 비명을 지르다시피 떠들어 댄다.

"스트레이트 익스프레스 웨이 앤드 익스첸지 더 올림픽로드."

맞는지 틀리는지 고속도로로 가다가 올림픽도로로 간다는 말을 전했다. 조용하기에 알아들었나 보다 생각하고 올림픽도로를 달려 코엑스 세븐락에 도착했다. 택시비는 9,800원.

"룩 앳 라이트 사이드 이스 세븐 락. 컴 다운 플리즈! (오른쪽 보이는 것이 세븐락이요! 내리세요.)"

"@#$^&*%$#@&*$%"

내릴 생각은 안하고 주머니에서 그림엽서 같은 인쇄물을 꺼내 준다. 밤이라 오랫동안 보지는 않았지만 남산에 있는 힐튼호텔을 소개하는 쪽지다. 곧바로 전화를 하여,

"힐튼호텔이죠? 그곳에 세븐 락이 있습니까?"

"예, 여기 카지노가 세븐 락인데요!"

"지금 코엑스 세븐 락에 있는데, 상호가 같습니까?"

"아아! 같은 클럽의 카지노입니다."

'에이! 엿 같네. 다시 남산으로 올라가야 되잖아.'

땡감 씹은 기분이라 아무 말 없이 남산으로 향하고 택시미터기를 정지시켰다.

"코레아 택시 코스트 베리 로우! 자판 택시 코스트 베리 하이, 카

운트! 카운트!"

'한국의 택시요금은 싸고 일본은 훨씬 비싸다. 계산하라!'는 말임을 알 수 있었다. 나는 "노! 노!"를, 승객은 "카운트! 카운트!"를 여러 번 반복하였다. 이 사람도 나처럼 토막영어를 구사하여 자신의 의사를 표현하고 있다. 세븐락 앞에서 실랑이를 하느라고 머뭇거리는 동안 뒤에서 다른 차량들이 계속 빵빵거렸다. 엉뚱한 곳으로 안내한 내가 미안하여 다시 카운트를 하고 출발하자 조용해졌다.

"코레아 카, 크락숀, 매니! 매니!"

'쌔끼! 아무 말이나 말지, 되게 시끄럽네!'

잘 알다시피 앞에서 조금만 얼씬거리면 경음기부터 울리는 것이 일반 상식화되어 있다.

"…."

"헉! 코레아 카, 라이트 시그널 노!"

"…."

올림픽도로에서 깜짝 놀라면서 소리친다. 도로에서 틈만 있으면 방향지시등 없이 꼬리쳐 끼어드는 질주에 나도 깜짝 놀랐다. 이러는 사이 힐튼호텔에 도착했다. 호텔본관 옆에는 코엑스에서와 같은 로고의 세븐락이라는 간판이 빛나고 있다.

택시비는 10,000원. 일본인이 만 원권 두 장을 꺼내어 준다. 웃으면서 한 장은 받고 한 장은 받지 않겠다고 돌려주자 계속 받으라고 한다. 이렇게 권유와 거절을 몇 번 반복하다가 그가 지갑을 꺼내더니 다시 한 장을 보탠다. 정말 어이가 없어 한 장을 돌려주고 만 원권 두 장을 받았다.

"아리가또 고자이마쓰, 사요나라! (고맙습니다, 안녕히 가세요!)"

택시를 돌리면서 뒤를 보니 손을 흔들고 있다.

오늘의 일들을 생각해 보니, 우리나라 운전습관에 대해 수치심이 밀려왔다. 게다가 안내양이 세븐락이 두 곳이라고 했다면 코엑스까지 가지 않았을 것이다.

동남아에 다녀온 우리들은 도로에 차선이 없더라, 아무 곳에서나 도로횡단을 하더라는 등의 여행담을 이야기하면서 후진성을 비웃는 소리를 많이 들었다. 오늘 일본 사람들은 클랙슨, 방향지시등, 끼어들기 등의 우리나라의 후진성을 비웃고 있을 것이라고 생각하니 참으로 안타깝고 부끄러웠다. 또 나도 남산터널에 진입하려고 했을 때 일본 관광객의 의중을 파악했었다면 오늘 같은 실수는 없었을 텐데! 여러 가지로 일본 관광객에게 미안했다. 아무튼 좋은 이미지를 가지고 출국을 했으면 한다.

＊＊

50대 초반으로 보이는 일본 주부들 세 사람이 택시에 탔다. 뒤에 앉아 수첩을 보면서 열심히 우리말을 공부하고 있다.

"안녕하세요."

"감사하십니다."

"나는 당신을 너므너므 사랑합니다."

운전을 하면서 듣고 있자니 웃음이 터져 나온다.

"일본에서 오셨습니까?"

보통 말하는 속도로 물어봤다.

"… ."

"한국말 할 줄 알아요?"

천천히 물어보았다.

"천천히는 조금씩은 할 줄 알아요."

"자팬에서 왔어요?"

"자팬! 니혼 사람이에요."

천천히 이야기하면 우리말을 알아들을 수 있다는 것을 쉽게 알 수 있었다.

"쇼핑하러 왔어요?"

"아니요! 장동건 씨 보러 왔어요."

"탤런트 장동건 씨! 장동건 씨 어디가 그렇게 좋아요?"

"너므너므 남자답잖아요!"

"장동건 씨 너므너므 좋아해요!"

내 뒤에 앉아 있고 우리말이 제일 서툰 여자의 목소리가 이상해서 잠깐 뒤를 돌아보았다. 눈물을 글썽이며 감동하는 표정이 아주 인상 깊이 느껴졌다. 자기나라 사람도 아닌데 얼마나 좋으면 저럴 수가 있을까? 바다 건너 외국 땅까지 날아와 저럴 수가 있을까.

'일본 마당쇠들은 자기 마누라가 저래도 박수만 치는 모양이다.' 한심한 생각마저 들었다.

"장동건 씨만 좋아해요?"

"한국 남자들은 모두 잘생겼어요. 택시기사님도 잘생겼고요."

"그런 말 함부로 하면 큰일 나요. 우리 와이프가 들으면 나는 집에서 쫓겨나요."

"아내가 남편을 쫓아낸다고요! 왜요?"

내가 하는 말이 이해가 되지 않는다는 눈치다.

그들이 가자는 성수대교 남단에 있는 삼원가든에 도착했다. 한 사람이 택시비를 계산한다.

"아리가또 고자이마쓰. 사요나라. (고맙습니다. 안녕히 가세요.)"

"오이! 택시기사가!"

일본 말을 한다는 것이 믿기지 않는다는 듯.

"아리가또!"

손을 흔들면서 돌아섰다.

우리나라 승객한테 일본에 관한 이야기를 여러 번 들었다. '일본의 경제사정이 너무 좋지 않다.' '국가는 부자인데 개인은 가난하다.' '우리는 퇴근 후에 술도 마시고 노는데 그들은 곧장 집으로 간다.' 개인적으로 경제적인 여유가 없다는 말을 강조하는데 과연 그럴까?

또 일본인들을 칭찬하고 우리도 배워야 된다는 말도 듣는다. 그렇지만 이해되지 않는 것은 그들을 칭찬하면 너무나 인색한 평을 하는 게 현실이다. 아마도 일제 강점기에 있었던 우리들의 민족 감정 때문이지만 적개심만으로 모든 것이 해결되지는 않는다. 10여 년 동안 택시를 하면서 일본 사람들한테서 느낀 가장 큰 것은 인사다.

일본 사람이 택시에 오르면 내가 먼저 일본말로 인사를 한다. 한 명이든, 두 명이든, 네 명이든 그들은 같이 인사하며 내릴 때는 '아리가또' 하면서 내린다. 또 존댓말부터 하고 인사하는 그들을 보면 저러니까 저렇게 작은 나라가 선진국이구나 하는 생각을 해 본다. 그리고 외국인들 중에서 우리말을 배울 때 존댓말부터 하는 사람은 유일하게 일본인들이다.

＊＊

　10월 3일은 개천절이다. 을지로 입구에서 일본 여자 두 사람이 택시에 탔다.

　"아저씨, 신라면세점 가 주세요!"

　서툰 우리말을 일본주부가 더듬더듬 이야기한다. 일본 사람이 차에 오르면 대부분 시끄럽다. 일본인 특유의 감탄사를 연발하면서 무슨 할 말이 그렇게나 많은지…. 오늘도 자기들끼리 뭐라고 하는지 택시 안은 추석 대목의 시장터로 변해 버렸다.

　"#$^&*@#$*&"

　"#$^&*@#$*&"

　"#$^&*@#$*&"

　"…."

　갑자기 조용하여 옆을 보니 나에게 하는 말 같은데, 일본 말을 전혀 모르니 다시 물어볼 수도 없어 힐끔힐끔 쳐다만 볼 뿐.

　"#$^&*@#$*&"

　"…."

　"#$^&*@#$*&"

　이 여자는 유일하게 '아저씨, 신라면세점 가 주세요.'만 외웠나보다.

　"캔 유 스피크 잉글리쉬? (영어할 줄 알아요?) 왓 두 유 민? (무슨 뜻이요?)"

　내가 먼저 말을 걸었다.

　"오! 잉글리쉬. 왓 이스 투데이? (오! 영어. 오늘이 무슨 날입니까?)"

　처음부터 아무 말도 하지 말고 가만히 있을 걸 후회가 된다. 차라리 아무 말 없이 조용히 있을 걸 괜히 말을 걸어가지고…. 개천절을 묻는데 영어로 뭐라 하는지 모르기 때문이다.

"투데이 이스 할리데이. (오늘은 휴일이요.)

"…."

그러자 자기들끼리 뭐라고 떠들더니,

"#$^&*@#$* 오프닝 데이? (열린 날) &$^&*@#$"

이건 또 뭐야! 일본 사람들이 만든 말은 아닐 것이고, 누군가 우리나라 사람이 아는 척한 것 같은데…. 가르쳐 주려면 제대로 가르쳐 주던가 모르면 모른다고 할 일이지. 이게 뭐람! 화는 났지만 그렇다고 가르쳐 줄 형편도 못되어 답답하기만 하다.

'요것들아, 우리나라 정부여당이 뚜껑 열린당이지, 열린 날은 아니야. 알았냐!'

말로 표현할 수가 없어 고개를 저으면서 대답했다.

"투데이 이스 홀리데이 밧 이즈 낫 오프닝 데이. (오늘은 휴일이지 열린날은 아니야.)"

"#$^&*@#$*&"

자기들끼리 웃으면서 시끄럽게 떠든다. 얼굴이 화끈거렸다. 그들을 면세점에 내려 주고 집에 돌아와 영어사전을 뒤적거렸다. 개천절은 '내셔널 파운데이션 데이(The National Foundation Day)'라 되어 있다. 즉, 우리말로 번역을 하면 '건국절'이리라!

열린당 시절! 8월 15일에 대한 국민적 논쟁이 떠올랐다. 1945년 8월 15일을 일제강점에서 해방을 기념하기 위한 광복절을, 1948년 8월 15일 대한민국정부를 수립하였으므로 건국절로 해야 된다는 의견이 대립되어 한동안 시끄러웠었다. 당시 이 말을 주장하는 토론을 들었는데, 자칭 학자라는 사람들도 많았다. 한마디로 얘기하자면 사회의 지도층 인사들이었으리라. 예전처럼 일제강점기에서 해방된 날을 기념해야 된다는 인사들은 일명 보수집단이고, 정부를 수립한 날을 기념해야 된다는 인사들은 일명 진보집단이었다.

이때 10월 3일에 대한 말을 하는 사람은 한 사람도 없었다. 아마 8월 15일을 건국절로 하고 개천절을 평일로 하여 건국(foundation)의 뜻이 겹치는 하루를 공휴일에서 빼자고 했다면 광복절과 건국절의 갈등은 없었을 것이다. 그런데 그 많은 사람들 중에 이러한 논리를 펴는 사람이 한 사람도 없었다니!

그 후, 한동안 젊은 승객들에게 물어봤다. 그 가운데 개천절을 영어로 어떻게 표현하는지 정확한 답을 하는 사람은 아직까지 한 사람도 없다. 그러나 '오프닝 데이'라고 대답하는 사람은 상당수 있었다. 대통령께서 국제무대에서 영어로 연설을 하는 장면을 가끔 본다. 따라서 국내에서는 영어 열풍이 불어 거리의 간판이나 일상용어들이 영어를 모르면 무슨 뜻인지 이해할 수 없을 정도까지 왔다. 방송 중에 쉽게 나오는 '서프라이즈!', '팩트' 등을 노년층에서 알아듣는 사람들이 얼마나 될까? 내가 보기에는 표정과 언어가 전혀 어울리지 않는 경우도 많았다. 웃으면서 던지는 '서프라이즈'나 '팩트'라는 말은 놀라고 진지한 표정이 어울리지 않을까?

어느 대학 교수의 강연을 라디오를 통하여 듣고 있는데 '버지니아'라는 발성이 아주 웃긴다. 우리식대로 '버지니아'를 발성하면 쉬운데 아주 어색한 발음이 낯간지러웠다. 일본 사람들이 '롯데 데빠또'라 한다 해서 일본을 후진국이라고 부르는가! 우리나라의 국경일나 기념일은 영어의 직역(直譯) 방법이 아닌 경우가 많다. 교육기관에서 정확한 표현 방법을 가르치는 것이 바람직하지 않을까?

＊＊＊＊

요즈음 일본 주부들이 택시에 자주 탄다. 세종로에서 신세계본점
에 가는 승객이다. 목적지에 도착하니 택시비가 2,400원이 나왔다.
승객은 삼만 원을 꺼내어 내게 건네준다. 삼만 원 중에서 이만 원을
돌려주고 7,600원을 더 주려고 거스름돈을 세고 있는데.

"#$%^&^%@#$%*"

뭐라고 하는지 옆 사람과 시끄럽게 떠든다. 잔돈을 건네는데 받으
려 하지 않고 받았던 돈을 다시 건네준다. 아무래도 우리나라 돈을
잘못 이해하고 있는 것 같았다. 정지해 놓은 미터기를 가리키며 한
손에 만 원짜리 한 장과 한손에 천 원짜리 열장을 보여 주면서,

"디스 머니 이스 이꼬루."

'말도 안 되는 소리이지만 이꼬루라는 말은 알아듣겠지?'

일본인 특유의 감탄사를 연발한다.

"오! 아리가또 고자이마쓰. #$%^&^%@#$%*"

돈을 돌려주고 나니 마음이 한결 가볍다. 그녀들이 차에서 내린다.

"아리가또 고자이마쓰, 사요나라!"

손을 흔들자 그녀들도,

"아리가또 고자이마쓰."

잘 가라고 손을 흔든다.

일본인들에게서 이러한 일이 여러 번 있었다. 어떤 승객은 그냥
받아 넣지 왜 돌려주었느냐고 말하는 사람도 있었다. 그럴 때마다
나의 대답은,

"지금까지 이렇게 살아 왔는데 바꾸려면 더 힘들 겁니다. 이렇게

살다가 죽으라고 놔두세요."

* * * * *

강남역 부근에서 구레나룻을 멋있게 기른 사람이 택시에 올랐다.

"프라자 호테루."

생김새는 우리나라 사람인데 발성은 일본 사람이다.

"웨어 아 유 프럼? (어느 나라에서 오셨습니까?)"

"자팬! 캔 유 스피크 잉그리쉬? (일본! 영어 할 줄 알아요?)"

"에니 씽. (조금.)"

표정을 보니 무척 반가워하는 것 같았다. 그리고 여러 이야기들을 쉬지 않고 떠들어 댄다. 옆에 앉은 사람이 자기 부인이라는 둥, 외국 여행을 많이 다닌다는 둥, 한국과 일본의 관습이 비슷하다는 둥의 말들을 늘어놓는다. 그런데 믿지 못할 말을 하지 않는가!

"코리아 택시 앤드 호텔코스트 이스 베리 익스펜시브. (한국의 택시비와 호텔비가 많이 비쌉니다.)"

믿기지 않는 말을 하는 것이다.

"노, 코리아 택시 차지 이즈 베리 인익스펜시브. (한국의 교통요금은 아주 쌉니다.)"

한참 생각하다가 한마디씩 하는 나의 말이 틀리겠지만 대충은 알아듣는 것 같았다. 그런데 그의 말은 김포공항에서 서울 프라자호텔까지 97,000원을 줬다고 한다.

'공항에서 호텔까지는 20,000원 정도일 텐데….'

미터기를 가리켰다. 그는 미터기로 계산을 했다는 것이다. 아무튼 그를 프라자호텔에 내려 주고 나왔지만, 기분은 별로 좋지 않았다.

며칠 뒤 우연히 TV 방송을 듣는데 김포공항의 택시기사들에 대한 이야기가 나왔다. 당시의 일을 생각하면 아마 이 관광객은 이러한 택시를 탔던 모양이다.

******

두 여자가 택시에 탔는데, 한 사람은 일본 교포이고 한 사람은 일본인이다. 외국인들에게 그 나라말로 인사를 하면 대부분 갑자기 친근해진다. 일본 교포는 남편이 경희대학교에서 교수로 재직한다고 하는데 우리말을 아주 잘한다. 그녀의 이야기를 적어 보기로 하자.

인천공항에서 강남에 있는 삼정호텔까지 택시를 탔다. 앞에는 자기가 앉았고 뒤에는 일본인이 앉았다. 삼정호텔에 도착하니 택시요금이 65,000원이었다. 그래서 택시요금을 주려고 지갑을 꺼내니 80,000원을 달라고 하더란다. 그래서 미터요금이 65,000원인데 왜 80,000원을 달라고 하느냐고 물어보았다. 운전기사는 미터기를 끄면서,

"그렇게 달라고 하지 않는 사람이 있으면 나와 보라고 하세요!"

라고 퉁명스럽게 대꾸를 하더란다. 우리말을 모르는 일본 사람이 뒤에 있어 창피하여 대답도 못하고 차 한 잔 마셨다 생각하며 계산을 마쳤다고 한다. 지금도 고국에서 택시기사와 다툴 수도 없고 또 일본인에 대한 수치심을 지워 버릴 수 없단다.

이런저런 이야기를 하다 보니 시간가는 줄 모르고 경희대학교에 도착했다. 언젠가 때가 되면 내가 겪었던 일들을 책으로 펴낼 생각

이라고 하니까 그 사람은 명함을 하나 꺼내 주며 자기 이야기를 꼭 써 달라고 부탁을 하면서 택시요금을 계산하고,

"아저씨, 이것으로 차 한 잔 드세요."

하면서 만 원짜리 한 장을 꺼내어 내게 건넨다.

* * * * * * *

명동역에서 차례를 기다리고 있는데 승객이 조그만 카드를 보이면서 손가락으로 가리킨다. 읽어 보니 면세점의 위치와 전화번호가 있고, 영수증을 달라는 글이 인쇄되어 있다. 회현동에서 반대로 차를 돌려 퇴계로로 신라호텔 면세점에 내려 주었다. 종이쪽지를 보여 주던 생각을 잊고 나오려고 하는데,

'아저씨, 연수즌 주세요.'

서툰 우리말이지만 아주 또렷하게 말을 하고 서 있다. 영수증을 출력하여 젊은 여자 승객에게 건네주었다. 영수증을 받고 뒤돌아선다.

'망할 놈의 여자 같으니. 문이나 닫고 갈 일이지.'

내려가서 택시 문을 닫고 호텔을 나왔다.

'무슨 불만이 있기에 저렇게 퉁명스러울까?'

영수증에는 택시회사와 연락처 그리고 택시번호가 나온다. 어느 호텔 직원의 말을 들으니, 외국인에게서 택시요금에 대한 불평을 자주 듣는다고 한다. 그래서 호텔에서는 영수증을 요구하라는 문구를 넣고 가이드가 이를 교육한다고 한다. 그 후 우리를 믿지 못한다는 뜻으로 쓰인 이 문구를 보면 왠지 불쾌한 생각마저 든다. 명동역에서 택시를 타는 승객들 중의 반은 일본 사람인 것 같다. 더듬거리며

서툰 우리말을 하는 외국인 중에서 일본인들의 특징은 존댓말부터 한다는 것이다. 이것이 다른 외국인과 완연하게 구분되는 점이다. 택시 안에서의 매너는 한마디로 끝내준다. 내가 일본인이라는 것을 알고 일본 말로 인사하면 택시 안의 모든 이들이 합창한다. 이것도 다른 나라 사람들과 다르다. 단지 택시 문을 열고 내리는 것을 제외하고…

그러나 이제는 그 이유를 알았다. 일본 택시는 운전기사가 문을 닫기 때문에 승객이 억지로 닫으면 고장 날 수 있다고 한다. 초창기 일본인들은 문을 그대로 둔 채 내리는 사람이 많았지만, 다행히 요즈음은 거의 없다.

다른 나라
승객들

*

홍대 부근에서 마포역에 간다는 외국인이 택시에 오른다. 평소대로 외국인에게 내비로 주소를 설정하니 나오지 않는다. 고개를 갸우뚱하는 모습을 쳐다보던 외국인은 광고물을 꺼내 준다. 눈이 좋지 않아 햇빛에 대고 확인해 보니 'han river backpackers'라 되어 있다. 내비로 확인해 봐도 허탕이라 어떻게 할까 쩔쩔매고 있는데,

"니어 더 마포 스테이션! (마포역 근처!)"

갑작스러운 일이라 물어보지도 못하겠고 무조건 마포역 근처로 향했다. 주변을 돌아보는데 가는 곳마다 고개를 흔든다.

"두 유 노우 어드래스? (주소를 아십니까?)"

다시 종이를 주는데 '마포대로 4길 120-39'라 되어있다. 마포주차장근처를 아무리 뒤져 봐도 내비의 안내가 이쪽저쪽으로 움직이기만 할 뿐 찾지를 못한다. 오랫동안 이 지역을 헤매었다. 어떻게 할까 망설이다가 길을 건너 우성아파트 쪽으로 올라가 보았다.

그러자 뒤에서 '아이 노우, 아이 노우! (내가 알아!)' 하는 탄성이 터져 나온다. 안내하는 곳으로 들어가 보니, 목판인지 상자박스종이인지 '한강 게스트 하우스'란 표지판이 나온다. 다행이다 싶었다. 약

30여 분 동안이나 이 친구와 마포역 근처를 헤매었다. 그런데도 "유아 베스트 드라이버! 아임 베리 나이스! (당신은 최고의 운전사! 기분 짱인데!)"라면서 좋아하더라.

수도 서울에서도 내비게이션 사각지대가 있다니…. 내비게이션에 잘 나오지 않는 지역이 여기저기 산재해 있는데 바로잡을 수는 없는지! 단체관광이나 근로자를 제외한 외국인들은 대부분 택시를 이동수단으로 삼는다. 특히 택시에 오르면서 명함을 주는 경우가 많은데, 글자가 너무 적어 알아볼 수가 없다. 분명 눈이 좋지 않은 내 탓도 있겠지만, 대부분의 택시 기사들은 나이가 많아 적은 글씨를 잘 보지 못한다. 또 골목 안의 업소가 등록되지 않아 애를 먹는 경우도 있고, 외국광고와 국내의 이름이 다른 경우도 있는데 개선했으면 한다. 제발 명함의 전화번호만이라도 잘 보였으면 정말 고맙겠다. 또 내비게이션이 잘 나오지 않는 지역들이 서울에도 상당히 많다.

**

겨울인데 엄청나게 추웠다. 방송에서 서울의 현재 기온이 영하 14.3도라고 한다. 아마 인사동 근처였던 것으로 생각된다. 목도리로 얼굴을 칭칭 동여매 눈도 보이지 않는 남자와 눈만 겨우 보일 정도로 얼굴을 가린 여자가 택시를 잡는다. 조수석의 창문을 열고 자세히 보니 두 사람 모두 지도와 책을 들고 있다. 그리고 옆에는 여행용 가방 두 개가 놓여 있었다. 문을 향하여 무언가를 말하려고 하는데 말이 들리지 않는다. 언뜻 보아도 외국 관광객임을 금방 알 수 있었다.

"컴 온 인! (안으로 들어와요!)"

"…."

두 사람은 택시 뒤로 걸어간다.

트렁크를 열고 내려가 가방을 트렁크에 싣고 문을 닫았다.

"컴 온 인!"

"…."

가방을 트렁크에 넣는 동안 서 있던 여행객에게 다시 말하자, 두 사람은 택시 안으로 들어와 뒷자리에 앉는다. 운전석에 앉아 뒤를 돌아보자 그들은 자리에 앉아 얼굴에 가렸던 목도리를 풀고 있다. 젊은 동양인들이다.

"자패니스? (일본 사람?)"

"…."

"차이니스? (중국 사람?)"

"예스. (예.)"

"웨어 아 유 컴 프럼 인 차이나? (중국 어디에서 왔습니까?)"

"타이완."

"타이완?"

"예스."

"웨어 투? (어디로 갈까요?)"

"…."

젊은 남자가 손으로 지도를 가리킨다. 그러나 안타깝게도 지도를 든 손과 가리키는 손이 모두 떨려 어디인지 알 수 없었다. 안타까운 미소를 지으면서 그들을 쳐다본다. 언뜻 표정을 봐도 처음보다 많이 안심을 하는 것 같았다. 내비게이션으로 전화번호를 치려고 준비를 해 놓고 물어봤다.

"두 유 노 텔레폰 넘버? (전화번호를 아십니까?)"

그들은 서울 지역 번호부터 차분하게 불러 준다. 물론 그들이 보는 앞에서 한 자 한 자 전화번호를 치고 있었다. 입력을 완료하고 검색을 하니까 을지로에 있는 코업 레지던스라는 호텔이 나왔다.

"와!"

뒤에서 함성이 터져 나온다. 나나 그들이나 서툰 영어로 이런저런 말을 하면서 호텔을 향하여 간다. 갑자기 젊은 남자가 물었다.

"나우 템퍼러쳐? (지금 온도는?)"

'이 자식 별걸 다 물어보네. 그런데 영하를 뭐라고 하지!' 난감했다.

'에이 서로 의사소통만 되면 되겠지. 뭐.'

"나우 템퍼러쳐 이즈 마이너스 포틴 포인 쓰리 디그리스. (지금 기온은 영하 14.3도.)"

"포틴 포인 쓰리 디그리?"

"예스."

별로 놀라는 기색이 없어 보였다. 이상하다! 내 말을 못 알아들은 것 같지는 않은데…. 중국 어디에서 왔느냐고 물었을 때 타이완이라고 대답을 한 것도 이상하고. 기온이 영하 14.3도라고 했을 때는 분명히 복창을 했었다.

여러 날을 골똘하게 생각만 하다가 드디어 답을 얻었다. 대만이 중국 본토와 화해 무드가 조성되면서부터 일부 사람들 사이에서는 중국의 일부라는 말을 옛날처럼 민감하게 받아들이지 않는다고 한다. 그리고 영하 14.3도라고 했을 때 내 말을 알아들었지만 대만은 화씨를 사용한단다. 화씨를 사용하는 사람이 섭씨로 대답을 하니까 쉽게 가늠하지 못했을 것이다.

이제는 내 숙제를 해 봐야지! 정말로 영하를 마이너스라고 하는 게 맞을까? 휴대전화에 나오는 전자사전을 찾아보니 영하는 'below zero'라고 나왔다. 다음부터는 이러한 실수는 하지 말아야지.

＊＊＊

영등포의 타임 스퀘어에 택시들이 길게 줄지어 서 있다. 젊은 여성 4명이 앞에서부터 기사들과 무슨 말을 하는지 거절을 당하고 뒤로 밀려 나온다. 모두 승차거절을 당하고 택시에 타지 못함을 알 수 있다. 내가 그녀들의 앞에 가니까 택시의 조수석 문을 두드린다. 자세히 보니 조그만 책자를 들고 있었다. 관광객임을 금방 알 수 있었다. 문을 열고 웃으면서 응답을 했다.

"컴 온 인! (들어와요!)"

그녀들은 스스럼없이 택시 안으로 들어와 앉았다. 적은 힘이기는 하지만, 우리나라의 이미지에 관한 문제이기에 외국인에게는 내가 할 수 있는 일이라면 최선을 다한다. 이것이 나의 보람이라면 보람이다. 그들 중의 한 사람이 명함 한 장을 건네주며 뭐라고 물어본다. 무슨 말을 하는지 전혀 알아들을 수 없다. 제일 큰 글자는 'S & B'라는 글과 '이분을 이곳으로 데려다 주세요.'라는 글이 있다. 그리고 조그만 글자들은 보이질 않는다.

114에 전화를 했다. 'S & B'라는 회사의 전화번호 안내를 받기 위해서다. 그러나 안타깝게도 서울에 그러한 회사는 없다고 한다. 다른 택시들의 영업에 지장을 주지 않기 위해 택시를 앞으로 빼고 문제 해결에 나섰다. 내비게이션에 전화번호를 입력하려고 준비를 마쳤다. 명함을 그들에게 돌려주고 물었다.

"왓 두 유 노우 텔레폰 넘버 온 유어 네임카드. (명함에 있는 전화번호를 알려 주세요.)"

내가 말을 잘 못해서인지 멍하니 쳐다보고만 앉아 있다.

'이거 답답하네! 그렇다고 이대로 물러날 수는 없고….'

"투 식스 나인 에잇 쓰리 투 원 제로."

명함을 건네받아 아무렇게나 생각나는 대로 읽는 시늉을 했다. 곧바로 반응이 온다. 바로 내 뒤에 앉아 있는 승객이 명함을 달라고 손을 내민다. 명함을 그녀에게 돌려주고 전화번호를 입력하려고 기다렸다.

"제로 투, 투 식스 X X X X X"

명함에 나와 있는 전화번호를 지역번호부터 천천히 읽어 나간다.

입력을 마치고 검색을 하자 코업레지던스 호텔이 나온다. 내비게이션에 나온 주소를 보니 호텔은 양평동에 위치한 호텔이었다.

"와!"

대만 승객들의 그 소리가 어찌나 큰지 나도 깜짝 놀랐다. 그리고 영등포역에서 문래동을 경유하여 서부간선도로에 진입한다. 아마 양평교 근처에 있을 것 같은 생각이 든다.

얼마쯤 달렸을까! 주위는 캄캄한데 갑자기 코업레지던스 호텔의 네온사인이 보인다. 간선도로를 달리고 있는데 안내를 종료한다는 메시지가 나오면서 음성안내가 중단되었다. 여기가 어디일까? 이상하다. 자세히 주변을 살펴보니 경인고속도로 입구였다. 간선도로를 빠져나와 택시를 도로가에 정차하고 전화로 위치를 확인해 보니, 양평역에서 안쪽에 있단다. 내비게이션에서 안내하는 위치가 진입로가 없는 자동차전용도로에 멈추다니 황당했다. 내가 이곳 지리를 알고 있어 다행이지, 초행이나 타 지역에서 왔다면 어찌되었을까? 이것이 내비게이션의 한계라고 생각해 본다. 타이완 사람들을 호텔 로비에 내려 주니 모두 손을 흔들면서, '땡큐, 땡큐.', '바이 바이', '굿바이'를 연발하고 합장을 해 보이기도 한다. 마지막 사람이 내리기를 기다려,

"해브 어 나이스 투 나잇! (좋은 밤 되시오!)"

손을 흔들어 주니 저들도 마찬가지로 힘차게 손을 흔든다.

그런데 영등포시장에서 양평역으로 왔다면 쉬운 길을, 신도림역 방향으로 가다가 서부간선도로로 상당한 거리를 돌아오다니! 10여 년 동안 택시 운전을 하면서 내비게이션을 사용해 보니 문제점이 상당히 많다. 그중 가장 큰 문제는 내비의 길이 최단거리가 아니라는 점이다. 물론 최단거리를 찾는다면 골목길이 많아 한도 없겠지만, 이것으로 인해 승객과 마찰을 빚는 경우가 상당히 있다.

낮에는 승객이 내비와 다른 길을 안내하는데, 야간에 잠을 자는 경우에는 더 큰 마찰을 빚는다. 오늘도 가까운 거리를 놔두고 먼 거리로 돌아왔으니 말이다. 게다가 간선도로에서 안내가 중단되는 일을 해결할 수는 없으려는지….

＊＊＊＊

어디에서 탔는지는 기억나지 않는다. 하지만 우리나라가 언제 이렇게 되었는가를 생각하면 가슴이 뭉클하다.

"광화문!"

어색한 한국말로 서양 아가씨가 택시에 오른다.

"광화문 어디로 모실까요?"

"…."

"캔 유 스피크 코리언? (한국 말을 할 줄 아세요?)"

"노. (아니요.)"

"낫 씽? (전혀?)"

"예스, 낫 씽. (예, 전혀.)"

"웨어 아 유 프럼? (어느 나라에서 왔어요?)"

"네덜란드."

"왓 아 유 잡? (직업은 무엇입니까?)"

"@#$^&#&*$"

"세이 어게인. (다시 말해 주시오.)"

"투어 가이드. (관광 안내.)"

"리얼리! (정말!)"

"예스."

네덜란드에서 온 관광안내인이란 말에 깜짝 놀랐다. 우리나라가 언제부터 이렇게 되었는가! 왠지 어깨가 으쓱하고 또 고맙기도 했다. 내가 유창하게 영어를 구사할 수 있었다면 훨씬 재미있었을 텐데….

나는 간단히 한마디씩 했지만 이 아가씨는 장황한 설명을 해 준다. 내용은 우리나라에 히딩크 축구감독이 있을 때 네덜란드에 알려졌으며, 자신도 마찬가지란다. 또 엘리자베스여왕이 하회마을을 방문한 후에 여행하기 좋은 아름다운 나라로 알려져 여행하려는 사람들이 생기기 시작했단다. 그리고 자기가 안내하는 곳은 서울, 부산,

경주란다.

"두 유 라이크 코리언 푸드? (한국 음식 좋아해요?)"

"예스. (예.)"

"왓 카인드?. (어떤 종류?)"

"불고기, 삼계탕."

"… ."

"익스페셔리 스프. (특히 국물.)"

"두 유 노우 막걸리? (막걸리 알아요?)"

"막걸리?"

"막걸리 이스 트레디셔널 와인 오브 코리아. (막걸리는 한국 전통주입니다.)"

목적지에 도착했다.

"해브 어 나이스 데이! (좋은 날 되세요!)"

"유 투. (당신도.)"

이후에 또 가이드가 탔는데 이번에는 남자였다. 이 사람은 히딩크 감독과 영국 여왕을 얘기하다가, 하나 더 LG전자를 얘기했다. 축구 감독을 말할 때는 축구를 모르는 나라에서, 영국여왕을 얘기할 때는 저개발국으로 이야기하다가 LG전자가 필립스전자를 합병했을 때는 부자나라로 알고 네덜란드 국민들이 한국은 관광하기 좋은 부자 나라로 알고 있어 지금도 관광객이 많이 늘어나고 있다고 말한다. 그리고 옆에 앉아 있는 남자 조카에게 우리나라를 알려 주고 관광안내를 가르쳐 주려고 우리나라에 데려왔다고 한다. 또 미국인들도 우리나라에 많이 오고 싶어 한다는 말도 들었다.

그런데 우리의 실정은 어떠한가! 특히 중국인이 우리나라를 찾고 싫지 않는 가장 큰 이유가 상인들의 횡포요, 둘째가 택시기사의 바가지요금이라니 다시 생각해 봐야 할 우리 사회의 문제가 아닐까!

* * * * *

젊은이들이 여러 사람이 택시를 타는데, 숫자가 많아 내 차에 두 사람이 타고 나머지는 다음 차에 나누어 타려는가 보다.

"남산 설렁탕으로 가 주세요."

"남산 설렁탕이 어디에 있죠?"

"남산 케이블카 타는 곳에 있어요."

"알겠습니다."

목적지를 향하면서 두 사람의 대화를 듣고 있는데 한 사람은 외국인 같았다.

"웨어 아 유 프럼?"

"인디아."

"인디아?"

"예스."

"라마스테!"

"라마스테."

아주 경쾌하게 대답을 한다.

"유 아 베스트 핸섬 가이 인 인디아. (당신은 인도에서 가장 멋있는 사람입니다.)"

"화이!"

그 사람은 웃으면서 경쾌하게 대답을 하고 자기들끼리 대화를 이어 나간다.

"아저씨, 왜 그래요?"

우리나라 사람이 내 말을 알아듣고 질문을 한다.

"외국인들에게 자기 나라 말로 인사해 주면 모두가 좋아하는데 인도사람들은 무표정하게 침묵하거나 조그만 목소리로 응대하는 이유가 이상하여 알아보려 했는데…. 왜 그렇죠?"

"아마 그것은 계급사회에서 오는 현상인 것 같아요."

"무슨 말이죠?"

"우리나라에 오는 인도 사람이라면 자국(自國)에서 상류층에 속하는 사람들이라 하류층에서 사용하는 말을 모르거나, 알아도 자신을 저평가하는 기사님이 못마땅하여 그랬을 겁니다."

정말 이해가 되지 않는 승객의 대답에 할 말을 잃어버렸다. 나와 우리나라 승객과의 대화 내용을 알아듣고 있는지 인도 사람은 영어로 자기들끼리 이야기를 계속해 나갔다. 학교에서 과학이나 수학을 가르칠 때 영어로 한다고!

우리나라에서도 학교수업을 영어로 하자고 한 정권이 있었다. 그때부터 영어 광풍이 불어닥쳐 서울의 주택, 간판, 동네 골목, 대중음식점의 화장실에 이르기까지 우리글이 침범당하고 있다. 생각에 잠겨 운전을 하다가 정신을 차렸다.

"손님! 인도 사람하고 설렁탕을 먹으러 간다니 이상하지 않아요?"

나의 물음에 우리나라 승객은 묵묵히 있고 있는데 인도 사람이 대답을 한다. 만약에 이것이 알려지면 공항에서 쫓겨난다는 것이다. 게다가 자기네 나라에서 외식 메뉴는 아주 단조롭다나!

내가 외국인들에게 하는 인사는 그 나라 사람한테서 들은 말을 휴대전화에 메모하고 외워서 사용하는 것인데, 인도 사람들한테 사용하는 '라마스테'는 네팔 사람한테서 들은 말이다. 그 네팔 사람은 우리말을 아주 잘하는 사람이었다. 네팔과 인도는 말이 같고 불경에 있는 말이 자기들이 쓰는 말이라고 했다. 천수경에 나오는 '옴 마니반 메 훔'이 네팔 말이냐고 묻자, 그렇다면서 네팔 말로는 '옴 메니벤 메 흠'이란다. 우리가 우리말을 잘못 사용하거나 우리 사회에 외국어가 넘쳐나는 사회 현상을 보면서 인도의 전철을 밟게 되는 것은 아닐까 하는 안타까운 생각을 해 본다.

*　*　*　*　*　*

　외국인들 중에서 가장 신사다운 사람을 꼽으라면 망설임 없이 나는 영국인을 선택한다. 이유는 우리나라에 대한 식견에 깜짝 놀랄 때가 많기 때문이다.
　우리나라의 어느 젊고 예쁜 승객에게서 들은 사례를 들어 본다. 이 승객은 영국에서 공부를 했다고 한다. 어느 날 '해병 전우회'란 글을 새긴 옷을 입은 여자가 런던거리를 활보하더란다. 외국에서 아가씨가 걸맞지 않은 글을 새긴 옷을 입고 가는 광경을 보고 뿌듯하기도 하고 우습기도 하여 물어봤단다. 이 글자가 어느 나라 글자이며 무슨 뜻인지 아느냐고…. 한글인지는 알아도 뜻은 모르더란다. 뜻을 설명해 주고 한글을 좋아하는 이유를 물었더니 그 사람은 읽기가 쉽고 특히 'ㅎ'자가 너무 보기 좋아서란다. 그래서 'ㅎ'자가 하나 더 들어간 '호남향우회'를 가르쳐 주었더니 고맙다는 말을 하면서 '호남

향우회'를 넣어서 곧 옷을 해 입겠다고 했단다. 어느 영국인은 한국 여자와 함께 택시를 탔는데 한복을 입고 있어, 무슨 일이 있어 외국인이 한복을 입었느냐고 물어보았다. 물론 한국 아가씨가 대답할 것이라고 생각했는데 대답은 외국인 남성이 했다.

"운현궁에서 가례를 올리고 나오는 길입니다."

우리말도 잘하고 전통풍습까지, 또 여기에 사용하는 언어까지 아주 나무랄 데가 없는 젊은이라 생각하여 대견하기도 하고 기특하여,

"결혼식은 이것으로 끝나는 겁니까?"

"아니요. 고향에서 부모님을 모시고 한 번 더 할 겁니다."

역시 영국인은 신사구나 하는 생각을 해 본다.

내가 회사에 다닐 때 '두 유 노우 라스트 퀸 오브 코리아? (한국의 마지막 여왕이 누구냐?)'라고 묻던 영국인 강사, 그리고 휴대전화기를 분실해 연락처는 모르지만 한국 사람이 자기 나라 역사를 몰라서 되겠느냐며 삼국시대 가야국을 이야기하며 친구하자는 존, 인사동에서 관광안내지도를 구해 달라는 노인들이 고마움의 팁이라며 2,000원을 주던 기억들이 떠오른다.

롯데호텔에서 내린 영국 여인들이 5,300원을 서로 걷어 60,000원을 만들어 주기에,

"기브 미 온리 원 쉴. (한 장만 주세요.)"

거스름돈을 돌려주자 고맙다는 말을 하던 생각이 아련히 떠오른다.

****

이번에는 김포공항에서 발산역을 가는 러시아인의 이야기이다.

처음에 뭐라고 했었는지는 잘 기억나지 않는다. 당시 택시요금은 4,600원으로 기억한다. 발산역에 도착하여 택시가 정지하자 승객은 50,000원짜리를 내게 건넨다. 그 사람의 손을 보니 그 안에는 만 원, 오만 원 지폐들이 종류별로 많았다. 돈을 주머니에 넣으려는 순간, 웃으면서 '그린머니' 하면서 만 원짜리를 가리켰다. 그 사람은 오히려 이상하다는 듯 택시미터기를 손가락으로 가리킨다. 아무래도 택시요금 4,600원을 46,000원으로 착각한 것 같다.

만 원을 받고 웃으면서 거스름돈을 건네주니 5,000원, 10,000원, 50,000원권을 하나씩 꺼내들고 고개를 끄덕이는 것이 아마도 화폐의 동그라미 숫자를 헤아리는 모양이었다. 그리고 미터기를 다시 응시하며 엄지손가락을 펼쳐 보이면서 뭐라고 한다. 알려 줘서 또는 정직해서 고맙다는 인사로 받아들이기로 하자.

* * * * * * * *

명동에서 차도르를 두른 두 여인이 택시에 오른다. 요즈음 아랍에서 오는 관광객들이 심심찮게 택시를 탄다. 아주 많았던 중국 관광객들이 거의 자취를 감추고 다른 나라 관광객들이 많아진 것 같다. 택시 유리창 밖에서 종이를 내미는데 창문을 열고,

"싸라 말리 꿈! (안녕하세요!)"

택시 안에서 소리를 치자 그녀들도 반가워하면서,

"말리 꿈 쌀람! (안녕하세요!)"

다시 인쇄물을 내밀기에 손짓을 하면서,

"컴 인! (들어오세요!)"

관광객들이 들어와 앉기에 택시를 앞으로 움직인 다음 인쇄물을 보고 '롯데시티 명동'을 클릭한 다음 자리에서 움직였다. 뒷거울을 보니 그들은 상당히 만족해하는 눈치였다.

"웨어 아 유 프럼?"

"두바이."

내비게이션이 안내하는 대로 택시가 달려가자, 두 여인은 웃으면서 안심이 되는 듯 자기들끼리 무슨 말을 하는지 재미있게 대화를 나누고 있다. 호텔에 도착하여 택시요금은 4,900원이 나왔는데 50,000원짜리 지폐를 꺼내는 게 아닌가!

아침부터 카드결제만 하여 거스름돈을 줄 수가 없어 난처했다.

"두 유 해브 그린 머니? (녹색으로 된 없습니까?)"

만 원짜리 한 장을 꺼내 그녀들에게 보여 준다.

"&$%#*&^"

손사래를 치면서 뭐라고 말을 하는데 없다는 말이리라! 트렁크를 열어 가방을 내려 주니 택시에서 내려 호텔 직원과 무슨 말을 하다가 편의점에 그녀들이 들어가고 직원이 따라간다.

그런데 돈을 가지고 나와 요금을 주는 줄 알았는데 바꾼 돈은 직원이 가지고 나오고 그녀들은 에스컬레이터를 타고 아무 말 없이 객실로 올라간다. 이상했다. 뒤에 나온 직원이 만 원짜리 다섯 장을 들고 엉거주춤 서 있다가 내게 묻는다.

"택시요금이 얼마나 되세요?"

"4,900원인데…. 요금을 계산하지 않고 왜 그냥 올라갔지? 뭐라고 하던가요?"

"아무 말도 않던데요."

"이상하네!"

기다리고 있을 수가 없어,

"그걸 내게 주세요. 그리고 그들이 거스름돈을 달라고 하면 전화를 주시고….."

번호를 알려 주고 영업을 하러 나왔다. 3호 터널을 달리고 있는데 직원이라는 분이 거스름돈을 찾으러 내려왔단다. 이태원에서 바로 거스름돈을 계좌로 이체했다. 그러나 오늘의 일들이 이상했다. 방송에서 나오는 말로 두바이에서 일하는 사람은 외국인이고 그 나라 사람들은 일하지 않는다는데, 거스름돈을 받는 것도 그것의 연장선인가….

****

서양인이 어린아이를 데리고 1월 1일에 택시를 탄다.

"아이 위쉬 투 해피 뉴 이어! (새해 인사)"

표정에 아무런 변화가 없다.

'별 이상한 사람 다 보네.'

나의 말은 듣는 둥 마는 둥 하면서,

"롯데 보르트, 롯데 보르트!"

"세이 어게인! (다시 말해 봐!)"

"롯데 보르트, 롯데 보르트."

여기가 어딜까, 멍하니 쳐다보고만 있었다. 롯데와 관계가 있는데!

"웨어 아 유 프럼? (어느 나라에서 오셨어요?)"

말을 알아듣지 못하는지 멀뚱멀뚱 쳐다만 보고 있다.

"롯데월드?"

"…."

외국인의 발음이 러시아 사람 같았다.

"러시안!"

"$#%^&"

고개를 끄덕인다.

'월드를 독일식으로 발음하면 보르트다!'

나는 이해할 수 있어 다행이지만 이걸 어떻게 설명해야 하지! 그리고 오랫동안 망설이다가 입을 열었다.

'디즈니랜드를 말해 볼까! 소년도 있는데….'

"디즈니랜드?"

아이를 가리키며 다시 말을 해 본다. 그러자 환하게 웃으면서 고개를 끄덕인다. 천만다행이다! 잠실에 있는 롯데월드로 데려다 주자.

외국인의 말을 알아듣지 못한 경우가 또 있었는데, 영국 사람으로 이태원을 '아이태원', '아이타워'(?)라 하여 도저히 알아들을 수 없어 '롸잇 온 더 페이퍼, 플리즈 (미안하지만 여기에 써 보세요).'라고 하니까 이태원을 써 보여 주던 생각이 떠오른다. '식당 개 3년이면 라면도 끓이더라.'고 지금은 외국인들과 만나도 처음보다는 훨씬 편하다. 그리고 그들이 원하는 곳에 꼭 데려다준다. 내비게이션을 이용하는 것이 부족하면 전화기를 이용하기도 한다. 만약 이사를 했다면 상대방과 통화하여 위치를 확인하여 정확하게 이들을 안내하면, 좋아서 어쩔 줄을 모른다. 이것이 나의 기쁨이요, 우리나라의 이미지를 개선해 보이려는 나의 소망이요 보람이리라! 작은 일이지만 우리나라 택시기사의 선입견에 조금이나마 도움이 되었다고 생각해 본다.

정부에서 인성에 대한 교육이 학과목으로 필요하다고 주장하던 2015년 7월, 국회에서 '택시기사가 본 인성'이란 주제로 한마디 해 달라는 부탁을 받아 준비했던 말을 기술해 보기로 한다. 한자의 '인성(人性)'을 분해하면 '사람이 태어날 때의 마음'이다. 즉, 원초적인 순수한 마음, 그것을 말한 것이리라!

단풍이란 그 이파리의 고유한 색인데 식물이 필요한 영양소를 만들기 위하여 날씨가 따뜻해지면 엽록소가 푸르게 이파리를 뒤덮고 있듯이, 인성은 제각기 다르지만 우리가 살아가는 데 필요한 처신과 예절 등을 사회 교육으로 보충하자는 뜻이라고 생각한다. 인성의 시작은 가정에서부터 형성되고 부모들의 말 한마디, 행동 하나하나가 자녀에게 영향을 미친다. 어린아이는 엄마의 젖무덤에서 세상을 알기 시작하여 어느 정도 시간이 흐르면 세상에서 가장 힘센 사람을 물으면 '아빠!'라고 한다. 이 말은 나의 생활 반경이 엄마의 젖무덤에서 아빠까지 비약적인 발전을 의미하는 대답이리라!

가정에서 감당해야 할 인성 교육이 부족하여 사회에서 채우자는 발상까지 나오다니! 나는 아침 식사는 꼭 부모하고 같이해야 된다고 주장하는 사람이다. 사회생활은 여기에서부터 시작된다고 믿기 때문에 다시 생각해 보자는 뜻에서 한마디 해 보았다. 나름대로 생각하면 어린아이한테 가르칠 게 아니라 배워야 한다는 생각이 들기도 한다.

5.
향기를 풍기는 이야기들

오빠 왕자와
동생 공주

어린 남매를 둔 가정주부가 택시에 타려고 문을 열자, 오빠가 후다닥 차에 오른다.

"빨리 타!"

그러나 아쉽게도 공주님은 택시에 오르려 하지 않는다. 잘 아시겠지만 어린애들은 모두 택시에 올라타기를 좋아한다. 문이 열리자마자 오빠 왕자는 뛰어 올라왔지만 새침데기 동생 공주는 토라졌다. 엄마가 어서 타라고 어깨를 밀다가 화가 났는지 엉덩이를 올려도 거절한다. 이내 공주님은 바퀴 근처에 두 발을 대고 버티고 있다. 웃음이 터져 나오는 걸 참고 도와줄까 생각하고 말을 걸었다.

"엄마! 놔두세요. 우리 공주님이 많이 토라지셨네."

젊은 엄마는 안심했는지 더 이상 억지로 태우려고 하지 않는다.

"공주님이 너무 부럽네. 나도 저런 오빠가 하나 있었으면 좋겠네."

"…."

"오빠가 택시가 깨끗한지, 이상한 것은 없는지 확인하려고 먼저 택시를 탔구먼."

"…."

"나도 저런 오빠가 있었으면 얼마나 좋을까! 너무 부럽네."

"…."

두어 번 이런 말을 하자,

"빨리 타, 어서!"

먼저 올라온 어린 왕자가 꼬마 공주를 부른다. 그러자 공주가 천천히 아주 천천히 차에 오른다. 세 가족 모두 택시에 올라 목적지를 향해 달려갔다. 얼마쯤 달려갔을까!

"오빠! 이거 먹어!"

거울을 통해 보니 공주가 과자봉지를 통째로 오빠에게 건네준다. 빙긋이 웃으면서 어떻게 하나 보고 있었다. 오빠가 봉지를 뜯더니 과자 두 개를 꺼내 먹고,

"자, 이제 먹어도 괜찮아."

하면서 봉지를 공주한테 건네지 않는가! 흐뭇해하면서 택시가 목적지에 도착했다. 젊은 엄마가 웃으면서.

"아저씨 고마워요."

손을 흔든다.

참새가
야옹야옹

젊은 엄마가 택시를 타는데 무엇 때문인지 토라진 공주님이 뿌로통해 있다. 왜 그럴까? 이유는 모르지만 엄마는 이런저런 말을 하면서 공주를 달래고 있는데 결과는 마찬가지. 이 같은 상태가 오랫동안 지속되자 엄마도 지쳤는지,

"알았어. 너! 집에 가서 봐!"

포기 반, 협박 반으로 모녀의 의사소통은 중단된다. 도와줄까 생각하고 말을 걸어 본다.

"내가 지난 일요일에 우리 손자들과 과천 어린이 대공원에 놀러 갔는데 토끼란 놈이 짹짹거리면서 물속을 헤엄치는데 얼마나 빠른지 따라 갈 수가 없던데요."

뒷거울을 보니 시답잖은 농담에 엄마는 다른 곳을 쳐다보고 공주는 눈이 휘둥그레져 있다. 그야말로 말도 안 되는 소리를 하니 당연한 일! 처음엔 귀찮아 생각했겠지만, 엄마는 이내 눈웃음을 짓고 있는 게 아닌가!

"역시 서울대공원은 동물들이 참 많아. 참새가 야옹야옹하면서 물속을 헤엄치면서 물고기를 잡는데 아주 잘 잡더라고요."

어이없는 말에 드디어 공주가 입을 열었다.

"참새는 짹짹거리는데…."

"아니야. 참새가 야옹야옹 울어. 내가 봤는데!"

조금 지나니까 적극적으로 잘못된 나의 이야기를 지적하기 시작한다. 나도 지지 않으려고 잘못된 말들을 합리화시켰다. 그러는 사이 공주 자신도 모르게 나의 유도에 빠져들고 말았다.

"내가 잘못 들었었나? 아닌데….".

"아저씨가 잘못 들었어요. 고양이는 야옹야옹한다고요!"

"아! 그래. 나도 오늘 처음 알았네. 미안."

엄마가 뒤에서 눈웃음을 지으면서 조용히 앉아 있다가 공주에게 말을 건다. 공주도 언제 그랬느냐는 듯이 싹싹하게 대답을 하고….

어린이
과학자

모자가 택시를 타고 조용히 가다가 왕자가 먼저 침묵을 깼다.

"엄마! 왜 여덟 시 십오 분 그래? 십 시 십오 분이라든가, 여덟 시 열다섯 분이라고 해야지?"

"…."

대답을 못해 당황하는 엄마와 대답을 기다리는 공자의 표정이 지금도 눈에 선하다. 얼마나 시간이 흘렀을까! 두 사람은 서로 말이 없고 같은 표정으로 어색한 시간이 흘러간다. 간간히 뒷거울을 통해서 바라보니 같은 표정으로 어색하게 앉아 있었다. 답이 될지 모르겠지만 한번 도와줄까 생각하고,

"이봐요, 공자. 이름이 뭐죠?"

"저요! 기범인데요."

"왜 기범일까?"

"…."

"많은 이름 중에서 왜 기범이라고 했을까?"

"…."

소년도 깊은 생각을 하는 것 같았다.

한동안 침묵이 흐르다가,

"기범이라고 부를 특별한 이유는 뭘까? 나는 그 이유를 알고 있지!"

"…."

소년은 귀를 쫑긋 세우고 다음 말을 기다리는 것 같았다.

"답은 다름이 아니고 아빠가 '내 아들을 기범이라고 불러 주세요.' 라고 동사무소에 신고하고 주변 사람이나 친지들에게 부탁한 거야."

"…."

"조금 전 공자가 엄마에게 물어본 것은 우리나라 사람들의 약속이지. 우리는 '안녕하세요.'라는 인사를 일본 사람들은 '곤니찌와.'라 하고, 중국 사람들은 '니하오.'라고 해. 그것은 오랫동안 그 나라 사람들의 약속이지. 이러한 약속이 너무 많아 집에서, 유치원에서, 그리고 학교에서 계속 배우고 있어. 또 우리나라의 약속을 넘어 외국 사람들의 약속을 배우기도 하지. 많이 들었겠지만 외국어 공부를 하는 건 그 나라 사람들의 약속을 배운다고 생각하면 될 거야. 엄마에게 물어본 것도, 시간을 말할 때는 하나, 둘로 말하고 분을 말할 때는 일, 이, 삼으로 하자고 오래전부터 약속을 했던 거지. 알겠어?"

거울로 보니 엄마는 안심하는 눈치였다.

"…."

"공자! 지금 몇 학년이죠?"

"초등학교 3학년이에요."

"정말? 나는 중학교에 다니는 줄 알았네. 이렇게 대답하기 어려운 질문을 다 하고…."

"고맙습니다."

뒤에서 인사하는 사람은 학생이 아닌 엄마였다. 통찰력이 강한 이 소년은 앞으로 우리 사회에서 대단한 역할을 할 것이라고 믿어 의심치 않는다.

가정교육
풍속도

　드문 예지만 강남의 부촌(富村)에서 새댁과 자녀들의 대화를 들어보면 깍듯이 존댓말을 사용하는 경우를 본다. 아마 주부초년생 승객은 사람이 살아가는 기본을 어려서부터 자연스럽게 몸에 배이도록 교육하려나 보다고 생각하여 흐뭇한 생각을 해 본다.

　조수석 뒤에는 젊은 여성이 앉아 있고 내 뒤에는 소년이 앉아 있다. 둘이서 무슨 이야기를 하는지 대화가 끊이질 않는다. 대화내용이 무엇인지 모르지만 '할머니, 할아버지'가 많이 등장하는 이야기였다.

　그런데 이 소년의 입에서는 '할머니, 할아버지'라는 말은 한 번도 나오지 않고 '영감탱이, 할망탱이'라는 단어가 아주 자연스럽게 입에서 오르내리고 있었다. 그 말을 계속 듣고 있자니 속이 상했다. 그렇다고 남의 자식한테 심한 말을 할 수도 없는 일, 더구나 승객인데…. 궁리를 하다가 말을 걸어 본다.

　"이봐요, 공자. 지금 몇 살이죠?"

　"나요? 여덟 살이요."

　내 말이 떨어지기가 무섭게 대답을 한다.

　"거울로 얼굴을 보니 준수하게 아주 잘생기셨구먼. 말도 예쁘게 하셔야지."

　"나요! 나는 원래 그래요."

듣기에 민망했는지 옆에 있던 젊은 여자가,

"너! 엄마한테 이른다. 어른이 말씀하시는데 함부로 대답한다고!"

"이모! 나는 원래 그러잖아!"

소리를 꽥 지르며 성질을 낸다. 여덟 살이면 초등학교 1학년이다. 학교에서 교사가 그럴까! 교우들이 그럴까! 아니면 매스컴일까!

서양의 교육학자도 교육에서 가장 중요한 것은 가정교육이라고 한다. 그런데 우리는 가정교육에 대한 이야기보다 공교육, 즉 학교교육에서 가정교육을 대신하지 못한다고 비방하고 있는 것이 현실이다. 그러나 인성에 대한 교육은 사회교육이 보충할 뿐이지 대신한다는 생각은 우리들의 지나친 욕심이 아닐까!

동부 이촌동에서 일본 주부가 택시에서 하던 말이 생각난다. 우리나라에서 아이들 키우기가 일본에 비하면 아주 쉽다고 한다. 이유는 한국에서 임신하면 사회에서 서로 배려해 주고, 어렸을 때 음식점이나 외출을 할 때 아이들이 민망한 행동을 해도 대부분 이해를 한단다. 또 등교 시간에 늦어도 별다른 일이 없는데, 주변의 눈치 보기에 민망하여 움츠리는 일본과는 전혀 다른 풍속도라나!

이러한 현상은 어려서부터 우리나라가 일본보다 한 발 늦게 출발하게 하는 것은 아닐는지 한 번쯤 돌아볼 일이다.

배려의
아름다움

*

　강남 도산공원사거리에서의 일이다. 날씨가 상당히 쌀쌀한데 젊은 커플이 두산빌딩 앞에서 택시에 올랐다. 목적지를 묻기도 전에 앞에서 두 노인네가 택시를 잡으려고 길가로 걸어 나온다. 앞에 계시는 할머니가 지팡이를 들고 뒤의 할머니 손을 끌면서 택시를 향하여 손을 든다. 엉겁결에 뒤에 앉아 있는 승객에게 말을 건넸다.

　"손님! 저분들께 양보하면 어떨까요?"

　엉겁결에 말은 했지만 후회도 된다.

　'내 돈 주고 택시를 탔는데 왜 그래요!' 했다면 뭐라 대답했을까….

　"그래야지요!"

　두 젊은이는 웃으면서 명쾌하게 대답하고 내릴 준비를 한다. 대견하기도 하고 또 미안한 생각마저 든다.

　"손님! 미안합니다."

　"별 말씀을요."

　택시를 노인네들 앞에 세우자, 그들은 나에게 눈인사를 하면서 차에서 내린다. 가끔 방송에서 세대 간의 갈등을 접하면서 우리 사회 모두가 저 젊은이들처럼 생각한다면 얼마나 좋을까 생각해 본다.

길동 '양병원'에 가는 승객이다. 뒷골목 앞에서 우회전하면 정문이라고 한다. 그런데 병원 후문에서 노인네 부부가 휠체어를 앞에 두고 손을 든다. 택시 안에 승객이 타고 있다고 손을 가로젓는데,

"내려 주세요. 내가 조금 걸어가고 저분들을 태우세요."

승객이 자원하여 미리 내린단다.

"어디에 가십니까? 휠체어를 뒤로 실을까요?"

같이 부축하면서 환자를 태우고 휠체어를 트렁크에 실었다.

"아저씨, 하남시에 가요."

"그런데 왜 뒤에 계십니까? 앞에 택시들이 많을 텐데….""

"다 안 간대요."

"정문에 있는 택시는 안 가고 뒤에 오는 택시들만 시외로 가는 모양이죠?"

웃으면서 물어봤다.

"그래서 그러나요? 병원 앞에 있다가 포기하고 뒤에서 기다렸지요. 아저씨, 감사합니다."

"택시비 안 주려고?"

"왜 택시비를 안 드려요."

"그런데 뭐가 감사합니까? 제 차를 이용해 주셔서 고마워해야 될 사람은 저인데….""

"병원 뒤로 오기를 참 잘했네요. 이런 분을 다 만나고….""

환자분을 모시고 하남시로 달려간다.

***

엠버서더호텔 골목에서 필동으로 승객을 태우고 가는 길이다. 목적지에 가려면 제일병원을 지나야 한다. 땡볕이 내리쬐는 여름인데 병원 앞을 지나려니 젊은 부부가 갓난쟁이를 안고 있다.

"저, 여기서 내려 주세요."

"한참 더 가야잖아요."

"저 사람들도 택시를 탈 모양인데 제가 좀 걷지요, 뭐!"

승객이 내린다 하여 내려 주고 젊은 부부가 차에 올랐다. 그런데 택시에서 내린 사람이 걸어가는데, 유심히 보니 장애인이다. 미안한 생각마저 든다. 이런저런 생각을 하는 사이 택시는 천천히 걷는 장애인을 지나쳤다.

"이봐요 손님, 전에 내린 저분의 목적지는 손님들이 탄 자리가 아니라 저 앞입니다. 지금도 뒤에 걸어오고 있네요."

뒤를 가리키면서 이야기를 하자, 그들이 뒤를 돌아본다.

"저분이 거기서 내릴 분이 아니었어요?"

"보물을 안고 기다리는 손님들을 보고 내린다 하여 내려 주었지만 발을 저는 장애인이라 마음에 걸리네요."

"고맙다고 인사라도 했어야 되는데, 어쩌지요?"

장애인은 다리를 절며 천천히 골목길을 걸어 내려오고 있었다. 그의 모습이 천사처럼 아름답게 느껴진다.

정종 한 병

앞으로 10여 일만 지나면 설날이다. 을지로 국립의료원 앞에서 할머니 한 분이 택시를 세운다.

"아저씨! 택시 좀 탈 수 있어요?"

"빈 택시인데 뭘 물어보십니까? 어서 타시죠."

"제가 타려는 게 아니고 병원 안으로 들어가야 돼요."

"아! 환자분이 계신 모양이지요? 알겠습니다."

대답을 들은 할머니가 뒤도 돌아보지 않고 병원 안으로 걸어간다.

"택시를 타시고 가시지, 왜 걸어가세요?"

"괜찮습니다. 저는 걸어가도 돼요."

타고 가면 좋을 텐데 굳이 걸어가는 것은 택시미터기를 켜기 때문이리라! 병원 로비에는 더 할머니 환자 한 분을 젊은 부인이 휠체어에 태워서 기다리고 있었다. 문을 열고 내려가 부축하여 택시에 오르게 한 다음,

"어디로 모실까요?"

"숭인2동 동사무소로 가 주세요."

"알았습니다. 숭인2동에 복지시설이 있는 모양이지요?"

"그런 시설이 있는 동사무소가 어디 있어요! 주민등록증 만들러 가요."

"이 할머니는 보호자가 없는 모양이지요?"

"모르겠어요."

체념하듯 한숨을 쉰다.

"주민등록증이 꼭 필요한가 보죠?"

"이 할머니를 시설로 옮겨야 되는데 아무런 근거가 없어 불가능하대요. 그래서 필요한 서류들을 만들러 가요."

"그럼 동사무소에 이런 얘기하고 양해를 구하지, 번거롭게 환자분을 직접 모시고 가십니까? 혼자서는 거동도 할 수 없는 분을…."

"모르시는 말씀 마세요."

"말 못할 고충이 있는 모양이지요?"

"기사님의 말씀대로 쉽게 할 수 있으면 누가 이런 짓을 하겠어요!"

환자의 상태와 본인임을 확인히기 위하여 동사무소에 간다고 한다.

"할머닌 지금 얼마나 되셨어요?"

"저는 일흔 셋이고 저분은 자원봉사를 하는 분이에요."

"저 환자 할머니는 연세가 몇이신데요?"

"이 노인은 여든 여섯이고, 자기네들끼리는 자식 자랑을 한다는데 우리가 물으면 혼자 산다고 합니다. 어떤 말이 맞는지 모르겠어요."

대답을 하는 중에 연신 한숨을 쉰다. 아무래도 자녀들이 있는데 피해를 주지 않기 위해서 혼자라는 것인지, 아니면 혼자인 자신의 초라함을 감추기 위하여 허세를 부리는 것인지는 알 수 없지만 전자(前者)라면 부모가 자식들에게 피해를 주지 않으려는 발버둥이리라! 이것이 나의 미래가 될 수 있다는 생각을 해 보니 괜스레 공허하고 씁쓸해진다.

이런저런 이야기를 하다 보니 어느덧 택시는 동사무소에 도착했다. 골목 안에서 휠체어에 환자를 태우고 두 분은 사무소로 들어가고 나는 밖에서 기다렸다. 30여 분이 지났는데도 소식이 없어 동사무소 안으로 들어가 보았다. 목전에는 어이없는 일이 벌어지고 있었다. 사진도 찍고 지문도 채취하여 주민등록증을 모두 만들었는데, 문제는 자필서명이다. 환자한테 서명을 하라는데 문맹이라며 모두 멀건이 앉아 있었다. 자초지종을 듣고 답답하여 한마디 거들었다.

"문맹자가 어떻게 서명을 해요! 지문을 찍으면 될 텐데 왜 가만히 들 있어요?"

"우리가 여러 번 사정했는데 꼭 서명을 해야 된다니 방법이 없어 이렇게 있어요."

또 한마디 거들었다.

"여보세요! 문맹자한테 글을 쓰라고 하면 어떻게 합니까? 지문날인을 하면 안 됩니까?"

동사무소 직원은 들은 척도 않고 다른 일을 하고 있다.

'네가 말한다고 될 것 같으면 벌써 처리했지, 지금까지 가만히 있겠느냐. 이 멍청한 놈아.' 비웃고 있는 것 같아 부아가 치밀었다.

'저런 놈들 봉급 주려고 비싼 세금을 내다니···. 세금이 아깝다.'

"이봐요, 손님! 어린애들 글을 가르칠 때처럼 손을 감싸고 서명을 해 주세요!"

그러자 덜할머니가 더할머니 손을 잡고 서명을 해 주었다. 그때서야 동사무소 직원은 서류를 받아 준다. 다시 휠체어와 환자들을 태우고 동사무소를 떠나왔다. 이번에는 은행에 들러 통장을 만들어야 한단다. 숭인동에서 동대문으로 가는 곳에는 버스전용차선이 그려져 있다.

"저 앞이 은행이에요."

전용차선 안으로 들어가 보니, 은행은 한참 앞에 있었다. 다시 나오려고 하니 자동차들이 밀려 나올 수가 없어 앞으로 진행을 하는데 카메라단속반한테 버스전용차선 위반이란 딱지를 끊게 되었다.

"오늘 왜 이러지! 저 녀석한테 딱지 값을 톡톡히 내야 되겠는데요."

"아저씨, 어떻게 하죠! 딱지 날아오면 연락을 주세요. 우리가 증인을 서 줄 테니까."

안타까워서 하는 말일게다.

"공무원들한테 말이 통합니까? 동사무소에서 잘 보셨으면서 그런 말을 해요."

택시는 은행 앞에 도착했다. 다시 더할머니를 휠체어에 태우고 안으로 들어가고 나는 밖에서 기다렸다. 얼마 안 되어 자원봉사자와 휠체어를 밀고 나온다. 문을 열어 주면서,

"은행에서는 일이 빨리 처리되었네요!"

"은행에서는 주민등록증과 대조해야 되니까 주민등록증을 가지고 오래요. 힘들어 죽겠네!"

가는 곳마다 자꾸 제동이 걸리니까 힘이 드는 모양이다.

"아마 비슷한 사기가 많아 못 믿어서 확실하게 해두려는 것이겠죠. 이제 어디로 가죠?"

"다시 병원으로 가요."

"그 연세에 사회봉사를 하시려면 힘이 많이 드실 텐데 어떻게 감당하세요?"

이 노(老) 천사의 말을 요약하면 이렇다. 사관 2기라고 하는데 아마 간호장교였나 보다. 이 일을 하면서 자선이니 봉사니 하는 생각

은 한 번도 해 보지 않았단다. 그저 이 일은 자신의 숙명이라 생각한
단다. 자선이나 봉사라고 생각한다면 힘들어서 지속하지 못했을 것
이다. 아무튼 노 천사의 모습에 나를 비춰 보니 너무나 초라했다.

"어! 아저씨. 미터기도 켜지 않고 다녔네!"

"내 정신 좀 봐. 이렇게 해서 어떻게 돈을 벌겠나."

빙긋이 웃으면서 대답했다.

"에이! 거짓말 말아요."

"됐어요. 그냥 내리세요."

"아니에요. 얼마를 드려야 되죠?"

여러 차례 거절하다가 흉내라도 내야 끝날 것 같았다.

"미터기를 켜지 않은 내 잘못이니까 기본요금 1,900원에다 100원
을 더하여 2,000원을 받겠습니다. 됐죠?"

"에이. 말도 안 되는 소리를 하고 있어!"

"그럼 한 시간 40분이니까 한 30,000원 주시던가!"

그냥 내리시기를 바라면서 소리를 꽥 질렀다.

"기름 값이나 하세요."

꼬깃꼬깃한 지폐 한 장을 차 속에 던져 놓고 뒤도 돌아보지 않고
병원 안으로 사라진다. 멀어져 가는 노인의 뒷모습이 살아 있는 천
사가 아니고 그 무엇이련가!

'세상에 저런 분이 많으면 우리 사회의 미래가 한없이 밝아질 텐
데….' 집으로 돌아와 오늘 있었던 일을 곰곰이 생각해 본다.

'이 귀중한 10,000원을 어떻게 써야 좋을까! 이건 10,000원이 아
닌데….'

며칠 동안 이 일을 생각하다가 '그래! 바로 이거야.' 슈퍼에서 정종

한 병을 샀는데 그래도 1,000원이 남는다.

　설날 아침. 차례를 모시려고 식구들이 죽 늘어섰다. 충청도에서 온 막냇동생이 큰조카를 부른다.

　"야! 얘야. 이 술은 충청도 소곡주인데 차례상에 올려라."

　"예, 작은아버지."

　큰조카가 주전자를 제상 옆으로 가져와 술을 주전자에 부으려 하는데 형수님이 저지시킨다.

　"야! 차례 술은 서울 작은아버지가 가지고 온 술로 올려라."

　기가 죽어 서 있는데 큰형수님이 '쿵' 하고 명령을 내린다. 우리 집의 가풍은 윗분의 명령에 복종하는 것이 최대의 덕목이요, 자랑이다. 그 자리에서 가장 윗분인 형수님의 말씀에 반기를 드는 사람은 있을 수 없다.

　큰조카가 제주를 바꿔 무난히 차례를 마치고 산소에 가려고 가족들이 밖으로 나왔다. 형제 중에 서열이 높은 내가 자동차를 배정한다. 동생의 차는 형수님과 나, 그리고 제수씨가 탔고 나머지 졸개들은 다른 차에 올랐다. 차 안에서 이런저런 말을 하다가,

　"형수님! 오늘 아침 너무 고맙고 행복한데요."

　"왜!"

　"말은 안 했지만, 오늘 차례 모실 때 사용한 술은 아주 특별한 사연이 있는 술입니다."

　정종에 얽힌 이야기를 차 안에서 모두에게 들려주었다.

　"할아버지, 할머니, 아버지, 어머니가 제일 좋아하시겠는걸!"

　"그럴까요?"

　"그 할머닌 지금 몇 살이래?"

"일흔 셋이라고 하던데요."

"부럽네. 정말 사는 것같이 사시는 할머니구먼!"

성묘를 마치고 집으로 돌아와 음식을 먹으면서 이야기꽃을 피운다. 평소에는 음복주를 한 모금하시던 형수가 정종 한 잔을 더 마신다.

"야, 이 술은 특별한 술이다. 이것부터 마시자."

형수님의 한마디에 정종은 금방 바닥이 났다. 부모님이 안 계신 나에게 형수님은 때로는 부모님같이, 때로는 누나같이 보살펴 주시는 아주 고맙고 소중한 분이다. 오늘도 내가 할 수 없는 일을 간단하게 그리고 흔쾌히 해결해 주었다.

'형수님! 고마워요. 이제는 세배를 받으면 세뱃돈만 주시지 말고 나이도 다섯 살쯤 꿀꺽 먹어 버려요! 그리고 젊어지셔서 오래오래 건강하게 사십시오.'

몇 년이 지난 지금도 고맙고 뿌듯한 그때의 기억을 지울 수가 없다.

꽃향기
풍기는 말

때는 1월 중순경! 더할머니와 덜할머니가 택시에 오르는데, 더할머니가 꽃다발을 안고 있다.

"오늘 아침엔 상큼한 아가씨가 아름다운 꽃을 안고 올라오시네!"

"야! 나한테 아가씨란다. 내가 몇 십 년 만에 들어 보는 말이냐?"

"어머님께서 고우니까 그러지, 아무한테나 그러시겠어요!"

나는 인사를 겸한 준비된 농담인데, 덜할머니의 대답은 즉흥적인 대답이다. 관계는 고부간인데 어쩌면 저렇게 다정하고 존중할까 생각하니 이루 형언할 수 없는 존경심마저 든다. 대부분 저 연세가 되면 서로 친구 같은 사이가 되는데! 만일 '어머니는 기사가 인사로 하는 말을 그대로 믿어요!'라고 했다면 얼마나 섭섭했을까! 노며느님의 지혜와 인성에 또다시 찬사를 보낸다.

아들이 결혼할 때 폐백을 받으면서 중전에게 한자(漢字)를 넣은 봉투를 주면서,

"나는 이렇지만 너희들은 아름다운 것만 보고 향기 나는 말만 하며 살았으면 좋겠다."

라고 했던 말이 생각난다. 그야말로 꽃향기 풍기는 말을 노며느님이 하지 않는가! 당시 더할머니의 연세는 93세라고 하는데, 아마 이 가정은 행복이 넘쳐날 것이다.

이런저런 생각을 하다가 목적지에 도착하여 내리는데,

"며칠 지나면 설날인데 손자손녀 세배 받으시고 나이나 다섯 살쯤 꽉 깨물어 드시고 팔학년으로 유급하세요."

"기사 양반이 아주 재밌네! 오늘 아침 아주 기분이 좋구먼! 고맙습니다."

웃으면서 한 손엔 꽃을 들고 한 손은 흔들면서 뒤로 사라진다. 그분들의 따뜻한 관계가 영원하기를 기원한다.

마당쇠 vs 무수리

부부간에 가장 부러운 것은 서로 존댓말을 하는 것으로, 반말을 하거나 막말을 하면 왠지 천박해 보인다. 경기도 광주 방면으로 기억한다. 부부가 택시를 탔는데, 남편이 뒤에 타고 부인이 앞에 앉는다. 일반적인 순서와 전혀 반대로 승차하여 목적지로 출발했다. 서로 아무 말 없이 멀뚱멀뚱하게 달리기가 민망하여 먼저 말을 걸었다.

"사모님, 뒤에 앉은 분이 남편 맞아요?"

"예."

"집에 들어가면 저 마당쇠한테 밥도 주지 말아요. 마님을 먼저 모시고 자기는 나중에 타야지. 이런 경우가 어디 있어! 밥도 주지 마!"

"마당쇠라고요?"

집에 가면 제가 무수리예요. 저분은 왕자님이시고요."

거침없는 부인의 말에 할 말을 잃었다.

'야! 이렇게 남편을 존중하며 사는 아내가 지금도 있네.' 남편은 목에 힘을 주고 말 없이 눈을 감고 있다. 가까울수록 존중하며 살아야 하는데 부럽기도 했다. 앞으로는 부군도 아내를 좀 더 헤아려 주지 않을까 하는 생각을 해 본다. 불현듯 주말농장에서 '우리 집 머슴'이라고 소개한 아내의 말이 떠오른다. 물론 농담이었겠지만…. 또 요즘 젊은 부부들의 풍속을 보면 '이방인의 세계'라는 말이 와 닿는다.

우정(友情)이
술독에

이른 아침, 강북삼성병원에서 서울교육청방면 골목길을 서행하는데 반대편에서 택시를 돌려 달라고 애타게 부탁하는 여성이 있었다. 상당한 거리를 지나도 택시가 오지 않아 차를 돌려 승객을 태웠다.

"안녕하십니까? 어디로 모실까요?"

"너무 가까이 가서 미안해요. 경향신문사 쪽으로 가 주세요."

"무슨 말씀! 내 차를 이용해 줘서 고마운데 너무 민망하게는 하지 마세요."

웃으면서 응대를 하니 승객도 따라 웃으면서 대답을 한다.

"다른 택시기사님들은 가깝다고 싫어하시는데 고맙다는 말은 처음 듣는데요."

필요 이상의 존댓말까지 붙여 주는 승객의 마음이 얼굴만큼이나 예쁘다. 삼성병원 앞에서 신호를 기다리는데 취객이 택시 문을 당기면서 열려고 한다.

"아저씨! 태우세요. 빨리 태우세요. 저는 바로 내려요."

"취객과 합승을 하다니요. 그냥 가시죠."

"빨리 태우시라니까요."

"인천! 어! 사람이 탔네. 그냥 가."

"아저씨, 내가 내릴 테니 타세요. 나는 길만 건너면 돼요."

뒤를 돌아보고 대답할 겨를도 없이 승객은 내려서 길을 건너려고 뛰어나갔다. 오른쪽 받침대에는 3,000원이 가지런히 놓여 있었다.

"인천 어디쯤입니까?"

내비게이션에 입력하려고 준비를 하면서 물었다.

"만수동! 내가 안내할 테니까 일단 경인고속도로로 들어가요."

"신촌을 거쳐 서강대교를 건너가면 되겠습니까?"

"그렇게 하세요. 그런데 대전 현충원까지 얼마나 줘야 돼요."

"아마 20만 원은 주셔야 됩니다."

아무런 말없이 택시는 달리고 있는데 승객이 훌쩍거린다.

"손님, 무슨 일인데 그러십니까?"

"친구가 옷을 입혀 주었을 텐데 깨우지도 않고 자기 혼자 떠나 버렸잖아요!"

무슨 일이 있었는지 이해되지 않는다. 넥타이를 보니 검정색이다. 장례식장에서 친구들과 다투었나 보다 하고 행색을 보니, 다툰 복장은 아니다. 신촌을 지나고 있는데 어디론가 전화를 한다.

"여보, 나야. 친구가 혼자 갔잖아. 어떻게 하지?"

"#$%^&@#%*(#*"

얼마 동안 통화를 하더니,

"대전 현충원으로 가야 될 것 같아."

"#$%^&@#%*(#*"

"아저씨, 강서구청으로 가 주세요."

"강서구청으로 모실게요. 그곳에 가시면 현충원으로 가는 버스가 있는 모양이죠?"

"아니요. 내 차가 그곳 주차장에 있거든요."

"무슨 일인데 그래요?"

개략적인 이야기는 다음과 같다. 상이용사이신 친구 아버님이 별세를 하셨는데, 강북삼성병원에서 발인하여 화장을 한 뒤 대전에 있는 국립현충원에 봉안할 예정이란다. 자신이 이틀 동안 밤샘을 했는데, 이틀째 되는 날 술에 취해 잠이 들었다. 잠에서 깨어 보니 벗고 잤던 재킷이 입혀져 있고 이 재킷은 상주인 친구가 입혀 주고 자신은 화장장으로 가면서 혼자 떠난 것이다. 오랜 기간 지속된 우정으로 너무 미안해 장지에 꼭 참석해야 된단다.

"그래서 내 차를 끌고 대전으로 가려고요."

"지금 만취한 그 몸으로 현충원에 간다는 말인가요?"

"그렇게라도 해야 친구한테 덜 미안할 것 같아서요."

"손님은 아쉽게 생각하지만 친구는 다르게 생각할 겁니다. 장례식장에서 이틀씩이나 밤샘하는 사람이 얼마나 되겠습니까? 우정 표현은 이것으로 충분하니 댁으로 가시지요."

"아닙니다. 나에게는 둘도 없는 친구입니다."

"차를 가지고 가면 서울로 올 때도 운전해야 되잖아요. 화장은 어디에서 하나요?"

"수원에 있는 연화원에서 한다고 했어요."

"필히 장지에까지 가겠다면 음주운전은 생각하지 말고 수원까지 택시로 가시고 그다음부터는 장의차를 타고 다니는 게 좋겠습니다."

"예?"

"손님이 인천으로 가나 수원으로 가나 택시요금은 거의 비슷할 겁니다. 친구를 만나 장의차를 타는 게 좋지, 음주운전으로 문제가 생기면 친구에게 오히려 더 큰 부담만 줄 겁니다."

"그게 좋겠네요. 수원으로 가시지요. 인천이나 비슷할 테니까."

취객을 설득하여 기분 상하지 않게 음주운전을 막았다는 쾌감을 느껴 본다. 내비게이션으로 연화원을 찾으니 나오지 않는다. 승객의 말에 따라 연화장을 찾아도 나오지 않는다.

'이상하다. 대통령도 연화장에서 화장을 했는데 나오지 않다니….'

경기도 전화번호 안내를 받아 전화번호로 내비게이션을 조작하고 있었다. 길안내가 시작되고 서부간선도로를 달리면서 생각하니 잘못하면 헛걸음을 할 것 같았다. 승객에게 전화번호를 가르쳐 주고 시간을 확인해 보라고 했다. 전화를 하던 승객이 소리를 친다.

"오전 8시에 모두 마치고 떠났다고요! 아저씨, 대전으로 갑시다."

수원으로 가는 고속도로에서 대전 현충원을 향해 달려간다. 현충원에 도착하니 12시 35분. 현충원주차장을 돌아보는데, 승객이 찾는 버스는 없다고 한다. 혹시 봉안을 하고 서울로 올라가지는 않았는지 걱정도 된다. 현충원봉안관에 문의해 보니 장의차는 도착했는데 식사 시간이라 1시 40분에 돌아온단다. 여러 대 서 있는 버스를 찾아보는데, 보람상조버스라면서 찾지 말라고 한다.

"바깥하고는 너무 머니까 택시를 타고 나가셨다가 식사하시고 다른 택시를 타고 오시지요."

"기사님하고 같이 식사를 합시다."

"아닙니다. 나는 서울로 올라가야 합니다. 교대시간에 차를 돌려 줘야 하니까요."

"식사하는 데 얼마나 시간이 걸린다고 그러세요."

현충원 내의 주위를 둘러보니 넓고 깨끗하게 정돈되어 있고, 택시는 밖으로 빠져나왔다.

"손님! 저 오른쪽에 식당이 있네요. 그쪽으로 모시겠습니다."

우회전하여 식당에 도착하니 보람상조버스가 마당에 서 있다.

"어! 저 차 같은데."

"야! 네가 어떻게 여기까지 왔어!"

상주인 승객의 친구가 깜짝 반가워한다.

"야! 미안하다!"

두 사람은 얼싸안으면서 눈물을 흘리는 우정이 부럽기까지 했다. 택시비를 카드로 계산하고 두 사람은 식당으로 들어갔다. 혹시 독자들은 취객을 회유하여 너무 멀리까지 택시 영업을 했다고 비웃지나 않을까! 아니면 음주운전을 저지하여 잘했다고 할까! 아무튼 그 승객의 우정이 영원히 계속되기를 기원한다.

회사에 돌아와 다른 기사들에게 물어보니, 택시비를 많이 받았다 한다. 만약 당사자가 이 책을 보거나 연락이 된다면 전화를 부탁한다. 과다하게 징수한 택시비를 돌려줘야 내 마음이 편할 것 같다. 꼭 연락을 바란다. 젊은이의 우정이 너무 아름다워 내가 쐬주 한잔 쏘려고 하니….

외상
손님들

*

승객이 뜸한 밤에 상암동 민가가 없는 곳.

"기사님, 돈이 없어서 그러는데 남양주 도농까지 갈 수 있어요?"

"무슨 일인데요? 타시지요."

놀란 마음을 진정하고 평소대로 대답했다.

"길을 잘 몰라서 그러는데 강변북로로 갈 테니까 분기점부터는 안내해 주셔야 됩니다."

"예, 알겠습니다."

내비게이션이 없을 때라 강북북로로 접어들어 구리시 방향으로 달리면서 말을 걸었다.

"손님이 택시 탄 곳은 술촌도 아니고 주거지도 아닌데, 왜 거기서 택시를 기다렸습니까?"

"지방에서 KTX를 타고 오다가 잠이 들었는데 서울역이 종착역인 줄 알았는데 청소를 한다고 깨워 일어나니까 행신역이잖아요."

"행신역이요! 그럼 행신역에서 여기까지 걸어왔습니까?"

"행신역을 나와 물어보니까 이곳에서 도농행 버스를 탈 수 있다고 하여 왔는데 버스가 끊겨 기다리고 있었습니다."

"아무튼 손님이 열아홉 번째 승객이네요."

"제가 열아홉 번째로 택시를 탔습니까?"

"아니요! 내 택시에 외상으로 타신 손님들의 숫자입니다."

"그럼 나 외에도 돈 없이 택시를 타는 사람이 또 있어요?"

"불가피한 사정으로 드물게 한 번씩 있어요."

"그럼 태워 줍니까?"

"놀다 보니 돈이 떨어져, 지갑을 소매치기 당해, 요금이 부족해서, 카드를 사용할 수 없어 또는 현금인출기가 없는 등 이유는 많죠. 그렇다고 마냥 기다리거나 걸어가라고 할 수 없지 않아요."

"그럼 나중에 택시비는 주나요?"

"늦은 경우는 있지만 아직까지 요금을 주지 않은 사람은 없어요."

"택시 기사님들은 그렇게 말하지 않던데요!"

"돈을 가져온다고 건물에 들어가 기다리다, 들어가 보니 다른 문으로 도망갔다는 말이죠?"

"잘 아시네요."

"나는 하늘이 도왔는지 아직까지 그런 일은 없었어요."

그렇다고 나도 택시요금을 모두 받은 것은 아니다. 하지만 외상으로 승낙한 경우에 봉사했다고 생각하면 마음이 편해진다. 신월동에서 승객이 택시비가 없다고 하자 집에서 나온 어머니,

"내가 니년 땜에 못살아!"

듣기가 민망하여 줄행랑을 친 일, 부천 춘의동 일방통행로에서 카드영수증을 놓고 도망 간 청년, 삼각지 고가 밑에서 택시에서 내려 계단으로 도망간 청년, 신림동 삼총사 등. 휴대폰 번호를 적어 주기에 보지 않고 수첩에 덮어 두니 이상한 듯,

"번호 확인을 해 보지 않으세요?"

"서로 믿지 못하고 확인할 정도라면 처음부터 거절했을 겁니다."

는 등의 말을 하면서 가다 보니 목적지에 도착했다.

"여기가 제가 다니는 회사입니다."

도농에 있는 삼성물류센터로 기억하고 있다.

"여기는 제가 거주하는 기숙사입니다."

"…."

웃으면서 쳐다보다가,

"왜 이렇게 복잡하게…."

"확실하게 말씀드리는 것이 좋지 않아요!"

"거짓말을 한다 해도 내려가 확인할 수 없으니 내 입장은 마찬가지가 아닌가요? 걱정하지 마세요."

"안녕히 가십시오."

다음 날 낮에 잠을 자는 중에 아내가 전화를 받으니,

'너무 고마웠다.'

고 꼭 인사를 해 달란다.

＊＊

신림동에서 의정부를 지나 경기도 양주역까지 가는 젊은 취객이다. 친구들과 다투었는지 하나밖에 입지 않은 와이셔츠 단추가 풀려 있고 옷매무새가 형편없다. 몸이 상당히 비대했다.

목적지까지 가는 길을 물어보고 양주역 근처에서 깨우기로 하고 동부간선도로로 달렸다. 잠을 자면서 계속 몸부림을 치면서 헛소리를 한다. 차 안에서 발길질을 하고 주먹질을 할 때마다 깜짝깜짝 놀라면서 운행을 한다. 헛소리하는 내용을 들으니, 아마도 친구들한테 얻어맞은 모양이다. 의정부역에서 철길을 따라 양주역의 표지판이 나오기만 바라면서 동두천 방향으로 달렸다.

"이봐요, 손님! 양주역입니다."

한두 번 깨운다고 일어날 사람은 아니다. 나도 사람인지라 나중에는 짜증스러웠다. 얼마나 깨웠는지 잠에서 깨 일어났다.

"여기서 어떻게 가야 됩니까?"

잠이 덜 깨어 사방을 둘러보다가,

"저기에서 좌회전!"

좌회전 하는 곳에 양주시청 방면이라는 표지판이 있다. 안으로 조금 들어가니 군부대가 나온다.

"여기 세워 주세요."

그리고 계산을 하려고 카드를 꺼낸다. 택시비는 45,000여 원. 결제하려니 잔액이 없어 허탕이라 다른 카드로 시도해 봐도 결과는 마찬가지.

'자식! 돈이 없으면 처음부터 없다고 했었어야지. 괘씸한 놈이네!'

"주소가 어떻게 돼요!"

괘씸한 생각에 퉁명스럽게 물었다. 주소를 적어 주는데, 경기도 남양주시란다.

"휴대폰 번호는요?"

"주소를 알려 줬잖아요!"

"여기와 알려 준 주소가 다르지 않습니까? 여기는 남양주가 아니지 않습니까?"

"….."

'이 녀석, 질이 아주 안 좋구먼!'

"언제 입금해 주실 겁니까?"

"날이 새면 바로 입금해 드리겠습니다. 그까짓 택시비가 얼마나 된다고…."

순순히 대답했지만 미덥지 않았고, 버릇없는 태도에 화가 났지만 참고 돌아설 수밖에 없었다.

다음 날 전화를 했더니 돈이 없다면서 10일 후에 입금을 하겠단다. 또다시 10여 일이 지난 뒤에 전화하자, 며칠만 더 기다려 달란다. 일주일여를 기다려 전화를 하니까, 이제는 본인이 김영철이 아니란다. 그러더니 다음부터는 받지 않는다. 그 뒤로 여러 차례 전화를 했지만 수신거부로 조작하여 포기를 하고 말았다.

'야! 김영철! 다음에는 네 전화번호를 책에 올려놓을 거야!'

내 경우를 보면, 택시요금이 얼마나 된다고 주지 않겠느냐고 큰소리치는 사람들이 주지 않더라고!

* * *

여성 회사원 이 택시를 타고 약 5분 정도 달리고 있었을 때였다.

"이거 큰일 났네!"

뒤에서 승객의 당황한 목소리가 택시 안을 울렸다. 뒷거울을 통하여 승객이 물건을 뒤적이는 것을 볼 수 있었다.

"야단났네! 지갑을 안 가지고 나왔잖아!"

"….."

"오늘 아침 늦어서 택시를 탔는데….."

"…."

"아저씨! 탔던 자리로 다시 돌아가 주세요."

"늦어서 택시를 타셨다면서 그러면 더 늦을 건데요."

"그러면 어떻게 해요. 방법이 없잖아요!"

"출근 전 5분은 퇴근 후 5시간보다 길다고 하던데….."

"…."

"방법이 하나 있기는 한데….."

"무슨 방법이요?"

묘안을 기대하듯 아주 반가워한다.

"인신을 담보로 하는 것이지요."

"그럼 회사는요!"

"택시 안에 앉아 있어야 되니까 뒷일은 나도 잘 모르겠는데요."

"에이!"

어이없는 제안에 실망을 했는지, 아니면 농담이라 눈치 챘는지 웃으면서 대답한다.

"일단 출근을 하시고 문자로 계좌번호를 보낼 테니 통장으로 넣어주세요."

그리고 휴대전화 번호를 불러 주었다.

"만약 송금을 하지 않으면 어떻게 하시지요?"

"글쎄요. 아직 그런 생각은 해 보지 않았는데요."

"저 같으면 그렇게 안 하겠어요."

아무튼 그녀가 웃는 모습으로 출근하는 모습이 아름다웠다.

택시의 근무 시간은 12시간이다. 근무가 끝나기도 전에 휴대전화의 문자 메시지가 떴다. 빨리 계좌번호를 넣어 달라는 메시지다. 집에 들어와 계좌번호를 보내고 일처리가 되었다.

지금까지의 사례를 보면, 외상으로 택시를 타는 경우는 지갑을 빠뜨리고 택시에 오르는 빈도가 제일 많더라. 자칫 농담을 했다가 범법자가 될 수가 있다는 말을 듣고, 이제부터는 하지 않기로 다짐했다.

나잇값

*

할증시간. 대학로 술촌에서 나이 지긋한 승객이 올랐다.

"어디로 모실까요?"

"양수리, 양수리로 가지."

지금 나이 한 갑이면 옛날의 반 갑도 안 되는데 50~60만 되면 싸가지 없이 반말하는 친구들이 상당히 있다. 이것을 탓하면 이 직업은 다투다가 끝날 판이라 접어 둔 지 오래다. 내비게이션으로 지정해도 약간의 탐색 시간이 있기 때문에 미아리고개 방면으로 향했다.

"어디로 모시는 길이 좋을까요?"

나는 내비게이션을 치고 승객은 생각을 묻자 한동안 말이 없더니,

"강변북로, 강변북로로 가지."

"여기서 강변북로를 가려면 얼마를 가야 되는데요! 고대 앞에서 내부순환도로를 거쳐 태릉 쪽으로 가는 게 빠르지 않을까요?"

"아니, 아니! 한양대 앞으로 해서 강변북로로 가는 게 제일 빨라."

내비게이션으로 경기도 양수리를 지정했다. 이것을 본 승객은 소리를 지른다.

"두물머리, 아이파크!"

아이파크를 지정하고 양수리를 지운다.

두물머리란 남한강과 북한강의 지류가 합해지는 초입이라는 뜻이란다.

"아니, 왜 지워!"

"양수리 아이파크를 지정하려고요."

"양수리 농협 앞에 가면 내가 안내할게."

양수리 농협이 38㎞로 표시된다. 택시는 미아리고개를 넘어 종암사거리 방향으로 내려가는 중이다.

"내비게이션은 내부순환도로로 안내하고 있습니다. 손님."

"아니! 고려대 앞으로 해서 한양대쪽으로 가자니까! 그리고 강변북로를 타!"

"알았습니다."

'이건 이상한데. 그래도 다녀 본 사람이 더 잘 알겠지.'

운전을 하다 보면 길을 우기는 경우가 종종 있는데, 승객이 가자는 곳으로 가지 않고 택시기사가 돌아가더라는 말을 귀가 따갑게 들어왔다. 어떤 사람은 중간에서 차를 세우고 다투기도 했고, 목적지까지 요금이 터무니없이 많이 나왔다는 말은 들어야 할 때도 있는데, 대개 취했을 때 이런 일이 많이 발생했다. 그러니 승객이 원하는 길로 가는 것이 최선임을 권한다. 아무래도 승객이 말하는 길은 아닌 것 같았지만, 더 이상 말하기 싫어서 승객이 가자는 방향으로 차머리를 돌렸다. 택시가 고대 앞으로 진행하자, 승객은 이내 곯아떨어졌다.

종암사거리에서 고대역 방향으로 향하자, 내비게이션의 안내가 시끄러워졌다. 내비게이션은 우회전을 하라고 했다가 U턴을 하라고 하며 시끄럽게 계속해서 북부간선도로로 안내했다. 그러한 안내가 한양대 앞에 올 때까지 반복되더니, 한양대에서 성동교를 넘어 강변북로로 들어서자 내비게이션도 이내 조용해졌다. 강변북로에 진입하려고 돌고 있는데 갑자기 승객이 잠에서 깼다.

"여기가 어디야? 강변북로로 가자고 했잖아!"

"지금 강변북로로 들어가는 중입니다."

"… "

대답과 함께 승객은 다시 잠이 들었고, 택시는 강변북로를 지나 팔당호를 가로질러 목적지에 가까워지고 있다. 양수리는 내가 젊었을 때 많이 왔던 곳으로, 초겨울 물안개가 피어오르면 아내와 같이 겨울 커피를 즐기던 추억이 아련히 떠오른다.

"손님, 양수리 어디쯤이세요?"

"… "

"손님, 양수리 어디쯤이세요?"

"… "

승객을 흔들어 깨우자, 가까스로 일어난다.

"얼마야! 어!"

"41,760원입니다."

"뭐! 40,000원이 넘어!"

"손님이 가자는 대로 온 건데 택시비가 많이 나왔나요?"

"내가 자주 택시를 타는데 이렇게 많이 나온 적이 없어!"

"여기까지 얼마나 주고 다녔는데 그러십니까?"

"어지간하면 주겠는데, 이렇게는 줄 수가 없어!"

38㎞ 정도면 할증시간에 시외의 요금을 할증하면 이 정도는 충분

히 된다. 승객의 나이를 보건대 손자를 본 정도는 되었다.

'나잇값을 하는지 두고 보자.'

"여기까지 얼마나 주시고 다녔는지 말씀해 보세요."

"30,000원 받아 가."

주머니에서 지갑을 열더니 돈을 꺼낸다.

"손님, 그렇게는 못하겠는데요."

"그럼 얼마를 달라는 거야?"

"미터기에 나온 금액을 주셔야지요."

처음부터 계속 반말이라 화가 나기도 한다.

"택시미터기 요금이 40,000원이 넘는데 30,000원이라니요."

"이 자식들 못쓰겠구먼! 빙빙 돌아서 왔다는 말은 안 하고…."

"이봐요. 손님! 취객한테 바가지 씌워 먹고사는 놈은 아니거든요!"

"그런데 왜 4만 원이 넘어! 2만 5천 원에 다니는 택시비가…."

"미터기가 잘못되었든가 아니면 내비게이션이 잘못되었나 보죠?"

"경찰서에 가지. 가만두면 안 되겠구먼!"

"경찰서가 어디에 있는데요. 갑시다."

취객이 길을 가르쳐 주는 대로 택시를 움직여 양서지구대를 찾았다. 승객이 내려가 문을 두드린다.

"이 새끼들, 다 어디 갔어! 근무시간에…."

자세히 보니, 문에 휴대전화번호가 붙어 있어 전화를 걸었다. 신호음은 가는데 전화는 받지 않는다. 승객은 문을 두드리면서 욕설을 하고, 나는 계속해서 전화를 걸었다. 얼마 후 경찰차가 오더니 차에서 내린다. 승객이 볼멘소리를 한다.

"근무시간에 어디를 다니는 거요! 얼마나 기다렸는지 아시요!"

"여기 지구대는 비울 수 있는 곳입니다."

경찰관이 아무렇지도 않게 대답을 한다.

"무슨 일이십니까?"

"이 택시기사가 택시비를 터무니없이 달라고 해서 찾아왔소."

"택시비가 얼마나 나왔는데요?"

"4만 원이 넘게 나왔어."

"평소에 얼마나 나오는데요?"

"2만 5천 원에 타고 다녔어요."

"택시기사는 2만 5천 원 나오는 거리라는데 얼마가 나왔어요?"

"41,760원 나왔습니다."

"왜 이렇게 많이 나왔죠? 2만 5천 원에 다니셨다는데….."

나잇값이나 하는지 두고 보자는 심산으로 시치미를 뚝 떼고,

"나는 여기 길도 모르고 저분이 가자는 대로 왔는데요."

"어디서 택시를 탔는데요?"

"서울 대학로에서 탔습니다."

"대학로에서 여기까지 2만 5천 원에 올 수 있습니까?"

경찰관도 승객에게 미심쩍다는 듯 반문한다.

"예. 자주 다니는 길인데 오늘 같은 일은 처음 당해요. 4만 원이
뭐여! 4만 원이…."

어이가 없어 조용히 있으니까 자신을 비웃는 줄도 모르고 계속….

"기사님이 2만 5천 원을 받아 가시면 안 되겠습니까?"

"예! 내가 그냥 가지요. 택시하고 격이 맞지 않는 사람 같아서요."

"뭐요! 내가 여기를 한두 번 다닌 줄 알아요?"

자신을 비웃고 있다는 사실을 인지했나 보다. 존댓말도 하고 택시

를 이용했었다는 말도 하는 모양을 보니….

"이봐요, 선생. 그냥 들어가세요. 다른 사람한테는 이러지 말고."

"… ."

택시 문을 열려고 하자 앞을 가로막는다.

"택시비는 받아야 되는 것 아니요!"

"주려면 다 주고 아니면 말라니까요. 정당한 요금을 가지고 무슨 흥정을 합니까?"

"그러지 마시고요. 합의를 해 보세요."

"저분도 그냥 가실 수 없다고 하잖아요."

"이상한 사람들이네. 무슨 협상을 해요. 돈이 없으면 없다고 하지."

"내가 돈이 없다고 했어요?"

"댁이 어디예요?"

"아이파크 201동 ○○○호요."

"선생이 탄 곳에서 여기까지의 거리는 북부간선도로를 이용해도 40㎞입니다. 이 거리를 할증시간에 시외할증까지 왔는데 25,000원에 오는 택시기사가 있으면 불러 주세요. 그럼 내가 요금만큼 드릴 테니까. 나이 들어 가지고 말도 안 되는 소리를 하고 있어."

"손님이 25,000원에 다녔다고 하니 30,000원이라도 받아 가세요. 기사님도 그냥 가시면 손해잖아요."

경찰관이 중재하여 한참 동안 실랑이를 하다가 결국 승낙을 했다. 게다가 승객이 지갑에서 돈을 꺼내는데 30,000원밖에 없더라.

어어! 택시에 올라 차를 돌리는데 승객이 점퍼를 놓고 내렸다. 승객은 벌써 저만치 걸어가고 있어 쫓아가 점퍼를 돌려주었다. 점퍼를 돌려받은 승객은 현금이 없어 미안하다고 사과한다.

'영감! 이제는 택시요금 가지고 다투지 마시요.'

야간에 취객이 택시에 올라 억지를 부리는 경우들이 많아, 주간만 하는 택시기사들이 많음을 알아 두었으면 한다.

**

내가 운전하면서 가장 신경 쓰는 사람은 택시기사가 탑승한 경우이고, 다음은 취객이 택시를 타는 경우였다. '오늘 개인택시 모임이 있었는데 왜 우리들이 법인택시를 탔는지 아느냐.'며 고성방가를 하는 기사들, '할증요금이 풀리려면 3분밖에 남지 않았는데 할증요금을 누르느냐.'며 소주병을 가지고 올라온 사람, '택시기사는 차가 잘 빠지는 차선으로 눈치껏 왔다 갔다 해야지 이래도 되느냐.'며 두런거리던 일들이 떠오른다. 물론 이런 말을 들으면서 응대한 경우도 있었지만, 대부분 가치 없는 말에 지나쳐 버렸었다.

회사에서 나오자마자 예쁘장한 승객이 차에 오른다.

"아저씨, 강서구청사거리에서 좌회전하여 바로 우회전해 주세요."

"예, 알았습니다."

승객의 말대로 우회전하면 등촌 아파트단지가 보인다. 언젠가 돈이 없는 취객을 집에 데려다주니 고맙다고 치하받았던 일이 생각난다.

"정신없는 사람을 집에까지 안전하게 데려다줘서 고맙습니다."

지난간 겨울일이 주마등처럼 앞을 지나간다. 감회에 젖어 나오는데, 중장년층의 두 사람이 황급히 차를 세운다. 한 사람은 자전거를 가지고 있고, 다른 한 사람이 담배를 들고 차에 오른다.

"어서 오십시오. 어디로 모실까요?"

"기사님, 담배를 태우고 차를 타려 했는데 택시가 와서…."

담배를 들고 택시에 오르는 승객을 보니, 금방 불을 붙인 모양이다.

"뒷문을 열고 태우세요. 담배를 태우지 않는 승객도 있으니까."

환풍기를 조정하여 외부의 공기를 흡입하도록 조정하고 출발했다.

"어디로 모실까요?"

"역말사거리요."

승객의 모습을 보니 만취는 아니지만 얼큰하게 취한 정도는 된다. 승객의 목적지까지는 초행이라 단거리가 어디인지 잘 몰랐다.

"어디로 가는 게 좋을까요?"

내비게이션을 클릭하면서 물어보았다.

"내가 길을 아니까 쭉 가요."

나이 든 승객들이 자주하는 말이다.

오늘 따라 기계가 말을 듣지 않는다. 아마 접속 인구가 많아 작동이 되지 않는 모양이다. 아무래도 기계 작동을 하느라 더듬거렸나 보다. 모르는 길을 물었을 때 어떻게 가자고 설명하는 승객은 별문제가 없지만, 지금처럼 대답하는 사람은 문제가 많이 발생하여 긴장을 하면서 주행한다. 특히 택시기사가 택시를 타면 더욱 긴장하게 된다. 그때, 개인택시 한 대가 방향지시등도 없이 갑자기 앞으로 쑥 끼어 들어와 멈칫했다.

"아이! 나도 개인택시를 15년 하다가 팔고 영업용을 하는데, 요즈음 개인택시를 보면 조금씩 화가 난단 말이야."

혼자서 중얼거린다.

"저런 일들이 개인택시가 법인택시보다 상당히 심하죠?"

"…."

운전자라면 누구나 느끼겠지만, 회전이나 차선을 바꾸는 과정에서 방향지시등을 켜는 확률은 자가용 승용차가 택시보다 훨씬 많다. 그리고 법인택시가 개인택시보다 많이, 개인택시는 일반개인이 모범택시보다 많이 한다. 또 자가용승용차는 비싼 차일수록 기본 질서에 무감각함을 길거리에서 쉽게 볼 수 있다. 이러한 현상이 우리가 사는 사회하고 닮았으리라! 택시운전사들에게 '길거리에서 벌어먹고 사니까 우리가 길거리 질서를 먼저 지키자.'고 간곡히 부탁해 본다.

오늘따라 내비게이션이 계속해서 작동하지 않는다. 승객은 볼펜을 꺼내더니 기계가 좋지 않다며 자기 것인 양 이것저것 쑤석거린다.

"운전을 한 지는 얼마나 되었어?"

"얼마 되지 않았습니다. 그러니까 더듬거리지요."

"친절 콜이 제일 안 좋아. 기계도 중국에서 막 찍어내 고장도 잘나고. 우리 회사는 친절 콜과 다른 콜을 쓰고 있는데, 친절 콜이 승객도 많지만 가격이 너무 싸서 싫어."

"…"

그러니까 이 사람은 친절콜에 단거리승객이 많다는 말이다.

'이 자식! 나도 내일 모레면 손자 볼 나이인데 되게 싸가지 없네.'

계속되는 반말에 기분이 상해 듣고만 있었다.

"친절 콜이 들어와 받아 봤더니 미국 놈이 탔는데 겨우 5,600원이야. 그러더니 요금을 5,600원을 세어 주잖아. 그래서 1,000원을 더 달라고 원따우즌(천), 원따우즌 하면서 콜비를 기어이 받았지."

"…"

얼마나 섭섭했는지 흥분을 하면서 10원짜리 인생론을 늘어놓는다.

'인마! 살다 보면 흐린 날도 있고 갠 날도 있는 것이다. 나잇값이

나 해라. 짜식!'

내가 콜을 받아 보면 10,000원을 넘는 경우보다 넘지 않는 일이 훨씬 많다. 승객한테서 목적지를 묻지 않고 접수를 받아 주는 친절 콜이 좋아 이것으로 바꾸었다는 어떤 승객의 말을 듣고 콜서비스회 사에 전화했던 생각도 난다. 긴장을 풀지 않고 3차로로 운행을 하다 가 교차로의 제일 앞에서 멈췄다.

"여기서 좌회전! 좌회전을 하라고!"

"….."

"좌회전을 해야 된다고!"

숨을 쉴 틈도 없이 소리를 지른다.

"손님, 지금 직진차선에 있잖아요. 미리 이야기를 했어야죠."

당황하여 대답을 했다.

"지금 좌회전을 해!"

"빨간불인데 3차선에서 어떻게 좌회전을 해요!"

짜증스럽게 대답을 했다.

"지금 빨리하면 되잖아. 빨리!"

기가 막혀 화도 났지만 시비하기가 싫어 다른 차량들이 정지한 앞 으로 좌회전을 했다. 택시 운전을 한다는 이 사람은 평소에 이러한 일을 자주 하는 모양이다.

DMC사거리에서 우회전을 하여 증산역지하도 방향으로 좌회전 을 하여 택시를 달렸다. 한마디로 '네 멋대로 하세요.'라면서 시키는 대로 운전했다는 말이 맞을 것이다. 이 승객은 직진하여 좌회전하면 될 일을 신호에 걸리니까 차선을 무시하고 좌회전했다가 다시 우회 전하여 좌회전하는 길로 억지를 부렸던 것이다. 즉 'ㄱ'자로 갈 길을 차선위반을 하면서까지 'ㄷ'자로 가자고 종용했던 것이다.

'뭐 이런 자식이 다 있어!' 기본이 안 된 놈이 택시 운전을 한다는 사실이 한심하기까지 했다.

'개한테는 똥이 최고'라고 비위를 맞추면서 빨리 내리기를 바라면서 목적지 근처까지 왔다. 주머니를 뒤져 휴대전화를 꺼내더니 전화를 한다. 아내한테 택시를 타고 가니까 나오라는 것이다.

"저 트럭 뒤에 내려줘."

반말을 하는데 울화가 치밀어 옆을 힐끗 쳐다봤다. 주머니에 휴대전화를 집어넣고 있다. 아마 내릴 준비를 하는 모양이다.

"여기 내려 줘!"

"어디요."

"지나왔잖아!"

"트럭 뒤에 내리신다고 했잖아요!"

"아이! 사람이 기다리는데 넘었잖아!"

옆을 보니 가정주부가 서 있어 급정거를 했는데 횡단보도다.

"너 난폭운전을 해? 지금 몇 킬로로 달렸어."

"뭐 이런 자식이 다 있어? 저 트럭 뒤에 세워 달라고 했잖아."

택시미터기에 9,100원이 찍혀 있다.

"9,100원이나 나왔네. 이런 놈이⋯."

주머니에서 지갑을 꺼내더니 카드를 던지니까 의자 뒤로 떨어졌다. 카드를 줍는 사이에 택시에서 내렸다. 뒤에 있던 여자가 택시 옆으로 걸어와 쳐다본다. 카드를 주워 열려 있는 문으로 집어 던졌다.

"야 인마! 너 같은 놈들한테 택시비 받고 먹고사는 놈 아니야. 밟아 버릴까 보다, 이 자식!"

"뭐! 택시기사가 욕을 해."

밖에 서 있는 여자를 향하여 물어봤다.

"저 사람 어디서 일해요!"

"당신이 그걸 알아서 무얼 하려고 물어봐!"

부창부수(夫唱婦隨)라더니 같은 크기의 인성을 지닌 부부다. 취한 남편이 남과 다투면 먼저 말리고 자초지종을 물어야 하는데, 처음부터 같이 덤빈다니! 취객은 응원군 아내를 보고 신이 났는지 택시 앞을 가로막고 112에 신고를 한다.

"저런 놈은 혼이 나 봐야 돼!"

기세가 등등하다.

"야 인마! 비켜 횡단보도야. 차나 빼 놓게 비켜!"

"이런 놈이 택시 운전을 한다고! 혼이 한번 나 봐야 돼."

계속해서 차를 가로막아 차에서 내렸다.

"야 인마, 너 같은 얘들한테 혼날 놈이 아니니까 까불지 마. 한주먹 감도 안 되는 놈이…."

고성이 오가며 격해져 있는 사이, 저 앞에서 경찰차가 다가온다.

"왜 그러세요?"

먼저 지금까지의 일을 소상하게 이야기했다.

"경찰관님, 내가 저 뒤에 있는 편의점 앞에서 내려 달라고 했는데 이놈이 여기까지 끌고 와서 카드를 내팽개치지 않습니까. 이런 놈이 있으니까 택시기사들이 욕을 먹습니다."

"이 자식, 똑바로 얘기해, 인마. 택시기사 근성이 자랑이라고."

택시 운전 경력이 적다고 계속 반말을 하지 않는가, 남의 물건을 자기 것처럼 가지고 놀지 않는가, 'ㄱ'자로 가면 될 것을 무리하게 'ㄷ'

자로 가자고 차선위반을 종용하지를 않는가, 내려 달라는 장소에서 내리면 되는 것을 억지를 부리지 않는가, 취한 몸을 안전하게 데려다 주었으면 고맙다고 사례는 못할망정 돈을 팽개치지를 않나, 완전히 논두렁에서 우렁이 잡던 버릇을 하는 승객한테 경찰관이 말한다.

"이봐요. 당신도 택시 운전을 한다면서 이게 무슨 짓입니까?"

"내가 무슨 잘못을 했다고! 저런 놈이 택시 운전을 하니까 택시기 사들이 욕을 먹어!"

'쌀이 익었으니까 아프다는 말을 하지 않지. 나잇값이나 해라.'

택시기사가 택시를 타면, 한마디로 싸가지가 없는 경우가 많다. 그래서 운전하면서 택시기사라고 하면 지금도 신경을 곤두세운다. 그리고 택시기사들에게 덧붙이자면, 아무한테나 반말은 삼가 하자고!

술이란 무엇인가? 나는 '신이 주는 물'이라 하여 신의 시옷
이 물의 미음을 쫓아내 술이라 부른다고 대답한다. 그런데
적당히 마셔야 할 이것이 그릇에 넘쳐흘러 주변을 지저분
하게 하는 사례가 너무 많아 어떻게 해결할 방법은 없는지
생각해 봐야 할 필요가 있다.

나는 택시가 승객을 거절하면 일부러 그 사람들을 태우는
데, 그중에서 취객이 제일 많고 그 추태는 나이가 많을수
록 심하다.

이 책에 수록한 이야기를 술에 중점을 둔다면 반 이상이
술로 인한 사건일 것이다. 흔한 예를 들자면, 자신을 추스
르지 못할 정도의 취객이 차에 오르면 승객의 주소를 묻는
데, 젊은이들은 대부분 주소를 가르쳐 준다.

그런데 나이든 사람에게 물으면 대부분,

"내가 안내할 테니까 갑시다. 아직 취하지는 않았어요."

그리고 채 5분도 안 되어 곯아떨어지기 일쑤다.

주소를 알려 달라는 것은 목적지까지 편히 모시려 할 뿐이
다. 나이 들면서 젊은이들의 귀감이 되는 행동은 못할지언
정 인상을 찌푸리는 일은 하지 않도록 다 같이 노력해 보자.
그리고 경찰관은 취객들과의 마찰에서 마무리만 하려 하
지 말고, 영업을 못하는 시간만큼 범칙금이나 과태료로 처
리하여 가처분소득이 없어 세금을 내지 못하는 택시기사
들의 세금을 여기에서나마 거두어들이는 것이 좋을 듯하
다. 아니면 블랙박스에 찍혀 있는 영상이나 음성을 그 가
정에 보내어 가족끼리 감상해 보이도록 하는 것은 어떨지
진지하게 생각해 볼 일이다.

6.
술의 포로들

나처럼 살면
안 돼요

상계동에서 중년 부인이 차에 올랐다. 목적지는 송곡여고! 전혀 알지 못하는 곳이라 내비게이션으로 지정하고 목적지를 향했다. 구리 방향으로 가다가 신내 IC로 빠져나와 골목을 누비다가 목적지에 도착했다. 아마 구리시와 망우리 사이에 위치한 것 같다. 더듬거리고 골목을 나오고 있는데, 취객 두 사람이 차를 잡는다. 그중 한 사람이 차에 올랐다.

"어디로 모실까요?"

"신내동으로 갑시다."

"내가 길을 몰라 내비게이션으로 찾아가려는데 정확한 위치를 말해 주시지요."

"그런 것 필요 없이 내가 안내하면 될 것 아니요!"

소리를 꽥 지른다. 골목을 빠져나오다가 삼거리가 나온다.

"여기서 어느 방향으로 가야 하나요? 오른쪽으로 나가면 됩니까?"

"운동장! 운동장으로 가라고!"

"길을 몰라 가르쳐 달라고 하는데 그렇게 화낼 것은 없잖아요. 젊은 사람이…."

"…."

"왼쪽으로 나가야 됩니까?"

"예!"

처음부터 말투가 볼멘 시비조다. 달리다 보니 교차로가 나온다.

"어느 방향으로 가야 합니까?"

"왼쪽! 좌회전하여 계속 갑시다."

잠시 후 다시 교차로가 나온다.

"여기에서는 어느 방향이요?"

"여기가 어디야! 어떻게 여기까지 왔어!"

"당신이 가자는 곳으로 왔잖아요. 앞으로 가면 중랑구청, 오른쪽은 태릉 방면이네. 그리고 여기는 신내1동이구먼."

"신내1, 2단지를 쳐 봐!"

젊은 놈이 나하고 논물을 트고 지내자고 하나 보다. 내비게이션으로 신내1, 2단지를 지정해 보니 나오지 않는다.

"이거 안 나오는데."

"내가 나가서 찾아봐야지. 이걸 놓고 가면 되지?"

휴대폰을 건넨다.

"됐어요. 집이나 찾아봐요."

한동안 두리번거리다가 들어온다.

"아이! 모르겠는데. 여기가 어디라고 했지?"

"신내1동입니다."

"동성아파트 1, 2차라고 했는데 왜 모른다는 거야!"

"처음부터 동성아파트라고 했으면 바로 찾아왔죠. 지금 말했잖아."

동성아파트를 찾아보니 신내동에서 나온다. 지정을 하니까 우회전을 하란다.

"이거 택시비가 없어서 어떻게 하지! 안 받으면 안 돼요?"

"그렇게는 안 되겠는데!"

내 인내심에도 한계는 있고 참을 만큼 참았다고 생각했다.

"아이! 어떻게 하지? 가지고 나오라고 해야지."

혼자서 중얼거리고 전화를 한다. 300여 미터를 가니까 오른편에 동성아파트가 보인다.

"야! 택시비 가지고 내려와!"

전화로 옥신각신하기를 10여 분. 야간 택시 운전을 하면 가장 중요한 시간이 자정쯤인데, 이 시간을 이렇게 보내다니…. 생각할수록 화가 난다. 밖에 나갔던 그가 택시 문을 두드린다.

"아저씨, 사장님! 다음에 드리면 안 돼요?"

"예, 안 됩니다."

"나처럼 살면 안 돼요. 아, 이거 어떻게 하지!"

자기 아내한테 택시비를 가져오라 부탁했다가 거절당했나 보다.

"이봐요, 불알을 떼어 놓고 갔다가 택시비를 가지고 와서 찾아가면 되겠네."

"뭐!"

"아가, 내가 네 친구냐! 화나게 하지 마라. 내리면 머리 아픈 일이 벌어진다."

계속해서 어디론가 전화를 하더니 내려간다. 얼마나 기다렸을까. 예쁘장한 젊은 여자가 내려와 만 원을 가지고 나왔다.

"얼마죠?"

앙칼진 목소리. 아무런 말도 하지 않고 오천 원을 거슬러 줬다. 그리고 차를 돌려 나오면서 취객들하고 있었던 일들을 회상해 봤다.

딸꾹질과
생수 한 병

아현동에서 중년 취객이 택시에 올랐다. 새벽녘인데 술이 많이 취했다.

"손님, 어디로 모실까요?"

"개봉동이요."

"개봉동 어디쯤 되십니까?"

"개봉사거리 고가 넘어 왼쪽으로 들어가요."

전에 살았던 곳이라 위치 설명이 이상하여 고개를 갸우뚱하며 개봉동 일대를 그려 보았다.

"개봉사거리에서 좌회전을 하면 현대아파트단지인데, 아닌가요?"

"아니요! 우리 집은 아파트가 아니란 말이요."

약간 화가 난 말투다. 취객한테 꼬치꼬치 물으면 성질을 내고 사태가 자꾸 꼬이는 것이 보통이다. 이상했지만 잠자코 있었다. 그런데 이 승객은 취하기도 했지만, 딸꾹질을 아주 심하게 하고 있다. 탈 때부터 시작된 딸꾹질이 신촌을 지날 때까지도 그치지 않고 계속된다. 아니, 더욱 심해진다는 편이 옳을 것이다.

"손님, 따뜻한 베지밀을 하나 사 드릴까요?"

"괜찮아요!"

퉁명스럽게 쏘아붙인다. 나는 딸꾹질을 무척 두려워한다. 한번 시작했다 하면 며칠이고 지속되는 바람에 결국은 병원 치료를 받고 2~3일 뒤에 겨우 멈추기 때문이다. 물을 먹여야 하는데, 좋은 묘안이 없을까?

"딸꾹질은 횡격막에 경련이 생겨 일어난다는데 아주 안 좋은 것입니다. 특히 나이 들어서 딸꾹질을 지속하면 다른 기관에도 영향을 미친다고 하는데, 따뜻한 드링크를 한 병 마시지요. 내가 사 드릴게요."

"조금 지나면 괜찮으니까 걱정 마쇼! 귀찮게 하지 말고."

"손님은 괜찮겠지만 내가 불안해서 그래요."

"내가 지금 돈이 없어서 그러는 줄 아쇼!"

역시 기분이 많이 상했나 보다.

"손님, 기분 나쁘게 생각하지 말아요. 내 차를 이용하시는 분이라 고마워서 하는 말이니까."

"… ."

"저 앞에 편의점이 있네. 가만히 계세요. 내가 사 올 테니까."

"나는 드링크는 안 먹어요. 사려거든 생수나 한 병 주세요."

"그렇게 하지요."

편의점 앞에 택시를 정차하고 작은 생수 한 병을 사서 승객에게 건넸다.

"기사님 것은 어디 있어요? 내가 돈을 줄 테니까 같이 마십시다."

그러더니 주머니를 뒤적인다.

"내가 음료수를 마시면 소변이나 자주 보지, 좋은 일이 없으니까 걱정 말고 빨리 드세요."

주머니 뒤지는 걸 멈추고 생수를 꿀꺽꿀꺽 마신다. 승객이 생수를 두어 차례 나누어 마시자 곧 딸꾹질이 멈췄다.

"봐요. 생수를 마시니까 곧 멈추지 않아요."

찬 생수를 마시고 나니 딸꾹질도 멈추고 정신도 드는 모양이다.

'녀석! 어른 말을 들으면 자다가 꿈에도 떡을 얻어먹는다는데 진작 말을 들었을 일이지!'

물을 마시기 전보다 말투도 훨씬 부드러워졌다.

'이제는 말을 해도 버릇없이 굴지는 않겠지!'

"개봉사거리에서 광명 방향으로 고가도로를 넘어 좌회전을 하면 현대아파트 단지인데, 그곳이 손님 댁입니까?"

"아니요. 나는 광명사거리 쪽으로 더 가야 돼요."

"고가도로가 없는데 어딘지 감이 오질 않네요."

"대원주유소를 지나 다리 넘어 좌회전입니다."

"목감천을 낀 광명시인가 보네?"

"어떻게 잘 아시네요."

"얼마 전 아이파크에 살았었거든요."

이야기를 나누다 보니 목적지에 다다랐다.

"여기가 광명 1동입니다."

"여기가 광명 1동인 줄 처음 알았네."

"기사님, 잘 가세요. 잔돈은 생수 값으로 생각하세요."

거스름돈은 800원이 남는다.

'차라리 아무 말이나 하지 말 것이지, 이것을 꼭 생수 값이라고 해야 되나!'

"아저씨, 고맙습니다. 안전운전하세요."

그래도 탈 없이 목적지까지 온 것이 고마웠다. 승객에게 건넨 조그만 친절이 마음을 달라지게 했다는 생각에 조그만 보람을 느껴 본다.

행신동
생각에…

자정이 가까울 무렵. 양재동에서 회사원으로 보이는 젊은 사람들이 만취한 동료를 부축하며 묻는다.

"아저씨, 태워 줄 수 있어요?"

"어디 가시죠?"

"고양시 행신동에 가는데요, 이 친구가 너무 취해서….."

여러 명이 택시마다 사정을 해도 그냥 지나치는 것을 보니, 모두가 거절을 하는 모양이다. 문득 돌아가신 장인어른과 처음 대면을 했을 때가 생각났다.

"당신! 술 마실 줄 알아요?"

"예, 마실 줄 압니다."

"주량이 얼마나 돼요?"

장인어른의 목소리는 아주 걸걸하셨지만 약주를 하지 않으신다는 사실을 결혼 후에야 알았다. 내 성격에 거짓말을 할 수 없어,

"들고는 못 가도 넣고 갈 정도는 됩니다."

"야! 저 정도 배짱이라면 굶기지는 않겠다. 가거라."

장인어른의 이 한마디에 나의 결혼을 처가에서 반대하는 사람은 아무도 없었다. 술에 얽힌 이런저런 생각을 하다가,

"타시죠."

"고맙습니다."

"주소가 어떻게 되죠? 택시 안에서 잠들면 집을 찾지 못할 수도 있으니까."

"행신동 햇빛마을입니다. 감사합니다."

"손님 댁의 전화번호를 알려 주시겠습니까?"

"제 전화번호를 알려 드리죠. 제가 연락하여 전화를 드리라고 하겠습니다."

전화번호를 확인하고 길을 떠났다. 택시는 강남대로 양재역 근처를 달려가고 있다. 뒤에서 신음소리가 들리더니 이내 국물 엎어지는 소리로 변한다. 이어서 시큼한 라면국물 냄새가 코를 찌른다. 창문을 열어 놓고 담배를 꺼내 물었다.

"무-울, 무-울, 무-울, 무-울."

취객이 신음을 하듯 물을 찾는다. 교보사거리에서 좌회전을 하려다 논현역에서 좌회전을 했다. 편의점을 찾기 위해서였다. 처음부터 이런 일이 일어날 수 있다는 생각을 했던 터였다. 강남역사거리에서 논현역사거리까지 오는 동안 뒤따르던 택시들이 경적을 울리기도 하고, 옆으로 다가와 토한다는 시늉을 해 보이기도 하면서 지나간다. 그때마다 고개를 끄덕여 보이고 고맙다는 인사를 하면서 가는 길을 재촉했다. 그런데 오늘따라 편의점이 눈에 띄질 않는다. 개똥도 약에 쓰려면 귀하다더니 아마 이런 때를 두고 하는 말인가 보다. 그렇게 많이 보이던 편의점이 모두 문을 닫았다. 고속터미널을 지나 반포대교 방향으로 가는데, 드디어 애타게 찾던 편의점이 보였다.

길가에 차를 주차하고 걸어 들어가 편의점에서 생수 한 병을 샀다. 일이 잘 되지 않으려니까 이것도 속을 썩인다. 택시에서 나올 때 1,000원짜리 지폐 한 장을 가지고 나왔는데 1,050원이란다. 50원이 부족해서 한참 뒤에 있는 택시까지 가야 될 판이다. 뒤로 돌아서려니까,

"택시기사신가 보네요. 차 속에 손님이 일을 저질렀나 보네."

"예."

"택시 운전하면 그게 제일 지랄 같을 거요. 쯧쯧, 됐어요."

과부 심정은 홀아비가 알아준다더니, 24시 영업을 하면서 이런 일을 자주 겪었었나 보다. 그럭저럭 행신동에 와서 그의 아내와 통화를 하여 집을 찾았다.

그런데 차에 마중 나온 사람은 승객의 처남이었다. 누이의 말을 듣고 나왔다면서 만 원을 더 주며 생색을 내며 세차를 하란다. 처음 이 사람을 태울 때 세차비나 받으려고 여기까지 온 건 아닌데 미안하다는 말 한마디 없이 생색내는 것처럼 하는 행동이 너무 야속하더라! 경주에 다녀왔을 때 행신동 승객의 고마운 생각이 떠올라 온 것인데….

개천지

*

겨울 날씨가 꽤 쌀쌀한 밤의 화곡전화국 앞. 웬 거지같은 사람이 비틀거리면서 택시를 잡으려고 애를 쓴다. 술촌에서 만취한 사람은 젊은이가 많은데, 택시를 잡으려는 사람은 나이 든 사람이 많다. 이것은 나이 든 우리들의 자화상이라고 생각해 보도록 하자.

이번에도 어김없이 택시들은 연달아 그 앞을 비켜 가는데, 목격한 택시만 해도 10여 대 이상이 된다. 다가가 보니 50대 는 되어 보이는 만취한 승객이다.

"어디 가세요?"

"김포! 25,000원!"

"다른 택시들이 안 태워 줘요?"

"C8놈들이 그냥 지나가네. 내 돈은 받기 싫다, 이거지!"

"술이 너무 많이 취하셨네. 김포 어디쯤 돼요."

"장기지구 초입. 너무 적어? 그럼 30,000원!"

"타십시오. 내가 길을 잘 모르니까 위치는 가르쳐 줘야 돼요."

이때는 내비게이션이 없어서 위치를 물어서 다닐 때였다.

"걱정 마쇼! 장기택지지구에 들어가면서 얘기해요."

"장기택지지구가 어디인지 모르니까 가르쳐 달라고요."

"그런 것도 모르고 택시 운전을 해? 그러고 돈을 벌려고!"

객기를 부리는 이 사람은 약간 기를 죽일 필요가 있을 것 같았다.

"이봐! 거지같은 차림에 만취한 사람을 누가 태워!"

"그래서 못 간다고? 경찰에 신고해 버릴까?"

"그래서 가겠다는 거야, 내리겠다는 거야?"

취객은 주머니에서 휴대전화를 꺼낸다.

"야! 인마. 까불지 말고 내려. 경찰청장이 내 조카야. 좋게 말할 때 내려."

"…."

"안 내려? 끌어내릴까?"

기에 눌렸는지 꺼냈던 휴대전화를 주머니에 다시 넣는다.

"30,000원을 줄 테니까 출발하자고요!"

"돈 안 벌 테니까 내려. 어서!"

"잘못했어요. 출발하자고요."

"내리라고 했어. 안 내리면 정말 끌어내린다."

"잘못했다니까요. 빨리 갑시다."

"길도 잘 모르는데 허둥대다가 사고 낼 것 같아서 그러니까 내리라고!"

"내가 안내를 할 테니까 일단 강화도 쪽으로 가요."

"돈은 있어? 어디 봐."

"20,000원은 여기 있고 10,000원은 집에 가서 줄게요."

아주 정신이 없을 정도로 취하지는 않은 것 같았다. 일단 20,000원을 받고 놓고 출발했다.

"출발은 하는데 또 객기를 부리면 아무 곳이나 내려놓을 거야."

"…."

화곡전화국 앞에서 남부순환도로로 들어서자, 승객이 자기 부인과 통화를 한다. 아마 그의 부인도 지금 밖에서 취해 있는 모양이다. 욕설을 하면서 고래고래 소리를 지른다.

"송정역으로 갑시다."

"송정역은 왜요?"

"마누라를 태우고 가야겠어!"

"맞아요. 택시비를 이중으로 낼 필요는 없지. 같이 갈 수 있다면 당연히 같이 가야지."

송정전철역 앞에 차를 대고 기다리면서 또 부인한테 욕설을 한다. 위치를 알려 주고 밖으로 나간다. 그렇게 얼마나 기다렸을까!

"C8년! 저 혼자 가! 어디 보자."

두런두런하면서 택시 안으로 들어오더니,

"갑시다. 그냥 가 버렸대. C8!"

택시는 남부순환도로를 지나 김포 방향으로 달린다. 밤바람은 차가왔지만 술 냄새 때문에 문을 열어 놓았더니 기분은 상쾌했다. 취객을 태웠을 때 가장 두려운 것은 차 안에다 라면국물을 엎어 놓는 것이라 춥기는 했지만 참아야 했고, 취객이 자는 것을 방지하는 하나의 방법도 될 테니까.

"이봐요 손님! 김포에 다 왔는데 어디로 가야 되지요?"

조용하여 뒤를 돌아보니 자는지, 자는 척하는지 대답이 없다. 길가에 차를 세우고 흔들어도 기척이 없다.

'길은 모르고 이거 어떻게 해야 되나!'

밖에서 담배를 한 개비 태우면서 생각하니 한심했다.

'어떻게 할까! 맞아. 이렇게 한번 해 보자.'

운전석에 앉아,

"여보세요. 손님! 김포에 다 왔는데 어디로 가야 됩니까?"

"…."

같은 말을 여러 차례 반복하여 깨워도 반응이 없다.

"이거 어쩔 수 없구면. 약속대로 한강변에 내려놓고 가야 되겠네!"

강화방면 외곽도로로 가속 페달을 밟는다.

"할 수 없지. 뭐."

나 혼자 큰소리로 지껄이면서 길을 재촉했다. 뒤에서 기척이 있음을 느꼈다. 모르는 척 고속으로 신나게 달린다.

"여기가 어디지?"

"…."

"어디로 가려고 하는 거야!"

"…."

겁이 났는지 다급하게 소리를 지른다. 승객이 소리를 지르는 동안 조용히 달리기만 했다.

"약속대로 한강변에 내려놓고 가려고 지금 가는 중이야."

"그럼 나는 어떻게 하라고!"

"글쎄, 그것까지는 모르겠고 길을 가르쳐 주지 않으면 내려놓기로 약속했었으니까."

"저! 저! 저! 저 앞 사거리에서 좌회전!"

안 되겠다고 생각했는지 다급하게 소리를 지른다.

"한강으로 가려면 우회전을 해야 되잖아!"

"아저씨, 우리 집에는 데려다줘야 되잖아요!"

이제는 사정하는 목소리로 바뀌었다.

"나도 지금 화가 나거든! 아무도 태워 주지 않는 거지같은 사람을 데려다주려는데 이렇게 애를 먹이면 되나. 기분이 좋을 리가 없지."

"바로 앞에서 좌회전해 주세요. 저기가 장기지구요."

"맞아요?"

"예."

그때부터 승객은 아주 고분고분하게 안내를 시작했다. 그의 안내로 집에 들어가니, 개가 짖어대는 소리와 함께 겨울인데도 개 냄새가 코를 찌른다. 주위를 둘러보니 완전히 개천지다! 식용 똥개들이 앞뒤좌우에서 짖어대고 개집들이 즐비하다.

"C8! 나 왔어! 커피 한 잔 타 와."

다짜고짜 욕설을 섞으며 방 안을 향하여 소리를 지른다. 부부가 방 안에서 옥신각신하는 사이, 나는 좁은 마당에서 차를 돌리려고 낑낑대고 있었다. 차를 거의 돌렸는데 차를 두드리는 소리가 들려 창문을 열어 본다.

"선생님! 트렁크를 열어요."

"예?"

취객들이 차에서 내리면 물건이 없어졌다고 떼를 부리는 경우가 있는데, 혹시 이 사람도….

"왜요!"

퉁명스럽게 한마디 했다.

"이 거지를 집에까지 데려다주셨는데 인사는 해야 될 것 같아서요."

커다란 똥개 한 마리가 끈으로 묶여 있었다.

"그 마음 알았으니 고맙습니다. 추운데 어서 들어가시지요."

"아닙니다. 이것이라도 드려야 내 마음이 편할 것 같습니다. 어서 트렁크를 열어요."

"알았으니 됐어요. 그리고 나는 개고기도 못 먹습니다."

"그래도 가져다가 친구들이랑 드세요."

그 고집도 대단했다. 한동안 실랑이를 하다가 한쪽에서 폐수정리를 하는데, 개를 끌고 따라온다. 볼일이 끝날 때까지 기다리다가 다시 트렁크를 열라고 성화다.

"선생! 마음은 고맙지만 당신과 실랑이를 하느라고 입금도 못할 것 같습니다. 그렇다고 트렁크에 산 짐승을 싣고 영업은 할 수 없지 않습니까? 다음에 가져가지요."

"다음에 오지 않으려고 그러지요? 빨리 열어요."

"오늘은 그냥 갔다가 쉬는 날 올 테니 성함이나 적어 주세요."

볼펜과 종이를 꺼내자, 휴대전화 번호와 자기 이름을 불러 준다. 겨우 달래고 차에 오르려 하자 뒤로 물러선다.

"다음에 꼭 올 테니 어서 들어가세요. 추워요."

"알았습니다. 꼭 오셔서 가져가셔야 됩니다."

"걱정 마세요."

돌아보니 그 사람이 발길을 돌린다. 끈질긴 사람이었다. 뒤늦게나마 정신을 차렸으니 다행이었다. 그리고 부부간에 아무 일도 없어야 되는데….

'아차! 미납 만 원을 못 받고 그냥 왔잖아?'

야간에 다녀와 위치는 모르지만, 장기지구입구에 있던 개들은 없어지고 지금은 아파트가 가득 들어선 김포에 갈 때면 그때의 일들이 새록새록 떠올라 혼자 웃어 보기도 한다.

**

올림픽공원 풍납동 근처에서 좌회전을 하려고 신호를 기다리는데, 앞쪽 건너편에 개인택시 한 대가 승객과 무슨 말을 하다가 승객을 태우지 않고 그냥 지나간다. 좌회전 신호가 떨어지기를 기다려 평소처럼 그 앞에 섰다. 그 사람도 많이 취해 있었다. 취객의 앞에 택시가 멈추자 문을 열고 들어와 앉으면서,

"여기 잠깐만 기다리세요. 전화 좀 하고."

"예, 알았습니다."

정차해 있는 차에 올라 전화를 하는데, 소리를 들으니 상대방은 여자였다. 승객은 전화 속 여자에게 나오라 하고 여자는 다음에 만나자고 하는 모양이다. 한참동안 옥신각신 하다가 전화기를 나에게 건넨다.

"제가 왜 남의 전화를 받습니까?"

내미는 전화기를 들고 엉거주춤하는데,

"이 여자가 하라는 대로 하세요."

할 수 없이 전화기를 받아 들었다.

"여보세요. 택시기사입니다."

"아, 그러세요. 그분을 목동에 모셔다 드리세요."

그러면서 전화를 끊어 버렸다. 조용하고 차분한 목소리였다.

"손님, 사모님께서 손님을 목동으로 모시라는데요."

"뭐라고! IC!"

전화기를 받아든 승객은 다시 그 사람을 부르는 모양이다. 서너 번 전화를 하는데 상대는 끊는다. 그럴수록 줄기차게 전화를 건다.

"지금 풍납동 주유소를 돌아서 올림픽대교 쪽이야. 지금 이리로 나와!"

"%$#*&@%^&"

"지금 택시에서 기다리고 있으니까 빨리 나와 봐."

"%$#*&@%^&"

"나와 보면 안다니까! 나를 어떻게 보고 그런 말을 해. 지금 나와 보면 알아."

"%$#*&@%^&"

"야! 내가 너를 어떻게 했는데 그러는 거야. 내가 우습게 보여!"

"%$#*&@%^&"

처음에는 언쟁을 하던 대화가 싸움으로 변했다.

"야 C8! 너 정말 그럴 거야. 나 혼자 들어가라고?"

그 뒤에는 전화 욕설이 한동안 지속되었다. 부부라고 생각했던 이들이 부부가 아님을 쉽게 알 수 있었다. 짝짝이 신발을 묵인하고 있어야 하는 자괴감마저 든다.

'이걸 내리라고 해야 하나? 어떻게 하지?'

두 사람은 계속해서 다투고 있다.

'아서라. 집에 데려다주자. 그래도 아들딸들이 기다릴 텐데 내가 조금 손해보고 말지.'

자포자기를 하면서 마음을 굳히고 기다렸다.

"아저씨, 여자가 하라는 대로 출발합시다."

마음이야 어찌 됐든 근엄하게 말을 건넨다. 아마 언쟁을 포기하고 집으로 돌아갈 모양이다.

"여자분이 목동으로 모시라고 하는데 몇 단지로 모실까요?"

"…."

아무 말이 없다.

"손님, 목동 몇 단지로 모실까요?"

전화 속 여자가 말한 대로 가려고 택시를 움직이면서 다시 묻는다.

"그 여자가 가라는 대로 가면 되잖아. 가서 얘기할게."

택시를 출발하여 올림픽대교 남단에서 올림픽도로로 접어들었다. 영동대교 남단을 지날 무렵이다. 갑작스럽게 비명에 가까운 소리가 들린다.

"여기가 어디야! 어디냐고!"

"올림픽대롭니다. 지금 목동으로 가고 있는 중입니다."

"우리 집은 화서인데 어디로 가는 거야! 돈도 6,000원밖에 없는데."

"전화하던 부인이 가라는 대로 출발하라면서요."

"나 여기 내려! 돈도 없단 말이야."

"여기는 자동차 전용도로라 내릴 수 없어요. 강남역에서 수원행 버스를 타세요. 데려다 드릴 테니까."

택시미터기를 꺼 버렸다.

"빨리 내려 달라니까!"

뒷문에서 덜그럭하는 소리가 들린다.

"야 인마! 이 녀석이 죽으려고 환장을 했나. 여기는 올림픽대로야."

"내려야 돼. 빨리 내려!"

"강남역까지 그냥 데려다줄 테니까 가만히 있어."

올림픽대로를 달리면서 갑자기 개로 변해 버린 취객이 한심하기도 했고, 개문질주로 참변을 당한 취객의 확정 판결에 누명을 썼다는 어느 택시기사의 사연도 떠올랐다.

'취객이 택시를 타고 가다가 뛰어내려 죽었다. 그런데 택시기사가 승객을 보호할 의무를 소홀이 했다는 이유로 40%의 책임이 인정된다고 대법원의 최종 판결이란다.'

그래서 법인택시도 승용차처럼 40킬로미터를 초과하면 문이 잠기는 자동잠금장치를 했다. 아마 이것이 없었다면 이 사람은 중상 아니면 사망이라 생각하니, 등골이 오싹했다. 이런 생각에 잠겨 운전을 하고 있는데 또 덜그럭 소리가 난다. 잠깐 뒤를 돌아보니 문고리를 잡고 있다.

"야, 이 새끼야! 뒈지려면 너희 집에 가서 혼자 뒈져. 누굴 물고 죽으려고 해!"

'집에서는 저렇게 한심한 인간인 줄도 모르고 아내와 자식들은 기다리고 있겠지!'

택시가 고속으로 달리는데 어디론가 전화를 한다.

"경찰이죠? 택시 안에서 전화를 하고 있는데 기사가 나를 때리고…."

"%$#*&@%^&"

"어디냐고! 어디지?"

"%$#*&@%^&"

"야 인마! 올림픽대로야. 전화기 이리 줘."

경찰에게 도움을 요청하려고 전화기를 달라고 했다. 그는 전화기는 주지 않고 계속 경찰과 말씨름을 하고 택시는 달리고 있다.

"뭐! 너희들이 경찰이야? 너 누구야!"

"%$#*&@%^&"

이런 일에 이골이 난 경찰은 사태를 짐작했는지 들은 척도 하지 않았으리라.

"대한민국 경찰이 언제부터 이렇게…."

"야 인마! 구국운동은 너희 집에 가서 하고 조용히 있어. 정신 산란하게 하지 말고."

"내려 달라고 해도 안 내려 주고… 나를 납치해?"

"여기에다 내려놓으면 너는 죽어. 너만 죽으면 모르는데, 다른 사람까지 못할 일을 시키는 거야. 강남역에 데려다줄 테니 고맙게 생각하고 조용히 앉아 있어."

아무튼 취객과 다투면서 올림픽대로를 벗어나 강남대로로 나가고 있다. 주위에 자동차들이 보이니까 더 시끄러워 정신이 없다. 강남역에 있는 시외버스정류장까지 데려다주려고 했는데 불가능했다. 리버사이드호텔을 지나 택시들이 설 만한 자리에 정차했다.

"이봐, 내려! 다른 사람한테는 이러지 마. 얻어터지기 전에."

시끄럽던 사람이 갑자기 말을 잘 듣는다.

"아저씨, 이 차 가는 거예요?"

"예, 손님이 내리면 타세요."

취객이 내리면서 차에 타려는 아가씨를 쳐다보더니 욕설을 한다.

"야, 이년아! 빨리 들어가."

아무 이유 없이 욕설을 한다.

"기집년들이 밤늦게 어디를 돌아다녀!"

"…."

정지해 있는 택시를 앞으로 조금 빼면서,

"손님, 타세요."

그러자 취객은 택시 옆으로 따라오면서 여자에게 또 한마디.

"밤늦게 어디를 가려고!"

"…."

어디서 나타났는지 키 작은 젊은 사람이 옆으로 다가온다.

"야! 왜 그래."

여자 승객에게 다가가며 취객을 쳐다본다. 취객은 아무 일이 없었다는 듯 뒤로 물러선다. 아무런 말없이 여자 승객은 차에 오른다.

"아저씨, 봉천동 봉일시장으로 가시죠."

내가 생각하기에 젊은 여자 승객이 그 자리에서 지금까지의 일을 젊은 남자 친구에게 일러바쳤다면, 젊은 혈기에 불상사가 생기지 않았을까? 이를 생각하면서 젊은이들의 인내에 찬사를 보낸다.

그리고 경기도 화성에 가는 취객에게는,

'함부로 설치다가 혼쭐이 날 수 있으니 조심하라.'고 한마디 하고 싶다.

똥 밟은
겨울밤

신도림역 부근에서 아가씨 둘이 취객을 부축하며,

"어서 오십시오. 같이 안 가십니까?"

"이분만 잠실로 모셔다 주십시오."

"잠실 어디입니까?"

"올림픽공원 앞입니다."

"올림픽도로로 모실게요."

"예, 알았습니다."

취객을 태우고 올림픽도로를 달린다. 얼마 가지 않아 승객은 곧 잠에 빠져들었다. 잠실역 부근으로 빠져나올 즈음 생각하니, '그곳은 방이동인데?' 하는 생각이 들었다. 잠실 전철역 부근에 차를 세우고 다시 물어봤다.

"손님, 잠실에 다 왔는데 어디쯤 됩니까?"

"…."

"손님, 잠실에 다 왔는데 어디쯤 됩니까?"

"…."

수차에 걸쳐 취객을 흔들어 깨웠다. 그리고 목적지를 물어본다.

"손님, 잠실에 다 왔는데 어디쯤 됩니까?"

"잠실4동…."

이내 또 잠이 들어 버렸다. 내비게이션으로 잠실4동 동사무소를 찾아본다.

'동사무소 근처에 집이 있겠지.'

풍납동 지구대 앞에서 안내를 마친다는 말이 울려 나온다. 택시비는 23,160원.

"손님, 여기가 잠실4동사무소 앞입니다. 어디쯤 됩니까?"

"알았어! 알았어!"

같은 말을 반복하여 승객을 깨운다.

"손님, 여기가 잠실4동사무소 앞입니다. 어디쯤 됩니까?"

"알았다니까. 봉사활동하고 온다고!"

한참 동안 실랑이를 하다가,

"어, 어! 우리 동네네!"

이제 정신이 드는 모양이다. 차에서 승객이 내려 걸어갔다.

'눈이 많이 쌓여 있고 추운 때라 곧 정신이 들겠지.'

택시로 슬슬 그의 뒤를 따라 간다. 지구대 뒤로 걸어가기에 사무실인 줄 알고 기다렸더니, 구석에다 시원하게 소방훈련을 한다. 정리가 끝나고 그가 비틀비틀 걸어 나온다.

"손님 택시비는 주셔야지요."

"택시비? 나 봉사활동 다녀온다고!"

"그래도 택시비는 주셔야지요."

"그래서 나하고 한번 해 보겠다는 거야! 뭐야."

"하기는 뭘 해요! 손님은 택시비를 주고 나는 손님을 댁에다 모셔다 드리면 되지요."

"못 준다면 어떻게 할 건데. 나 특전사 1기야!"

한동안 실랑이가 오갔다. 바깥 기온이 너무 차가워 트렁크를 열고
점퍼를 입었다. 추위에 떨다가 옷을 입으니 이제는 살 것 같다.

"손님이 택시비를 주시면 모셔다 드릴 테니 택시비를 주시지요."

"봉사활동을 다녀오고, 여긴 우리 동네라고! 나하고 붙어 볼 껴?"

시간이 흐르자, 옷을 걸쳤는데도 추워서 화가 난다.

"야 인마! 인내에도 한계가 있어. 계속 까불면 혼난다."

옷깃을 잡아끌었다. 취객이라 쉽게 끌려 나왔다. 택시 뒷문을 열
고 밀어 넣으려 하니까 발버둥 친다.

"나 성질 더럽다. 이러다 꼭지가 돌면 그때는 자제하기 힘들어!"

일부러 더 큰소리로 버럭 화를 내고는 뒷문으로 밀어 넣었다. 그
리고 문을 잠그고 시동을 걸었다.

'이걸 한강둔치로 태우고 갈까, 지구대로 끌고 갈까.'

뒤를 돌아보며 쏘아본다.

'저 사람도 사랑하는 아내와 아들딸이 있고 가정을 꾸리고 있겠지!'

택시에 시동을 걸고 차를 돌린다.

"알았어요. 선배! 택시비는 드릴게요. 눈빛이 보통이 아니네요."

그러더니 주머니를 뒤진다. 그리고 무슨 영수증인지를 잔뜩 건네
주며 읽어 보란다.

"그게 다 봉사활동을 하면서 받은 거요. 알겠소?"

"…."

"내가 먹은 것도 아니고, 잘 봐요."

계속 횡설수설하더니 꼬깃꼬깃한 지폐를 건네준다. 오천 원짜리
한 장과 천 원짜리 석장.

"이것은 팔천 원인데? 택시비가 모자라잖아!"

"그럼 어떻게 하라고! 돈이 없는데."

할 수 없이 차를 움직였다.

"어디로 가는데?"

"지구대로 간다."

"지구대? 내가 누군 줄 알고. 동생들을 부를까!"

"…."

경찰관들이 자리에 앉아 들어가는 우리를 못마땅한 듯 맞이한다.

"무슨 일이요!"

"이 분이 신도림역에서 여기까지 왔는데 택시비를 주지 않아서요."

"택시비를 받고 또 달라고 하잖아!"

어이가 없어 웃으면서 쳐다보고 있었다.

"팔천 원을 주는데 지금 택시비가 이만 삼천 원입니다. 그 돈이 바로 이 돈입니다."

"택시를 탔으면 택시비는 내셔야지. 주민등록증을 줘 보세요."

취객이 주민등록증을 건네면서,

"나 이 동네 살아. 여기 산다고!"

"돈이 없으면 택시를 타지 말든가, 탔으면 택시요금을 줘야지요."

"돈을 줬는데 또 달라고 해서 왔는데…. 내가 잘못이야!"

옥신각신하고 있는데,

"택시기사요! 우리하고 있어 봤자 아무 필요 없어요. 팔천 원을 준다는데 무전취식이라고 할 수도 없고…."

경찰관의 이 말을 믿어야 되는 걸까! 글쎄…. 이게 한국말인지 중국 말인지 모르겠다.

"여기서 있어 봤자 시간만 낭비할 뿐이요. 집에 가서 받아요."

할 수 없이,

"집 주소가 어떻게 됩니까?"

경찰관이 주소를 적어 준다.

"이리 와!"

그를 잡아끌었다. 택시에 태우면서 요금미터기를 대기에서 운행으로 바꿨다. 경찰관이 적어 주는 파크리오 209동을 찾아갔다. 성내역(지금은 잠실나루역) 근처로, 옛날 시영아파트 2단지.

"댁이 몇 호입니까?"

"몰라. 집에 아무도 없어!"

"이러면 안 됩니다. 밤에 눈 뒤집고 다니면서 일하는 택시기사에게…."

"내가 부르지 않으면 문도 안 열어 줘!"

"이러지 말고 한 푼이라도 벌게 빨리 해결해 주세요."

"잠실에 있는 후배들을 불러야겠네. 내가 누군지 모르지?"

문제가 풀릴 것 같지 않았다.

"이봐! 참는데도 한계가 있어. 너. 정말 까불래!"

"나는 봉사활동을 다녀왔다고. 자! 봐, 봐!"

전에 보였던 종이뭉치를 꺼내 보인다. 그러더니 등을 돌린다.

"무슨 봉사. 심 봉사! 심학규는 내 친구다. 인마."

허리춤을 잡아끌었다.

"너 정말! 이렇게 나올 거야? 나도 추태 한번 부려 볼까?"

"…."

안 되겠는지 집으로 인터폰을 하는 모양이다. 그러더니 반대 방향으로 가려고 한다. 또다시 잡아끌면서.

"너. 저 눈 속에 한번 박혀 보고 싶나."

주변을 쓸어 모은 눈 더미를 물끄러미 쳐다본다. 그때였다.

"아빠!"

하는 소리가 들려 옆을 바라보니 가정주부와 두 아가씨가 그를 부르고 있었다. 이 사람의 아내와 두 딸이리라. 그의 아내가 다가와,

"얼마요?"

경멸하는 말투로 물어본다.

"예. 38,000원입니다."

"25,000원이면 오는데 38,000원이나 돼요?"

"물론 처음 여기에 도착할 때는 25,000원도 되지 않았지만 남편하고 다투는 대기시간에 이렇게 올라가게 된 겁니다."

"25,000원을 받으려면 받고, 안 받으려면 마세요. 여보! 가요!"

어이없는 일이지만 어쩔 수 없이 돌아설 수밖에 없었다. 오늘 밤처럼 대기하면서 실랑이하는 시간대기요금이 14,000원이라면 밤새일해도 입금하기 힘든 똥 밟은 밤이다.

'이봐! 심 봉사 심학규는 자네하고 전혀 질이 다르다네, 이 사람아!'

밤에 취객들을 태우다 보면 택시요금이 없는 경우가 가끔 있다. 이런 경우 취객은 배우자에게 전화하여 해결하는데, 가장 많은 경우는 '얼마요!'하고 요금을 주는 경우이고 두 번째는 많이 나왔다고 시비하는 경우다. 실로 취객을 태우면 자기 집을 못 찾아 빙글빙글 도는 경우가 다반사다.

세 번째는 나를 세워 두고 부부간에 싸우는 경우다. '택시비도 없이 술을 마셨느냐.', '택시비도 없이 왜 택시를 탔느냐.', 심지어 '술

을 입으로 먹지 ○○○으로 먹었느냐.'는 등….

　'정신없는 사람 집에까지 안전하게 데려다줘서 고맙다.'고 인사하는 사람은 내 기억에 네 분밖에 생각나지 않는다. 강서구 등촌 7, 9단지(88체육관 맞은편), 송파구 한양아파트, 태릉입구역 가스충전소 옆 아파트, 그리고 경기도의 어느 지역뿐.

　물론 택시기사들들 가운데도 나쁜 사람이 많다는 것은 필자도 잘 알고 있다. 그러나 정신없는 내 남편을 여기까지 데려왔으니 감사하다는 눈으로 쳐다보면 안 될까!

노년의
추태

의정부에 갔다가 시내로 들어오는 길이다. 수유역 근처에서 취객 두 사람이 택시를 잡으려고 차도에까지 나와 손을 흔드는데, 택시들은 그들을 피하여 시내 방향으로 질주한다.

"어서 오십시오. 어디로 모실까요?"

"$^%&*@#%$&%"

처음에 올라오는 승객이 뭐라고 말을 하는데 알아들을 수가 없어,

"어디시라고 했죠?"

뒤에 들어오는 승객이 다시 뭐라고 하는데, 처음 듣는 지명을 얘기한다. 차를 길옆에 세우고,

"차고지가 이곳이 아니라 잘 모르니 잠시만 기다려 주십시오."

내비게이션을 지정하려 준비 하는데, 처음 탄 승객이 소리를 지른다.

"그냥 앞으로 가면 돼. 빨리 쭉 가! 우리가 안내하면 되잖아?"

"그래도 내비를 치고 가는 게 좋아요. 다시 한 번 말씀해 주세요."

"아이! 쭉 가면 된다니까. 빨리 가!"

더 이상 말하기가 싫어 앞으로 달려갔다.

"어디까지 가야 됩니까? 저 앞에서 오른쪽은 길음역이고 왼쪽은 고려대인데 어디죠?"

"뭐! 여기가 어디라고!"

"왜 여기까지 왔어. 이거 돌아왔잖아?"

이제 두 사람이 합세하여 억지를 부린다.

"이봐요, 손님. 돌기는 어디서 돌아요. 앞으로만 왔는데…."

"의정부 쪽으로 가야 되는데. 아니잖아!"

"의정부 쪽으로 가려면 반대편에서 타야 되고, 앞으로만 가면 된다고 했잖아요."

"밤중이라 길을 모를 수도 있지. 왜 그렇게 말이 많아!"

"여보세요. 내비도 못하게 하고 앞으로만 가라고 했잖아요. 또 오면서 계속 물어보고…."

"길도 모르는 사람이 왜 택시 운전을 한다고 해? 경찰서로 차를 대. 빨리!"

"저 앞에 경찰서가 있네. 아무한테나 반말하지 마. 당신한테 반말 들을 나이는 아니야."

"… ."

"자 내려! 경찰서에 들어가게."

"그러지 말고. 저 앞에서 차를 돌려 빨리 갑시다."

"나는 길도 모르고 또 승객하고 가고 싶지도 않아요. 경찰서로 가든지 아니면 내리든지 하세요. 몇 푼이나 벌겠다고…."

"이 친구 대신 내가 사과할 테니까 돌아갑시다."

택시를 돌려 목적지에 데려다주었다. 취객이 택시를 잡으려 해도 젊은 사람보다 나이든 사람을 피해 가는 경우가 훨씬 많은데, 이유는 이와 같이 억지와 떼로 일관하기 때문이다. 야근을 하면 취객들하고 가장 많은 경우가 지금과 같은 일이다. 나이 들어 남에게 피해를 주는 일은 하지 말도록 하자.

졸지에
도둑으로

*

어느 해인가 여름, 의정부에서 미아리를 거쳐 시내로 들어오다가 삼양입구 사거리에서 신호에 걸렸다. 앞에 빈 차들이 죽 늘어서 있는데 비틀거리는 사람이 걸어온다. 술에 만취한 중년 여성으로, 앞에서 문을 열어 주지 않아 뒤로 밀려온 것이다. 망설이다가 문을 열었다.

"아저씨, 미아역에 가요."

"미아역에 가려면 반대편에서 타요. 조금만 가면 되니까."

"돌아서 가면 되잖아요. 골목으로 들어가서 가요."

문을 열고 들어와 뒷자리에 앉는다.

"내리세요. 건너서 타시라니까요. 몇 발짝만 가면 되는데…."

"아저씨, 데려다주세요. 술이 너무 취해서 여기가 어딘지도 몰라요."

"여기는 삼양입구사거리입니다. 어서 내리세요."

그 사이 신호가 바뀌어 뒤에서 비키라고 경적 소리가 요란하다.

"미아역 어디예요?"

"미아역 우리은행 앞에 내리면 돼요."

내키지 않았지만 취한 승객을 태우고 우회전하여 첫 번째 골목으로 들어갔다. 얼마 되지 않은 거리라 생각하고 골목을 들어가는데 취객의 주사가 시작된다. 여름밤이라 문을 열어 놓아, 아마 안에서 지르는 소리가 밖에서도 들렸을 것이다.

"왜 돌아가는 거야! 내가 취했다고 놀리는데 까불면 혼나! 왜 깜깜한 골목으로 가는 거야! 큰길로 가자고! 성폭행이 얼마나 무서운지 몰라?"

골목을 운행하면서 지나는 사람에게 물어보았다.

"여보세요! 우리은행이 어디에 있어요?"

"누군데 시끄럽게 하는 거야! 왜 떠들어!"

"에이! 여편네들이 술 처먹고. 말세다. 말세! 기사 양반! 저런 사람은 삼각산에다 처박아 버리고 가쇼!"

"에이, 그러면 되겠어요? 우리은행은 어디쯤 됩니까?"

"야! 왜 이렇게 시끄러워! 너는 뭐야!"

안에서 여자가 고래고래 소리를 지른다.

"저런 년한테 무슨 친절이 필요 있어. 어떤 놈인지 데리고 살기 힘들겠다."

"아저씨, 우리은행이 어디쯤 되냐고요?"

목소리를 높여 다시 물었다.

"더 올라가 세 번째 사거리 오른쪽에 있어요. 거의 다 왔어요."

"고맙습니다."

"에이!"

길을 묻는데도 안에서 고래고래 질러대는 소리에 방해가 많이 되었다. 세 번째 교차로를 보니 일방통행이라 하나를 더 나가 우회전하여 큰길로 나갔다. 큰길에서 다시 우회전을 하니 우리은행이 있

술이 포로들

다. 자세하게 길을 가르쳐 준 분이 너무 고마웠다.

"여보세요. 다 왔으니 내리세요."

"여기가 어디야!"

"우리은행이 여기 있잖아요."

"나 보고 내리라고? 내가 왜 내려."

"집에 다 왔으니까 내리시라고 하잖아요. 집에서 기다릴 텐데 어서 내리세요."

화는 났지만 잘못 건드리면 골치 아픈 일이 벌어질 것 같아 꾹 참는다.

"요금은 얼마나 나왔지?"

"할증시간이라 3,000원이요. 어서 내리세요."

"지갑이 어디 갔지!"

지갑이 있었는지 없었는지 지갑 찾는데 5분은 족히 걸려도 지갑은 나오지 않았다.

"아저씨, 내 지갑 못 봤어?"

"여보세요. 정신 차려요. 운전하는 사람이 어떻게 알아요."

대수롭지 않게 운전석에 앉아서 대답했다.

"아저씨, 정말로 내 지갑을 못 봤단 말이야!"

"내가 뒤에 앉은 손님 지갑을 어떻게 볼 수 있어요. 택시비나 주고 내리세요."

"그러지 말고 빨리 지갑을 내놔요."

"뭐라고요?"

"아버지 같아서 좋은 말을 하는데, 빨리 지갑을 내놓으라고!"

"이봐요! 앞에 있는 택시들이 문도 안 열어 주는데 여기까지 왔으면 고맙다고 해야지, 무슨 말을 하는 거야! 그것도 반대편으로 돌아서…. 집에서 아이들이 기다릴 테니 어서 내려요."

"내 지갑을 안 가져갔다는 얘기지? 좋아. 경찰을 불러 볼까."

"이거, 이상한 여자네. 내가 경찰관을 불러 줄게."

112에 전화하여 취객이 난동을 부린다고 신고하여 일을 처리했다.

야간에 일을 하면 취객들의 횡포가 너무 심하다. 그렇다고 경찰관에게 전화하여 지구대로 갔다가 심하면 경찰서로 이송되는데, 경찰서에 가면 다른 취객들로 인산인해를 이루고 있는 경우가 허다하다. 택시기사는 이런 곳에 시간을 뺏기면 수입 때문에 이를 피하기 위하여 승차를 거부하는 경우가 다반사고, 아예 취객들과 상대하기 싫어 주간근무만 하는 사람도 많다. 또 경찰관은 무슨 죄냐! 경찰관의 복무 지침에 취객들 뒷바라지가 있는지 모르지만, 지나친 경우를 허다하게 접한다. 이에 대한 사회적인 결단이 필요하지 않을까?

＊＊

비가 내리는 밤, 회기역사거리에서 남녀 두 사람이 택시를 세운다. 택시는 타지 않고 무슨 말을 하려 하여 창문을 열어 주니,

"의정부 가능동 SK아파트! 가세요?"

"타시죠."

남자는 타지 않고 여자만 차에 오른다.

"어디로 해서 가야 빠르지?"

"시조사삼거리에서 좌회전을 하여 동부간선도로로 가면 돼요."

남자가 밖에서 길을 가르쳐 준다. 고마웠다.

동부간선도로로 들어가려고 삼거리에서 좌회전을 하는데,

"내 핸드폰!"

좌회전을 하여 길가에 택시를 정지시켰다.

"휴대전화를 어디에 두고 왔어요?"

"술 마신 가게에 놓고 온 것 같아요. 내가 탔던 곳으로 데려다줘요."

"차를 돌리려면 삼육병원까지 가야 되는데…. 전화번호가 어떻게 됩니까?"

불러 주는 번호로 전화를 하면서 택시를 돌릴 수 있는 장소에서 돌렸다. 신호는 가는데 전화는 받지 않는다. 다시 전화를 걸자, 나이 든 여자의 목소리가 들려 음식점으로 생각했다.

"택시기사입니다. 핸드폰 주인이 차에 타고 있어 가지러 가는데 위치가 어떻게 됩니까?"

"뭐라고요! 내 전화로 전화를 받는데 무슨 소리여!"

"미안합니다."

화가 난 앙칼진 목소리에 전화를 끊었다.

"손님! 그 번호는 손님 번호가 아닌데…. 손님 번호는 어떻게 돼요?"

"….."

취객들 중에 휴대전화를 잃어버렸다는 사람들이 종종 있는데, 막상 전화를 해 보면 자신이 가지고 있는 경우가 대부분이다. 재킷이나 핸드백 속에 두고 찾지 못하는 경우가 대부분이라 전화를 해 보는데, 이번과 같은 일은 처음이었다. 자기 전화번호를 잊을 정도의 취객은….

"손님! 어떻게 할까요?"

"여기가 어디지? 왜 돌아가요? 신고해야 되겠는데!"

"무슨 말을 하고 있어요. 핸드폰을 찾으러 간다 하여 삼육병원에서 돌아왔잖아요!"

"술 취했다고 돌아가? 이런 사람은 버릇을 확 고쳐 줘야 돼!"

너무나 어처구니가 없어,

"이봐요! 가기 싫으니까 다른 차를 타고 가세요. 어서 내려요."

내릴 생각은 하지 않고 고래고래 소리를 지르며 생떼를 쓴다. 할 수 없이 경찰에 구조 요청을 했다. 경찰관이 묻기도 전에 먼저 속사포를 쏜다.

"이 택시기사가 내 핸드폰을 훔쳐 놓고 내놓지 않아요."

갑자기 절도로 둔갑한 나를 경찰관이 쳐다본다.

"택시 안에 불을 켜 봐요!"

내가 택시 안의 불을 켰다.

"여기 있잖아요."

취객은 휴대전화 하나를 잽싸게 주워 든다.

"택시기사가 승객이 전화기를 떨어뜨리면 주워 가지고 팔아먹는다는 뉴스도 못 봤어요?"

경찰에게 그동안의 일을 소상히 말하고 내 전화기를 건네주었다. 전화기를 받아 든 경찰관은 조금 전 전화했던 번호로 전화를 한다.

"경찰입니다. 핸드폰@#%^$#"

"아까부터 남의 집에 웬 전화질이여!! @#%^$#"

옆에서 들으니 전화기 속에서 여자의 욕설이 앙칼지게 들려왔다. 경찰관은 그 여자를 멀건이 쳐다보다가 나를 응시하면서,

"택시기사요, 경찰서에 저 여자를 명예훼손으로 고발하세요."

"경찰서가 어디에 있습니까?"

"따라오세요."

경찰관은 그 여자를 태우고, 나는 그 뒤를 따라 경찰서에 도착했고 경찰관은 돌아갔다. 승객이 경찰서의 나무의자에 앉아 있다가 집에 간다고 일어서자, 경찰관이 이를 제지한다. 그때서야 그 여자는 상황 판단을 한 모양이다. 여자는 울상이 되어 나무의자에 다소곳이 앉아 있는데 경찰관이 나를 부른다.

"기사님, 저기 있는 사람들을 모두 조사하려면 한 시간도 더 걸려요. 똥 밟았다고 생각하시고 용서해 주시는 것이 어떠시려는지요."

회사에 통보는 했지만 교대시간이 넘어 용서하기로 하고 돌아왔다.

아무리 술을 마셨다고 하지만 이게 무슨 추태인가! 더구나 남을 절도로 몰려고 작심한 이 행위는 용서하기 힘든 일이다. 핸드폰 주인이라고 통화했던 노인네가 증거 자료로 남았기에 내가 절도피의자에서 결백을 인정받고 취객을 경찰서로 끌고 갔지, 그렇지 않았으면 큰일 날 일이었다. 또 취객은 나같이 너그러운 사람을 만나 죄를 용서받았다고 생각해야 될 것이다.

능청부리는
여인

　회사에 들어오니 탄원서에 서명을 해 달란다. 술 취한 여성을 흔들어 깨우다가 성추행자로 몰려 구속된 택시기사에 대한 탄원이란다. 기사들끼리 잡담하는 내용을 들어 보니, 취객일 경우 파출소로 데려가야 된다고 한다. 어떤 경찰관은 깨우는 것은 기사 책임이고 요금을 받아내는 것은 경찰의 소임이라 하는데…. 아무튼 승객의 몸에는 손을 대지 않는 것이 상책이다. 질 나쁜 택시기사도 적지 않기 때문이란다.

　나에게도 여성 취객과의 문제가 몇 번 있었지만, 다행히도 말썽이 된 일은 아직 없었다. 행선지로 가는 도중 토할 것 같다는 말에 차를 옆으로 세우고 등을 두들겨 준 일, 동부간선도로에서 앞뒷문을 열고 그 사이에서 소변을 보라고 했던 일, 택시비가 없으니 만지든 쳐다보든 마음대로 하라는 일들이 아련히 떠오른다.

*

　초겨울인데 기온이 제법 쌀쌀하다. 처음 당하는 추위라 체감온도는 훨씬 더 추웠으리라. 시내에서 차를 탄 이 아가씨는 상왕십리역 전에서 내린단다. 교통회관 앞에서 승객을 깨웠다.

"손님! 교통회관입니다. 어디에 내려 드릴까요?"

"…."

"손님! 교통회관입니다. 어디에 내려 드릴까요?"

"…."

몇 번인가 반복하여 승객을 깨워도 반응이 없다. 보통 승객이 타면 뒤에 앉는데, 이 아가씨는 앞좌석으로 앉았었다. 처음 택시에 탈 때는 별로 취한 것 같지 않았는데, 아무래도 깊은 잠에 빠졌나 보다.

'이를 어떻게 하나! 좋은 방법이 없을까?'

그렇다고 흔들어 깨울 수도 없고 난감한 입장에 처해 있었다. 망설이고 있는 사이, 저 앞에 구세주가 나타났다. 새내기 가정주부처럼 보이는 여성들이 택시를 타려는데 택시들은 정지하지 않고 그 앞을 쏜살같이 달리고 있다. 변두리로 가는 승객이라 빈 택시가 없었던 모양이다. 번득이는 기지를 발휘하여 새댁들이 서 있는 곳으로 택시를 움직여 조수석 문을 열었다. 창문을 열고,

"손님, 상왕십리역에 다 왔습니다. 내리세요."

말이 끝나기도 전에 반응이 왔다.

"도착했으면 빨리 내려야지. 이상한 아가씨네! 아이 추워!"

이 한마디에 지금까지 꿈나라(?)를 헤매던 승객은 벌떡 일어나 요금을 계산하고 어둠 속으로 사라졌다. 만약 내가 이 승객을 깨운다고 몸에 손을 댔더라면!

내린 승객이 꿈속에서 정말 내 목소리를 못 들었을까? 택시기사들은 조심해야 된다. 자는 것처럼 능청을 부리던 생각을 해 보면….

**

독산동에서의 이야기다. 시흥대로에서 택시를 탄 이 여성 승객도 술이 상당이 취했다. 그렇다고 정신이 나간 정도는 아닌 것 같았다.

"저기서 좌회전해 주세요."

택시는 은행나무사거리로 접어든다.

"아저씨, 저 앞에서 내려 주세요."

택시미터기를 정지시키고,

"여기에 내리십니까? 안녕히 가십시오."

어찌된 일인지, 승객이 택시요금을 줄 생각을 하지 않고 앉아 있다.

"손님, 다 왔습니다. 내리셔야죠."

"아저씨, 택시비가 없는데 어떻게 하죠?"

"택시비가 없으면 처음부터 말을 해야지, 목적지에 다 와서 없다고 하면 어떻게 합니까?"

"택시비가 없다고 하면 안 태워 줄 것 아니에요?"

이건 적반하장으로 목소리가 두둑한 배짱에다 시비까지…

"그래서 어떻게 할 건데요?"

"$%#^@%&^%$@！"

세상에! 차마 글로 쓰기에 민망한 말을 하는 게 아닌가.

"참! 세상 살아가는 방법도 여러 가지네요. 이런 행동을 아무한테나 하면 안 돼요."

"아저씨, 미안해요."

"내리세요."

요금을 포기하고 나오면서 생각하니, 언제부터 이렇게 되었는지 한심한 생각마저 든다.

사기단에!

　서울대 입구에서 내린 여성은 남자와 같이 택시를 탔는데, 차가 정차하자 남자는 바람과 함께 어디론가 사라지고 여자는 차에서 내리지 않는다. 둘은 술을 더 마시겠다는 말을 주고받으면서 목적지까지 왔었다.

　뒤를 돌아보니 여자는 조그만 손지갑을 열어젖히고 뒷좌석에 흩어 놓고 있는 것이 아닌가! 처음에는 술이 취해 돈을 찾고 있는 줄 알았는데, 욕설을 하면서 손지갑을 털고 있다. 그녀의 행동이 이상하여 물어봤다.

　"손님! 왜 그러세요?"

　"나 돈 없어! 돈이 없다고!"

　"택시비가 없으면 마당쇠한테 내라면 되지, 뭐하는 거요?"

　"아저씨가 나를 데려가세요. 그러면 되잖아요!"

　밖을 쳐다보니, 먼저 내린 남자가 보이지 않는다. 여자는 안에서 내릴 생각을 하지 않는다.

　"이봐요, 손님! 이러지 말고 내리세요. 승객이 많을 때 한 푼이라도 벌어야 되지 않겠소."

　"…."

　대답이 없어 뒤를 보니, 여자가 윗옷을 벗고 있다.

"뭐하는 거야! 뭐 이런 여자가 다 있어?"

"⋯."

처음 당하는 일이라 당황스러워 어떻게 해야 될지 생각나지 않았다. 얼떨결에 끌어내리려고 운전석 뒷문을 여니까, 그녀가 조수석 쪽으로 재빠르게 도망간다. 바깥쪽으로 돌아 조수석 쪽의 뒷문을 여니, 이번에는 운전석 쪽으로 자리를 옮긴다. 기가 막혀 주위를 둘러보니 먼저 내린 녀석이 골목 입구에서 고개를 내밀고 이 광경을 물끄러미 쳐다보고 있었다. 아마 자기 짝이라면 쳐다만 보고 있지 않았을 것이다. 순간적으로 그쪽으로 뛰어가 등덜미를 훔켜잡았다.

"술 취한 놈이 몇 발이나 간다고, 이 자식! 같은 패거리 아냐? 콱!"

"왜요! 왜 나를⋯."

"어, 이 새끼 봐. 안 끌어내려!"

목덜미를 움켜잡고 택시 옆으로 질질 끌고 왔다.

"택시비 내고 빨리 끌어내."

"⋯."

"나는 이런 일로 경찰서에는 안 가는 사람이야. 빨리 끌어내."

눈을 부라리고 쥐어박는 척을 했다. 그러자 이 사람은 여자를 향해 소리를 지른다.

"야, 택시비 주고 빨리 내려!"

택시 안에 있는 여자가 조용하게 대답한다.

"나 안 내릴 거야. 안 내린다고!"

택시 안에서 여자가 소리치자, 엉거주춤하고 서 있다.

"이것들이 안 되겠구먼! 타 이 자식아."

들어가지 않으려는 발버둥치는 남자를 차 속으로 밀어 넣었다. 한

동안의 실랑이 끝에 승객이 택시 안으로 밀려들어간다. 그때서야,

"왜 그래! 빨리 택시비 안 줘?"

여자한테 소리를 지르자, 여자가 택시비를 남자한테 건네면서 옷을 주워 입는다.

"야 인마! 너 오늘 운 좋은 줄 알아! 이것들을, 콱!"

글이니까 몇 자 되지 않지만 승객과 많은 시간을 옥신각신하느라 온몸에 힘이 쭉 빠진다.

한밤의
납치 소동

사당역에서 젊은 남녀가 서 있었다. 택시를 멈춰 세우자, 남자만 차에 오르며 군포의 어느 주공아파트로 가잔다. 위치를 내비게이션에 입력하고 택시는 남태령을 달리고 있다. 남태령을 내려오고 있는데,

"아저씨, 다시 내가 탔던 곳으로 가요."

"뭘 빠뜨리고 오셨나요?"

"예. 그 애한테 물건을 가지고 와야 돼요."

차를 돌려 택시를 탔던 곳으로 돌아가 그 자리에 도착했다.

"여기가 손님이 탔던 곳입니다."

"어! 없네."

아마 같이 있었던 여자를 찾고 있는 모양이었다.

"군포경찰서로 갑시다."

"전에 말했던 곳이 아니라 경찰서로 가자는 말입니까?"

"예. 경찰서로 가서 해결해야 되겠어요."

다시 경찰서로 입력하고 택시를 움직였다. 그런데 과천시에 진입하면서부터 혼잣말을 하면서 화를 낸다. 어디서 무슨 일을 당했는지 몹시 화가 난 모양이다.

"아저씨, 핸드폰 좀 빌려 주세요."

"손님 휴대폰은 없습니까?"

"내가 핸드폰을 놓고 나와 그렇습니다."

만취한 상태도 아닌 것 같아 스스럼없이 휴대폰을 건네주었다.

"여보세요. 내가 사장님의 것을 어떻게 했다고요!"

"@%$&%^*@%^"

"@%$&%^*@%^"

그런데 휴대전화에서 아내의 목소리가 들린다.

"여보! 취객이야. 전화 끊어!"

소리를 질렀다. 놀란 나는,

"전화기 이리 주세요."

"내 전화기를 왜 줘요. 내가 왜 전화기를 줘야 되냐고!"

"그게 어떻게 당신 전화기야? 통화한 사람이 우리 집인데!"

"손님을 납치해서 어디로 가자는 거야?"

"누가 손님을 납치해? 지금 군포경찰서로 가고 있잖아."

"@%$&%^*@%^"

"젊은이답지 않게 왜 그래!"

이렇게 저렇게 실랑이를 하면서 군포경찰서에 도착했다. 경찰서에 도착하여 경찰관이 나와 어디론가 전화를 한다.

"납치가 아니고 취한 승객과 다툼이 있어 #%$&*%"

통화가 끝나고 경찰관이 다가와 신분증을 달란다.

"저 사람이 가지고 있는 전화기는 내 것이요. 돌려주세요."

"저 핸드폰이 기사님 것이라고요?"

"네."

"핸드폰을 기사님께 돌려 드리세요."

"내 건데 왜 돌려줘요."

"이리 줘 보세요."

휴대폰을 주지 않으려고 하자,

"손님 것이면 다시 돌려 드릴 테니까 이리 줘 봐요. 어서."

휴대폰을 받아들고 통화했던 곳으로 전화를 걸어 본다.

"기사님 것이 맞고만. 택시 요금은 드렸어요?"

"… ."

"택시요금을 결제하시고 가세요."

"이 택시를 타고 가야 되겠는데요."

"빨리 결제를 하세요. 기사님과 이런 상태에서 어떻게 저 차를 타고 가요. 다른 차를 불러서 타고 가세요."

그 사람이 결제를 마치고 돌아간 뒤에 경찰관에게 사정을 알아보니, 취객이 자신을 납치했다고 신고하고 우리 집에서는 승객이 택시를 납치했다고 신고하여 이중으로 신고가 접수되었다고 한다. 일을 마치고 기분이 나빠 집으로 들어와 버렸다. 이에 따른 손실은 어디에서 보상받아야 하는지…. 젊은이답지 않은 젊은이를 보며 너무나 황당한 하루였다.

취객과의
요금 시비

동묘역 근처에서 취객들의 옆을 택시들이 비켜 지나간다.

"어디로 모실까요?"

"한 사람은 서대문! 서대문에서 다시 이야기하죠."

취객들은 고성을 지르면서 대화를 하고 택시는 종로거리를 질주하고 있다. 택시 안이 마치 장터 같다. 그렇다고 이를 제지하면 싸움이 된다. 고성으로 인하여 택시기사에게 돌아오는 선물은 드물기는 하지만 과속이나 신호위반 등의 교통위반 딱지뿐이다.

"서대문역에 다 왔습니다. 내리십시오."

"자, 어디로 모실까요?"

"대림3차 현대아파트."

"대림3차 현대아파트가 어디에 있죠?"

"…."

"내비를 치고 가겠습니다."

내비게이션으로 대림동 현대3차아파트를 향하여 택시는 출발한다.

"여기가 어디야? 어? 돌아가네."

"그럴 리가 있겠습니까? 내비대로 가고 있는데…."

"내가 술 먹었다고 돌아가는데, 경찰서로 가야겠구먼."

"승객한테 몇 백 원 더 받겠다고 돌아가는 사람이 어디 있겠습니까? 실시간 안내를 하니까 다른 길에 무슨 문제가 있겠지요."

"뭐? 당연히 마포대로로 가야지. 내가 취했다고 돌아가?"

"내가 길을 몰라 내비게이션을 켰으니까 마포대로로 가자고 했으면 될 게 아니요?"

"뭐라고! 세상에 그런 내비가 어디에 있어? #$%@$#&."

그리고 입에 담지 못할 욕설이 시작된다.

"그래. 경찰서로 갑시다."

핸들을 돌리려고 하자,

"그냥 가! 늙은 새끼가 C8."

계속해서 욕설하는 백 원짜리 인생하고 다툴 가치가 없다고 판단되어 목소리를 낮췄다.

"이봐요, 손님. 댁까지 모셔다 드릴 테니까 그냥 가세요. 다른 사람하고는 그러지 말고⋯."

아마 택시요금이 없지 않았나 생각된다. 미터기를 정지시켰더니, 난무하는 욕설로 소란스러웠던 택시 안이 금세 조용해진다.

택시가 현대아파트 앞에 멈췄다. 승객은 아무런 말없이 내리더니 비틀비틀 단지 안으로 걸어 들어간다. 아마 자녀들한테 택시기사가 술 취한 자기를 태우고 돌다가 들켜서 요금을 주지 않았다고 자랑삼아 얘기하면서 너희들은 바르게 살아야 한다고 강조하겠지!

요즈음 젊은이들이 하는 행동을 보면, 거스르는 일을 많이 본다. 그러나 바꾸어 생각해 보면, 나이 많은 우리 세대가 보여 주는 실제 행동에서 도리를 벗어나 위반되는 일이 너무 많은 것은 아닌지 고민해 봐야 하지 않을까 싶다.

과거의 콜서비스에 비해 카카오서비스의 출현은 전혀 다른 편리함을 고객과 택시 모두에게 제공했다고 생각한다. 그러나 절실한 개선을 요구하는 움직임에, 이용을 포기하는 기사들이 늘고 있는 것도 사실이다.

그중에서 가장 큰 불만은 일방적으로 취소하는 경우이고, 둘째는 골목에 택시가 도착하여 전화를 할 때까지 기다리다가 나오는 경우인데, 고객은 자신에게 편의를 제공하려는 택시를 예약했으면 적어도 택시가 도착하기까지는 예약 지점에 나와야 있어야 한다. 콜비나 대기료, 또는 전화요금을 내주는 것도 아닌데 전화하여 기다리게 하는 것은 카카오를 이용할 자격이 못 된다고 생각한다.

그리고 가까운 거리를 가려고 택시를 불렀는데 오지 않는다는 불평은 불평의 대상이 되지 못한다. 길가에 승객들이 넘쳐나는데 골목까지 찾아와 기다리지 않는다고 투정을 부리는 것은 나에게 봉사하는 사람이 없다고 투정을 부리는 일과 무엇이 다른가!

서울시내에도 부정확한 곳이 많고, 일방통행로에서 승객이 탑승하려는 곳을 지나치는 경우가 많은데, 택시기사에게 불친절하다는 메시지를 받은 사례가 많아 이의를 제기해 본다.

또 프로그램을 운영하는 회사는 기술상의 한계인지 몰라도 클릭 당시의 방향성과 진행로대로 거리 측정이 불가능한지 시정을 요구해 본다. 그리고 내비게이션이 잘 나오지 않는 지역이 상당히 있다. 내가 겪은 몇 가지 이야기들을 들려주고자 한다.

7.
카카오 택시

다시 타는
승객

*

승객이 없어 애꿎은 도로만 질주하는데 '카카오 택시!'가 귓전을 울린다. 나와 승객과의 거리는 불과 300m 미만이라 클릭했는데, 갑자기 1㎞가 넘는 거리다. 앞으로 달리면서 유턴을 하려고 차선에 들어가자 갑자기 우회전을 하란다. 어렵게 차선을 변경하여 어렵게, 어렵게 목적지에 도착하여 승객에게 전화를 했다.

"손님! 카카오 택시입니다. 지금 아파트 앞에 도착해 있습니다."

전화에서 들려오는 아주 굵직한 목소리,

"나, 지금 다른 차를 타고 가는 중인데….."

미안하거나 불가피한 사정이 있었다는 말은 전혀 없고 아주 당연하다는 말투다. 그리고 반말까지 하는 이 사람은 도대체 어떤 사람인지 얼굴이나 한번 봤으면 좋겠더라!

승객의 입장에서 볼 때 늦게 도착한 택시의 과실이 많다고도 할 수 있겠지만, 기다리는 승객보다 훨씬 큰 고생은 택시기사의 몫이다. 바로 안내하지 못하는 내비게이션에 의지하고 이리저리 헤매는 사정을 조금이라도 배려해 주었으면 고맙겠다.

＊＊

　　종합운동장 근처에서 홍대로 가는 콜을 받았다. 손님 위치로 자리를 이동하니, 아파트단지로 들어간다.

　　"카카오 택시인데 어디에 계시죠?"

　　"골목에서 큰길로 나가는 공원 앞에 있어요."

　　"잠실 종합운동장 앞에 있는 아파트단지에 들어와 손님을 기다리고 있는데요."

　　"거기는 우리 집이에요."

　　젊은 아가씨인데 술이 많이 취했나 보다.

＊＊＊

　　카카오 택시를 하면서 가장 화가 나는 경우다. 콜을 받아 보니 승객과는 약 800여 미터 정도밖에 되지 않는다. 보행신호를 한 번 받고 다시 보행신호를 받아 승객까지의 거리는 40여 미터밖에 남지 않았는데, 앞에서 택시가 승객을 태우고 있다. 지금 택시에 타는 승객이 카카오로 콜을 한 승객임을 직감할 수 있었다. 승객이 택시를 타는 지점에 도착하여 전화를 했다. 전화를 받지 않는다. 같은 전화를 세 차례 반복하자, 그제야 전화를 받는다.

　　"카카오 택시인데요. 목적지에 도착했습니다."

　　"기다리다 오지 않아 다른 택시를 타고 가는 중이에요."

　　"신호등 두 개를 지나 이곳에 왔는데 얼마나 기다렸습니까? 그리고 바로 내 앞에서 택시를 타던데요."

"그래서 나한테 따지는 거요?"

앙칼진 목소리와 함께 전화를 끊는다. 이른 아침 이 시간에 병원으로 출근하는 사람이라면 간호사일 텐데…. 행여나 환자들에게는 갑질을 하지 않으려는지!

이 같이 바로 앞에서 택시를 타고 가면서 취소를 하거나 전화를 받지 않는 경우가 흔하다. 출근시간대는 가까워도 도착시간이 길어 콜을 잘 받지 않는다. 그래서 차량 소통이 잘되는 곳에서는 지나가는 차를 이용하는 것이 서로를 위해서 좋다.

일방적으로 취소하는 경우에 프로그램에서 '손님 신고하기'에 '그 손님과 다시 만나지 않기'라는 항목이 있지만, 만나고 싶어도 만나지 못하는 현실에서 이 같은 체벌은 있으나 마나 한 것이니, 운영회사는 이에 대한 대책을 강구해야 할 것이다.

택시가
자가용인가?

*

콜을 받고 아파트단지로 들어가 목적지에 도착하여 승객에게 전화를 한다.

"여보세요. 카카오입니다. 목적지에 도착해 있습니다."

"예, 지하 주차장으로 들어오다가 유턴을 해서 기다리세요."

누구나 마찬가지이겠지만, 아침 출근시간에 아파트 좁은 지하주차장으로 들어가다가 돌아서 기다리는 콜을 받고 싶은 사람은 없을 것이다. 나도 들어왔으니까 어쩔 수 없이 승객의 말을 따르는 것이다. 승객의 요구대로 돌려서 대기를 하고 있는데 벨이 울린다.

"아저씨, 내가 지금 보고 있는데 뒤로 조금만 내려오세요."

어이가 없어 내려가느라 뒤를 돌아다보니, 예쁜 여자 승객이 쓰레기봉지를 버리고 있다. 즉, 쓰레기 버리는 쓰레기통이 있는 곳으로 내려오라는 주문이다. 그러더니 내 차를 타고 내비에서 나오는 길은 무시하고 골목길로만 안내하여 그녀의 목적지에 도착했다. 아침부터 기분 나쁘게 하지 않으려고 참고 또 참았지만 해도 너무 했다는 생각이다. 대한항공 조현아의 갑질은 여기에 비하면 갑질도 아닐 것이다.

**

한창 승객이 많은 시간!

"손님! 카카오입니다. 목적지에 도착했습니다."

"20분 후에 가려고 하는데 그때까지 기다리실 수 없겠죠?"

"당연하죠."

통화 중에 일방통행인 좁은 도로에서 뒤에는 차들이 빵빵대면서 비키라고 야단이다.

"다른 택시를 타고 가셔야 되겠네요."

"아저씨! 한 바퀴 돌아서 다시 오시면 안돼요?"

"다른 차를 불러서 타고 가세요."

"예!"

출발지가 주소로 되어 있는 곳은 일방통행이거나 길이 좁은 곳이 많다. 택시가 도착하여 승객과 전화하여 기다리는 시간을 배려해 주는 다른 운전자는 없다. 이 같은 일은 자주 일어나는 일인데….

***

도곡동에서 콜을 받아 승객 위치에 도착하여 두 번이나 전화를 해도 도통 받지를 않는다. 괜히 왔다는 생각을 하면서 다른 지역에서 영업을 하고 있는데 전화벨이 울린다.

"아저씨! 택시를 기다리고 있는데 오지 않으면 어떻게 해요! 지금 어디 계세요?"

"도착하여 두 번이나 전화를 해도 받지 않아 다른 곳에서 영업을 하고 있습니다."

"아저씨! 미안해요. 손을 씻다가 전화를 못 받았어요. 지금 다시 오실 수 없어요?"

"다른 차를 타고 가시죠. 전혀 다른 곳에 있으니까."

"미안합니다."

이 무슨 해괴망측한 일인가! 콜을 해 놓고 다른 일을 하다가 전화도 받지 않다니! 택시 예약을 하려면 적어도 차에 탈 준비는 해 놓고 해야 되는 게 아닌가?

****

목적지에 도착하여 승객에게 도착했다는 문자를 보냈다. 그랬더니 앞으로 5분 후에 갈 테니 기다리라는 답신이 왔다. 대기료를 주는 것도 아닌데 자가용처럼 기다리라니…. 다른 택시를 이용하라고 문자를 넣었더니 전화가 온다.

"아저씨, 40분 만에 겨우 택시를 잡았는데 그냥 가면 어떻게 해요. 5분 안에 도착하면 된다고 약정을 했는데…."

"누구하고 약정했습니까? 그리고 어렵게 잡았으면 최소한의 예의는 지켜야죠."

"신고할 거예요!"

"그렇게 하시죠."

자정 가까운 시간이라 두세 바퀴만 굴러가도 승객이 넘쳐나는데, 미리 택시를 불러 놓고 자신이 갈 때까지 기다리라는 말을 어떻게 이해해야 되나!

＊＊＊＊＊

국기원사거리의 어느 빌딩에서 승객에게 전화를 하고 기다린다.

"아저씨, 금방 내려갈게요."

기다리다 다시 전화한다.

"아저씨, 이제 내려갈게요."

이러기를 반복하여 13분 만에 승객이 택시를 탄다. 승객의 목적지까지는 1.7㎞, 화가 나서 미터기를 켜지 않고 골목길을 누빈다.

"아저씨, 미터기를 켜지 않았네요."

"… ."

승객에게 고맙다는 생각보다 괜히 왔구나 하는 생각에 화가 치민다.

"아저씨, 미터기를 켜지 않았다고요."

"얼마 되지 않는 거리인데 그냥 갑시다."

남을 기분 나쁘게 하려면 내가 먼저 기분이 상하기 때문에 말은 하지 않았지만, 정말 어처구니없었고 너무 언짢았다.

당연한
일

*

　동대문 시장 안에서 밤에 승객이 손을 든다. 승객은 잔뜩 부어 있어 말을 걸기가 어색하여 침묵으로 시장을 나오는데….

"예약을 한 지가 10분도 넘었는데 아직까지 안 와!"

라면서 택시를 원망하면서 욕설을 한다.

"택시를 불렀어요?"

"카카오를 했는데 어디에 있느냐고 전화만 하고 오지 않아 이 차를 탔어요."

"택시기사는 시장 길에서 움직이지도 못하고 손님보다 훨씬 더 고생하고 있을 겁니다."

"지금 무슨 소리를 하는 거예요! 남은 화가 나 죽겠는데!"

　예약 승객이라면 그 차를 타야 하는데 그 택시에게 미안한 생각도 들었지만, 대꾸할 가치도 없는 투정에 묵묵히 가던 길을 가는 수밖에 없었다. 사람이 많은 시장골목이나 택시가 많은 곳에서는 택시예약을 하지 않는 게 좋다. 서로에게 고생이니 말이다. 택시기사의 입장에서 말하자면, 기다리는 승객보다 훨씬 더 택시기사가 고생을 한다.

＊＊

마포 상암동에서 역삼역 근처에 가는 여성 승객.

길이 막혀 짜증스러운데 장거리 승객이 예약되고, 더구나 콜을 받은 위치부터 승객까지의 거리도 채 100m도 되지 않은 큰 길가였다.

출근시간에 콜을 받으면 시간이 많이 걸려 취소를 당하거나, 골목을 누비는 경우가 많은데 오늘 아침에는 운이 좋았나 보다. 아침부터 기분이 좋아 목적지를 향하고 있는데, 승객은 강변북로를 들어가는 방법이 조금 멀더라도 막히지 않는 도로로 가잔다.

'얼굴만 예쁜 게 아니라, 생각도 예쁘고, 예쁜 말만 골라서 하네!'

이런저런 이야기를 하면서 달리다가 카카오에 대한 말이 나왔다. 적어도 예약을 했으면 예약택시를 타야하는 것이 최소한의 예의라 하면서 중간에 취소하는 사람들이 너무 많다고 현실을 불평했다. 그러자 이 승객은 '저는 택시기사를 위하여 택시를 탄다.'고 한다. 지금까지 한 번도 들어보지 못한 말이라 이유를 물었더니, '카카오 예약을 하고 한 번도 취소하지 않았다.'는 대답이다.

글쎄! 약속을 지키는 일은 인간사회에서 살아가는 최소한의 기본상식인데 이것을 배려라고 하는 말로 표현해야 되나? 내 상식으로는 예약을 하고 일방적인 취소를 하지 않는 것은 당연한 처사인데, 이것을 왜 배려한다고 하는 것인지? 아마 이 아가씨의 친구들은 택시를 불러 놓고 먼저 오는 택시를 타는 모양이다.

목적지만
입력

*

상도터널을 넘어오다가 흑석동 중대병원에서 남양주에 가는 콜을 받았다. 승객이 없는 시간 남양주에 가는 승객이라 좋은 기분으로 병원에 도착했는데, 이상하게도 아무도 없다.

"여보세요. 카카오인데 지금 어디에 계십니까?"

"길가에 서 있는데 택시가 안 보이는데요."

"지금 비상등을 켰습니다. 안 보이십니까?"

"네! 안 보여요. 거기가 어디죠?"

"흑석동 중대병원 앞인데요. 주변에 택시 타려는 분이 안 보이네요."

"예! 제가 그 병원에 가려고 하는데요."

"지금 어디에 계세요?"

"남양주에 있는데요. 택시가 안 보여요."

"손님이 계시는 곳은 자동으로 입력이 되니까 목적지만 입력하면 됩니다. 다시 콜을 부르도록 하세요."

"미안합니다. 그럼 기사님의 택시는 탈 수가 없잖아요."

"괜찮아요. 또 제가 콜을 받을 수 있다 해도 남양주까지 갈 수 없으니 걱정 마세요."

"미안합니다."

**

　화곡동 용문사에서 출발한다는 콜을 받고 골목길을 돌고 돌아 목적지에 도착하여 전화했다.

　"카카오 택시입니다. 용문사 앞에서 전화하고 있습니다."

　"여기가 어디지! 지금 주택가 골목에서 전화하고 있는데 캄캄해서 주소도 모르겠고…. 어떻게 해야 되죠?"

　'카카오로 길을 물어보는 사람이 다 있네!'

　"내가 가고 싶은 주소만 지정하고 택시를 부르면 됩니다."

　"내 위치는요?"

　"그건 자동으로 되니 걱정을 안 하셔도 됩니다."

　"그럼, 아저씨가 오시는 거예요?"

　"한번 해 보세요."

　출발지는 그대로 두고 목적지만 지정하면, 내가 있는 위치는 자동으로 입력된다.

***

　동묘 근처 시장골목에서 출발하는 고객인데, 콜을 받아 일방통행로를 헤매다가 어렵게 승객 위치에 도착했는데 아무도 없다.

　"손님, 카카오 택시인데 어디에 계십니까?"

　"도착했어요?"

"주소대로 도착을 했는데 아무도 보이지 않네요."

"우리 집 앞에 오시려면 길이 좁고 복잡하여 큰 골목으로 나왔는데 이리로 와야겠네요."

그리고 위치를 설명해 준다.

"지금 설명해 주셔도 제가 이곳 지리를 모르니 그곳에서 다시 택시를 불러 주세요."

과잉 친절을 베푸신 호의는 고맙지만, 처음에 콜을 한 지역을 움직이면 찾지 못한다. 그곳 지리를 모르는 기사는 자리를 옮기면 찾지 못하니 그대로 있어야 한다.

거짓
승객

서부역 앞 청파동에서 자정이 가까운 시간에 카카오 예약을 받았다. 승객의 위치가 골목인데, 내비가 그곳을 찾지 못해 통화하면서 두어 바퀴는 돌았다. 큰길로 나오는데 젊은 사람이 차량번호를 확인하여,

"카카오 택시를 기다립니까?"

"예."

"타시죠."

택시는 강변북로를 달리다가 양화대교로 우회전을 하려고 방향지시등을 켜는데,

"그냥 직진하시죠."

다시 직진하여 달리다가 가양대교를 건너려고 방향지시등을 켜자,

"그냥 직진하세요."

"손님! 등촌동에 가시는 손님이 맞습니까?"

"아저씨, 미안합니다. 인천 청라지구에 가는데 택시들이 모두 못 간다고 해서 거짓말하고 이 택시를 탔어요. 미안합니다."

"그럼 이 택시를 부른 사람은 어떻게 하라고요!"

"미안합니다."

내가 예약한 승객과 통화를 하면서 골목을 누볐기에 자기를 못 찾

아 나간 것이라 생각하고 전화하지 않았을 것이다. 미안했지만 방법이 없어 청라지구에 들어왔다. 승객은,

"아저씨, 가실 때의 톨비를 합하여 계산해 주십시오. 고맙습니다."

신용카드로 계산하고 서울로 들어왔다.

얼마나 거절을 당했으면 이런 일을 했을까!

서로가
땡잡은 날

'할로인 데이'날, 서울에서 김포 마송에 가는 승객을 태우고 김포에 가게 되었다. 목적지에 승객을 내려 주고 서울로 들어오려고 길가에 정차를 하고 있는데 커피자판기가 보인다. 잘됐다 싶어 자판기 커피를 마시려는데 카카오가 울린다. 서울 택시가 없는 시외에서 한밤중 카카오 예약을 여유 있게 할 수 있어 승객을 만날 수 있었다.

"안녕하세요. 카카오입니다. 서울에 가시는 거죠?"

"네! 이태원축제에 가는 거예요."

예쁜 얼굴에 핏자국을 그려 영화에서나 봄직한 좀비의 형상을 하고 차에 오른다.

"아저씨, 무섭지 않았어요?"

"…."

그냥 빙긋이 웃어 보였다.

"저기 자판기가 있네요. 저 혼자 커피를 마시고 있어 미안했는데 한 잔 빼 드릴까요?"

"괜찮아요. 근데 아저씨, 저 오늘 땡잡았네요."

"아니! 왜?"

"서울택시를 타서 할증요금도 안 내고, 또 김포택시보다 서울택시가 싸잖아요."

"손님, 사실 땡잡은 것은 접니다."

"왜죠?"

"손님이 타지 않았으면 서울까지 빈 차로 나가야 되잖아요."

"이런 것을 윈윈이라 하나 봐요."

재미있게 이태원으로 달려오는데 삼각지역쯤에서 카카오가 울린다. 클릭을 하고나니 계속해서 울린다. 이태원 밑에 승객을 내려 주려니까 밀려나오는 사람들이 무슨 행사장을 방불케 하고 클릭한 승객에게 접근이 불가능했다.

"손님, 카카오인데요, 어디에 계십니까?"

"이태원 역이에요."

"이태원 안으로 차량을 통제하고 있어 도저히 들어갈 수 없겠네요."

"아저씨, 여기까지 오신 것만 해도 감사해요. 취소할게요."

승객이 취소하자, 근처 사람들이 몰려들어 바깥이 요란하다.

'빈 차라 먼저 타면 되는데 왜들 저럴까?'

그러던 중, 젊은이 한 사람이 뒷좌석에 털썩 앉으면서,

"동부 이촌동. 삼만 원에 갑시다."

"예?"

택시지붕의 빈 차 신호등이 꺼지자, 몰려들었던 사람들이 비켜 준다. 목적지에 도착하여 승객이 정말 삼만 원을 줄까 하고 있는데, 정말 주고 내렸다. 그렇게 하고도 고맙다는 인사를 한다. 일을 마치고 회사에서 이런저런 이야기 중에 오늘 일을 얘기했다. '나는 저런 일이 없을까!'라는 동료 기사와 '백 선생이 평소에 덕을 쌓으니까 그렇다.'란 사람도 있다. 아무튼 이 정도의 거리에서 이런 돈을 받다니! 그런데 싫지는 않더라.

시스템의
한계

*

신호대기를 하고 있는데 카카오가 울린다. 클릭을 하고나자 바로 신호등이 바뀌어 앞으로 나간다. 나와 승객까지의 거리는 100m도 되지 않아 천천히 움직이고 있는데, 갑자기 800여m로 바뀌더니 도착 예정 시간이 9분으로 늘어난다. 조금 앞에 있는 교차로를 지나면 행정구역이 바뀌는 곳이라 바로 골목으로 들어갔다. 좁은 골목이라 서행을 하고 있는데, 다시 우회전을 하라는 지시로 우회전을 하자 곧바로 승객이 기다리다 탑승을 했다.

"어! 바로 오셨네요."

"왜 그러시는데요?"

"카카오에서 접속을 하자 1분으로 표시되었다가 바로 9분이되더라고요. 이상하다고 생각했는데 기사님이 도착하니까 이상해서 물어보는 거예요."

"아마 이것이 우리 기술의 한계인 것 같습니다."

"무슨 말씀이시죠?"

"카카오가 방향성이 없어 주소를 전혀 모르는 지역에서 무조건 클릭을 하면 앞에 있는 승객이 반절, 뒤에 있는 승객이 절절이라 생각하면 이해하기 쉽습니다."

"무슨 말이죠?"

"내가 손님의 콜에 승낙했을 때 나와 손님과의 거리는 뒤로 98m이고 차량이 움직이자 앞으로 500여m를 가다가 U턴하여 1.1㎞로 되었다가 이 지역의 행정구역을 알고 골목으로 들어가니까 처음과 비슷하게 손님한테 온 것입니다."

"이런 경우가 자주 있습니까?"

"자주 있지요. 그러니까 주소를 전혀 모르는 지역에서는 카카오를 안 하는 편입니다. 성질 급한 승객은 왜 반대편으로 가느냐고 전화를 하거나 취소하는 사람도 많습니다. 그래도 말없이 취소하는 사람보다는 기다리는 사람이 많아서 다행이지만…."

"오늘 처음 알았습니다."

"앞으로 달려가 돌아서 목적지 근처에 다가가는데 취소하면 성질 나지요."

"그럼 기사님은 어떻게 하세요?"

"방법이 있습니까? 포기하든가 하나 마나 한 손님 신고하는 수밖에…."

"그러니까 일방적으로 취소하면 범칙금이 있어야 된다니까?"

"글쎄요!"

승객이 있는 주소지를 전혀 모르거나 승객이 가고자 하는 목적지가 반대 방향이면 취소하는 확률이 높기 때문에 카카오를 거의 하지 않는다. 내가 포기하는 것이 서로를 위하여 좋기 때문이다.

＊＊

부천에 갔다가 서울로 나오는 길에 1.2㎞ 정도 떨어진 곳에서 카카오가 걸려 클릭을 했다. '손님에게 가는 길 찾기'를 누르자 5.6㎞로 거리가 훨씬 멀어진다. 잘못되었나 싶어 길가에 택시를 세우고 기다려도 거리는 좁혀지지 않는다. 너무 멀어 승객에게 전화를 했다.

"카카오입니다. 손님과의 거리가 너무 멀어 취소를 하시고 다시 카카오택시를 잡으시라고 전화를 드렸습니다."

"도착하시려면 13분이 걸린다고 나오는데 기다리겠습니다."

"괜찮겠습니까?"

"기다릴게요."

사실 승객에게 취소해 주기를 바라고 전화를 했는데 괜찮다니 할 말이 없었다. 승객을 향하여 택시가 움직였다. 서울이기는 하지만 기다란 태백준령을 돌아 드디어 승객에게 도착했다. 그런데 승객이 가는 곳은 불과 2.3㎞였다. 길을 걷다 보면 마른땅도 있고 진땅도 있다지만 너무 심하지 않았나 싶다. 그러니까 클릭을 하기 전에는 직선거리로 나오고 길안내를 받을 때는 빙글빙글 돌아가는 안내를 받기 때문에 전혀 다른 결과가 나오는 것이다. 처음부터 길을 따라 거리를 측정하는 시스템을 만드는 일은 불가능한 건지….

얌체를
다시!

*

이번에는 우스운 일화를 소개해 볼까? 승객은 카카오를 했다가 취소했다! 나는 길을 찾아가다가 취소를 당하고 나오는데, 그 승객이 내 택시를 탄 것이다. 그것도, 서초동의 네이처 힐에서 두 번이나 일어났다.

"조금 전에 카카오를 하셨다가 취소하셨지요?"

"네. 그걸 어떻게 알죠?"

"제가 손님의 콜을 받고 가다가 취소를 당하고 나오는 길입니다."

"아휴! 죄송해요. 못 찾아오실 줄 알고"

"휴대전화에 택시가 오는 것이 화면으로 나타나는데 그러시면 안되죠."

"바빠서 그만. 죄송해요."

"그럼 어떻게 하시려고요?"

"택시들이 다니는 큰길로 나가는 중인데 아저씨가 왔어요."

**

　이곳에서 비슷한 일이 한 번 더 있었다. 땡볕이 내리쬐는 신정동의 넓은 길에 젊은 부인이 아이 둘을 데리고 서 있다. 택시가 반대편으로 달리고 있는데 카카오가 울린다. 승객까지의 거리는 48m라 승낙을 했다. 길이 넓어 아이를 데리고 있는 젊은 부인이라고 직감하고 안내를 누르니 U턴을 하란다. 생각했던 대로 승객과의 거리가 빠르게 좁혀진다.

　그런데! 갑자기 승객으로부터 취소한다는 메시지가 뜬다.

　'이거 참! 승낙한지 1분도 지나지 않았는데….'

　생각할 겨를도 없이 앞을 지나치려는데 그 여인이 손을 드는 것이 아닌가. 승객이 택시에 올랐다.

　"손님이 카카오로 택시를 불렀지요?"

　"예."

　"예약을 했으면 그 택시를 기다리셔야지, 취소를 하면 됩니까?"

　"빈 택시가 오는데 왜 기다려요?"

　"제가 그 택시인데, 뙤약볕에 서 있는 공주님들만 아니었으면 그냥 지나쳤을 겁니다. 앞으로는 그러지 마세요."

　"…."

　내가 심하게 말했나 하는 자책감이 들기도 한다.

시장골목

사람들이 붐비는 시장골목. 승객의 위치에 도착했는데 택시를 타려는 사람은 보이지 않는다. 잠깐 택시를 세우고 전화를 하는데 비켜 갈 수 없는 외길이라 뒤에서는 다른 차들이 빵빵거리고 난리다. 염치를 무릅쓰고 승객한테 전화를 한다.

"손님, 카카오택시인데 도착했습니다."

"도착했어요? @$%#&*$%"

그 지역에 사는 기사라면 모르지만, 알아듣지도 못하는 길안내를 한다. 그러나 그녀가 말하는 약국을 지나와 다행이라면 다행! 거의 막다른 골목이라 비좁은 시장골목에서 힘들게 택시를 돌려 승객이 말하는 약국 앞에서 다시 전화를 했다.

"손님, 지금 약국 앞에 있습니다."

앞뒤에서 자동차들이 길이 막혀 비키라고 난리다. 승객이 전화를 받더니,

"이삿짐을 옮기고 있는데 왜 자꾸 전화를 해요."

앙칼진 목소리가 귓전을 울린다.

"여보세요. 택시기사한테 이삿짐을 옮겨 달란 말인가요? 택시 탈 준비는 하고 불러야지."

"바빠 죽겠는데 왜 그래요!"

"길이 좁고 너무 붐벼서 그냥 가야겠네요. 다른 차를 타고 가세요."

"그럼 신고할 거예요."

"신고해서 택시면허를 취소해 달라고 하세요."

앞뒤가 막혀 있는 비좁은 골목에서 뒤에서는 비키라고 빵빵거리는 소리에 비지땀을 흘려 가며 겨우 골목시장을 빠져나올 수 있었다.